Das Tagebuch
der Anne Frank

Anne Frank
Das Tagebuch

Edition Metis

– Bibliografische Information der Deutschen Nationalbibliothek –
Die Deutsche Nationalbibliothek verzeichnet diese Publikation in der Deutschen Nationalbibliografie; detaillierte bibliografische Daten sind im Internet über http://dnb.d-nb.de abrufbar.

IMPRESSUM

ISBN: 979-8210054555
ANNE FRANK: DAS TAGEBUCH
Originalausgabe 2022/2016 (Print/eBook) by © Edition Metis®
Übersetzt aus dem niederländischen Original von © Anna Maria Graf
Anne Franks Originalhandschriften befinden sich im Anne Frank-Haus
und im Reichsinstitut für Kriegsdokumentation, beide in Amsterdam.
Lektorat und Umschlaggestaltung: das_redaktionsbuero
Herausgeber: © Edition Metis | anne.frank.tagebuch@gmail.com
Gesetzt aus der Garamond
Veröffentlicht über IngramSpark
Dieses Buch gibt es auch als eBook,
z. B. im amazon Kindle Bookstore

Inhalt und Design dieses Buches sind urheberrechtlich geschützt. Alle Rechte vorbehalten, insbesondere das Recht der mechanischen, elektronischen oder fotografischen Vervielfältigung, der Einspeicherung und Verarbeitung in elektronischen Systemen, des Nachdrucks in Zeitungen, Zeitschriften und Büchern, des öffentlichen Vortrags, der Verfilmung und Dramatisierung, der Übertragung durch Rundfunk, Fernsehen oder Video, sowie der Übersetzung in andere Sprachen. Eine unlizenzierte Veröffentlichung der Inhalte dieses Buches wird zivil- und strafrechtlich verfolgt.

Inhalt

Vorwort des Herausgebers 7
Die Pseudonyme 9
Zur Frage des Urheberrechts an Anne Franks Tagebuch 9
DAS TAGEBUCH 13
Das Jahr 1942 13
Das Jahr 1943 63
Das Jahr 1944 112
Das Ende 235

Vorwort des Herausgebers

HÄTTE ANNE FRANK die Nazizeit überlebt, wäre wahrscheinlich eine große Schriftstellerin aus ihr geworden. In ihrem Tagebucheintrag vom 5. April 1944 schreibt sie: »Ich will fortleben, auch nach meinem Tod. Und darum bin ich Gott so dankbar, dass er mir mit meiner Geburt schon einen Weg mitgegeben hat, mich zu entwickeln und zu schreiben, also alles auszudrücken, was in mir ist. Durch Schreiben werde ich alles los. Mein Kummer vergeht, mein Mut kommt zurück.« – Leider war es Anne nicht vergönnt, ihren Weg als Schriftstellerin durchs Leben zu gehen. Aber dieser Satz: »Ich will fortleben, auch nach meinem Tod« – er hätte sich nicht eindrucksvoller bewahrheiten können.

Die Zeit im ›Hinterhaus‹, im Versteck der dort verborgenen Juden, dauerte von 6. Juli 1942 bis zum 4. August 1944 – etwas mehr als zwei Jahre. Anne schrieb hier ihr berühmtes TAGEBUCH, und auf losen Blättern belletristische Kurzgeschichten und Textentwürfe, die nach der Verhaftung der Versteckten von Hermine ›Miep‹ Gies[1], einer früheren Mitarbeiterin von Annes Vater Otto Frank im Hinterhaus aufgesammelt und verwahrt wurden. Anne Franks Tagebuch und ihre Notizen und Kurzgeschichten aus dem ›Hinterhaus‹ (vgl. ISBN 978-3755776901) gelten heute als bedeutendste schriftliche Zeugnisse aus der Zeit der Nazi-Diktatur.

*

AM 12. JUNI 1942 – kurz vor dem ›Untertauchen‹ mit ihrer Familie im Hinterhaus des Handelsbetriebes Opekta, dessen Leiter ihr Vater Otto zuvor gewesen war, beginnt Anne, ihr Tagebuch zu schreiben, zunächst ganz privat und für sich alleine. Aber im Frühjahr 1944 – sie waren nun schon fast eineinhalb Jahre im Versteck – hört Anne im englischen Rundfunk eine Ansprache des niederländischen Erziehungsministers im Exil, der davon sprach, man müsse nach dem Krieg alle schriftlichen Quellen über das Leiden und die Unterdrückung des niederländischen Volkes sammeln und veröffentlichen – besonders Tagebücher und Briefe.

Für Anne war das der Auslöser, ihr Tagebuch nun mit der Absicht der Veröffentlichung weiterzuführen, während sie gleichzeitig begann, die bis dahin entstandenen Einträge zu überarbeiten und zu korrigieren, um sie für ein breites Publikum besser lesbar zu machen. Dieses planvolle Vorgehen zeigt den Weitblick und die schon beinahe professionelle Vorgehensweise der 14-Jährigen.

---

[1] Die beiden Helferinnen Hermine ›Miep‹ Gies und Elisabeth ›Bep‹ Voskuijl, frühere Assistentinnen in der Firma von Otto Frank, waren von der SS nicht verhaftet worden. Miep Gies überlebte die schlimme Zeit am längsten. Sie starb 2010 im Alter von 100 Jahren in Amsterdam.

Und nicht nur was die Methodik betrifft, viel mehr noch zeigen der Schreibstil, die abwechslungsreiche Thematik der Texte, die Ironie und Selbstironie, im Wechsel mit tiefsinnigen und unglaublich anrührenden Einträgen, das Talent der jungen Autorin. Sogar eine kleine Liebesgeschichte gibt es in dem Buch. – Eine Mischung, die selbst der routinierteste Schriftsteller nicht besser hinbekommen hätte.

Das Leben im Hinterhaus war in jeder Hinsicht limitiert: Fenster durften nur ab und zu geöffnet, die Vorhänge nur gelegentlich zur Seite gezogen werden. Nachts konnte nur schwaches Licht die Räume beleuchten. Um wenigstens ab und zu die Sonne und die Sterne zu sehen, ging Anne auf den Dachboden, von wo aus das möglich war. Lebensmittel besorgten die Helferinnen ›Miep‹ (Hermine) Gies und Elisabeth ›Bep‹ (Elisabeth) Voskuijl – früher Mitarbeiterinnen in Otto Franks Büro der Firma Opekta.

Die acht Bewohner[2] des Hinterhauses, die beiden Familien Frank und van Daan (dies ist ein Pseudonym, siehe Fußnote) sowie der Zahnarzt Albert Dussel (Pseudonym) lebten zwischen Hoffen und Bangen. – Hoffen auf eine baldige Invasion der Alliierten an der Küste Frankreichs, Bangen vor der Entdeckung durch die Nazis, oder durch niederländische Mitläufer und Denunzianten.

Trotz aller Bedrücktheit und Eingeschränktheit versuchten die Hausbewohner ein möglichst normales Leben zu führen. Der Tagesablauf war geregelt, man kochte und aß zusammen, Bücher gaben Abwechslung und Trost, und jeder versuchte die Zeit zu nutzen, um sich weiterzubilden oder sonst wie produktiv zu sein. Die Kinder arbeiteten diszipliniert, um später, wenn die Nazis besiegt und wieder Normalität eingekehrt wäre, nahtlos den Schulbesuch aufnehmen zu können.

Der größte Trost in dieser schlimmen Zeit war für Anne ihr Tagebuch, das sie mit *Kitty*[3] ansprach. Der Kunstgriff, das Tagebuch zu personalisieren und direkt anzusprechen, zeigt auch hier das literarische Talent der jungen Autorin. Diese Methode motivierte sie zum Schreiben und führte zu Tagebucheinträgen, wie sie berührender und herzergreifender nicht sein könnten. Den letzten Eintrag schrieb Anne am 1. August 1944, drei Tage vor der Festnahme durch die Nazis.

---

[2] Neben Annes Eltern Edith und Otto Frank und ihrer Schwester Margot, waren noch das Ehepaar Hermann und Auguste van Pels (im Tagebuch: van Daan), deren Sohn Peter, sowie der Zahnarzt Fritz Pfeffer (im Tagebuch: Albert Dussel) im Versteck. Alle Untergetauchten wurden nach der Verhaftung von den Nazis in unterschiedlichen Konzentrationslagern getötet – bis auf Annes Vater Otto, der als Einziger die Katastrophe überlebte.

[3] Am Samstag, den 20. Juni 1942, schreibt Anne: »Um mir die ersehnte Freundin in meiner Phantasie besser vorstellen zu können, werde ich nicht einfach Erlebtes in mein Tagebuch schreiben, wie das andere tun, sondern ich will dieses Tagebuch selbst die Freundin sein lassen, und diese Freundin heißt Kitty.«

Die Pseudonyme

URSPRÜNGLICH hatte Anne vor, allen Personen im Hinterhaus Pseudonyme zu geben, auch ihrer Familie und sich selbst. Das niederländische Staatliche Institut für Kriegsdokumentation beschloss in seiner wissenschaftlichen Ausgabe der Tagebücher, die Pseudonyme der meisten Beteiligten aufzulösen, in erster Linie diejenigen der Familie Frank und ihrer Helfer Miep Gies, Bep Voskuijl, Victor Kugler und Johannes Kleimann. Die Pseudonyme derer, die in Annes Tagebuch zum Teil mit harscher Kritik und harten Worten belegt wurden (vor allem die ›van Daans‹ und ›Albert Dussel‹), behielt man zu deren Schutz bei.

Alle Bewohner der versteckten Wohnung im Hinterhaus wurden nach der Verhaftung in verschiedenen Konzentrationslagern der Nazis getötet. Mit Ausnahme von Anne Franks Vater Otto, dem einzigen Überlebenden der Tragödie. (Ebenso überlebten die nichtjüdischen Beteiligten, wie Miep Gies und die anderen Helfer.) Anne wurde von den Nazischergen zunächst nach Auschwitz verschleppt und starb, ebenso wie ihre Schwester Margot, im März 1945 im Konzentrationslager Bergen-Belsen an Entkräftung und Typhus (der genaue Todestag ist nicht bekannt). Otto Frank kümmerte sich nach seiner Rückkehr nach Amsterdam und später in Basel sein Leben lang um die Veröffentlichung des Tagebuchs seiner Tochter. Er starb 1980 in Birsfelden bei Basel.
– Eine ausführlichere Darstellung der Ereignisse nach der Verhaftung im Anhang. –

Zur Frage des Urheberrechts an Anne Franks Tagebuch

DIE FRAGE DES URHEBERRECHTS ist bei Anne Franks Tagebuch an sich eindeutig, aber dennoch neuerdings umstritten. Während die niederländische Anne Frank-Stiftung (hierzu gehört das Anne Frank-Haus in Amsterdam) Anne Franks Originaltexte ab Januar 2016 als gemeinfrei einstuft, möchte der Basler Anne Frank-Fonds die Schutzfrist ausweiten, indem er Anne Franks Vater Otto Frank zum ›Mitautor‹ erklärt. Sowohl Anne Frank-Stiftung als auch Anne Frank-Fonds sind von Otto Frank gegründete Institutionen.

Anne Frank starb im März 1945. In den meisten Ländern endet die Urheberschutzfrist eines Werkes mit Beginn des 71. Jahres nach dem Tod des Autors – auch in Deutschland. Bei diesem Buch war das am 1. Januar 2016 der Fall.

Der Anne Frank-Fonds versucht nun leider, die Schutzfrist ›künstlich‹ zu verlängern, indem er Annes Vater Otto Frank zum Mitautor erklärt. Im Vordergrund steht dabei für den Fonds nach eigener Aussage, das Andenken an Anne Frank zu bewahren und unangemessene Neuauflagen zu unterbinden. Sicher ein ehrenwertes Anliegen. Die Anne Frank-Stiftung in Amsterdam ist dagegen der Meinung, dass man Anne Frank am besten dadurch gerecht wird, dass ihre Schriften möglichst häufig gelesen werden – auch durch gemeinfreie Ausgaben.

Die Sachlage ist diese: Otto Frank wusste während des Aufenthalts im ›Hinterhaus‹ zwar, dass Anne ein Tagebuch schrieb, er kannte jedoch nicht den Inhalt. Dementsprechend kann er auch keinesfalls als ›Mitautor‹ gelten. Er kümmerte sich nach Anne Franks Tod und nach Ende des Krieges um die Publikation des Werkes. Dazu wählte er Material aus, kürzte es und sortierte Passagen aus, die nicht seinen Vorstellungen entsprachen. Das geschah durchaus in gutem Willen, denn er wollte allzu harsche Aussagen im Tagebuch gegenüber anderen Personen, insbesondere gegenüber Annes Mutter, tilgen, und ebenso die allzu explizite Erwähnung sexueller Themen. Dies kann man jedoch nicht als ›Mitautorenschaft‹ bezeichnen, sondern als Kürzung und Abänderung aus einem ganz bestimmten Interesse.[4]

Im Jahr 1986 erstellte das ›Rijksinstituut voor Oorlogsdocumentatie‹ (Niederländisches Staatliches Institut für Kriegsdokumentation) in Amsterdam eine neue, möglichst authentische niederländische Fassung des Werkes, in der Otto Franks Veränderungen zum Teil wieder rückgängig gemacht, und zusätzliches, ebenfalls authentisches Material hinzugefügt und neu geordnet wurde. Die *Struktur* unseres vorliegenden Buches orientiert sich an dieser textkritischen Ausgabe, der *Inhalt* an den unmittelbar aus der Feder Anne Franks stammenden Fassungen ›A‹ und ›B‹. Angesichts der komplizierten Editionsgeschichte des Werkes eine diffizile Aufgabe.

Unser Buch ist eine Neuübersetzung, die unabhängig von den Übersetzungen von Anneliese Schütz und Mirjam Pressler entstand und an der wir, Edition Metis, das alleinige Urheber- und Vertriebsrecht halten. Gelegentlich können natürlich auch voneinander unabhängige Übersetzungen wortgleiche Passagen hervorbringen, besonders dann, wenn der Übersetzer sich um Authentizität und Textnähe bemüht. – Die Publikation dieser vorliegenden Übersetzung ausschließlich durch uns ist in allen Ländern möglich, in denen die Urheberschutzfrist für das niederländische Original abgelaufen ist. Ab dem 1. Januar 2016 ist das u. a. in Deutschland der Fall. Das zugehörige eBook ist mit ›Georights‹ ausgestattet, und die Publikation erfolgt nur in Ländern, in denen das Urheberrecht es zulässt.

---

[4] So beschreibt es Laureen Nussbaum auf der Website des Anne-Frank-Hauses und in verschiedenen Publikationen (den Link zum Artikel siehe unter Fußnote 11 auf Seite 148). Nussbaum ist emeritierte Professorin für Literaturwissenschaft an der Portland State University in Oregon (USA). In den dreißiger Jahren floh sie aus Nazideutschland in die Niederlande und lernte dort als Kind die Familie Frank kennen.

Wir halten – ebenso wie auch viele andere Verlage und die Amsterdamer Anne Frank-Stiftung – das Bestreben des Basler Anne Frank-Fonds, die Urheberschutzfrist an dem Werk auszuweiten, für unangebracht. Denn es stehen vor allen taktische Überlegungen dahinter, nicht inhaltliche. Leider ist diese Vorgehensweise auch deshalb höchst bedenklich, weil der Fonds jahrelang erklärte, das Tagebuch sei alleine Anne Franks Werk – nun aber die Alleinautorenschaft Anne Franks in Zweifel zieht. Durch dieses Vorgehen könnten sogar die in rechtsextremistischen Kreisen kursierenden Verschwörungstheorien, die besagen, das Tagebuch Anne Franks stamme gar nicht von ihr selbst, genährt werden.

Darüber hinaus: Würde man der Argumentation des Basler Anne Frank-Fonds folgen, so müssten tausende gemeinfreie Werke neu eingestuft werden, wenn man Lektoren oder Herausgeber (und als dieses kann man Otto Franks Tätigkeit betrachten), zu Mitautoren erklären würde. Dies ist nicht vorstellbar, denn diese Eingriffe oder Tätigkeiten erreichen nicht die nötige ›Schöpfungshöhe‹, um eine eigene Urheberschutzfrist zu begründen.

Auch der S. Fischer Verlag, der bis Ende 2015 in Deutschland das alleinige Vertriebsrecht hielt, betont im Infotext seiner Ausgabe: »Von diesem Tagebuch gibt es eine erste und eine zweite, spätere Fassung, die beide von Anne Frank selbst stammen.« (Taschenbuch-Ausgabe vom Juli 2009, Seite 2)

Wir halten uns an die üblichen Regeln des Urheberrechts in Deutschland und betrachten – genau wie die niederländische Anne Frank-Stiftung[5] – Anne Franks Aufzeichnungen (d. h. die niederländischen Originale) in den Ländern, in denen die 70+ Urheberschutzfrist gilt (70 Jahre nach dem Tod des Autors plus die Zeit bis zum 1. Januar des darauf folgenden Jahres) – etwa Deutschland – ab dem 1. Januar 2016 als gemeinfrei. Unabhängig davon ist die hier vorliegende Übersetzung selbstverständlich nicht gemeinfrei, und die Urheber- und Vertriebsrechte daran liegen ausschließlich bei Anna Maria Graf (Übersetzerin) und Edition Metis.

© *Edition Metis, 2016/2022*

---

[5] Die Anne Frank-Stiftung in Amsterdam schreibt auf ihrer Website: Ist Otto Frank Koautor des Tagebuchs von Anne Frank? Nein, Anne Frank ist die einzige Autorin der Tagebuchfassungen A und B und der Kurzgeschichten. Bei diesen Texten ist nicht die Rede von einer Mitverfasserschaft von Otto Frank oder irgendeiner anderen Person. Otto Frank ist der Herausgeber der Buchhandelsausgabe des Tagebuchs (Fassung C), wie es 1947 zuerst in den Niederlanden unter dem Titel »Het Achterhuis, dagboekbrieven 14 juni 1942 – 1 augustus 1944« (»Das Hinterhaus, Tagebuchbriefe 14. Juni 1942 – 1. August 1944«) erschienen ist ... Otto Frank hat für diese Ausgabe Texte aus der ersten Fassung seiner Tochter (A) und ihrer überarbeiteten Fassung (B) verwendet, aber es sind und bleiben ausschließlich Annes Tagebuchbriefe und Kurzgeschichten.

DAS TAGEBUCH
Das Jahr 1942

12. Juni 1942

Ich werde, hoffe ich, dir wirklich alles anvertrauen können, wie ich das bisher bei niemandem konnte, und ich hoffe, du wirst mir ein großer Rückhalt sein.

[Die Tagebucheinträge bis zum 9. Juli 1942 stammen aus der Zeit vor dem Umzug ins Versteck. Die beiden hier folgenden, nachträglich von Otto Frank eingefügten Einträge, wurden entfernt; red.]

Samstag, 20. Juni 1942

Es ist ein merkwürdiges Gefühl für mich, Tagebuch zu schreiben. Nicht nur, dass ich das noch nie gemacht habe, sondern ich denke auch, dass sich später kein Mensch, weder ich selbst noch ein anderer, für die Herzensergüsse eines dreizehnjährigen Schulmädchens interessieren wird. Aber das ist nicht so wichtig, ich habe Lust darauf, zu schreiben und will mir hauptsächlich alles Mögliche gründlich von der Seele reden.

Papier ist geduldig. Dieses Sprichwort fiel mir ein, als ich an einem meiner etwas melancholischen Tage träge am Tisch saß, den Kopf auf die Hände gestützt, und vor Trägheit nicht wusste, ob ich weggehen oder doch zu Hause bleiben sollte – und deshalb einfach sitzen blieb und weiter grübelte. Ja wirklich, Papier ist geduldig. Und weil ich gar nicht vorhabe, dieses mit Karton gebundene Büchlein mit dem verheißungsvollen Namen »Tagebuch« jemals jemanden zum Lesen zu geben – es sei denn, ich fände irgendwann in meinem Leben »den« Freund oder »die« Freundin –, ist das auch egal.

Ja, das ist der Punkt, an dem die ganze Idee mit dem Tagebuch anfing: Ich habe keine Freundin. Um das verständlich zu machen, muss ich es erklären, denn niemand kann verstehen, dass ein Mädchen von dreizehn ganz allein auf der Welt steht. Das stimmt so auch nicht. Ich habe liebe Eltern und eine sechzehnjährige Schwester, ich habe, alle zusammengenommen, mindestens dreißig Bekannte oder was man so Freundinnen nennt. Ich habe einen Haufen Verehrer, die mir alles von den Augen ablesen und zur Not sogar versuchen, in der Klasse, mit Hilfe eines zerbrochenen Taschenspiegels einen Schimmer von mir zu erhaschen. Ich habe Verwandte und ein gutes Zuhause. Nein, mir fehlt wie es scheint nichts, außer »die« Freundin. Ich kann mit keinem meiner Bekannten etwas anderes tun, als herumzualbern, ich kann nur über banale Dinge sprechen und werde nie vertraulicher mit ihnen. Das ist der Haken. Vielleicht liegt dieses mangelnde Zutrauen auch an mir. Jedenfalls ist es leider so, und nicht zu ändern. Darum dieses Tagebuch.

Um mir die ersehnte Freundin in meiner Phantasie besser vorstellen zu können, werde ich nicht einfach Erlebtes in mein Tagebuch schreiben, wie das andere tun, sondern ich will dieses Tagebuch selbst die Freundin sein lassen, und diese Freundin heißt *Kitty*.

Meine Geschichte! (Seltsam, so etwas vergisst man nicht.)

Weil niemand das, was ich Kitty anvertraue, verstehen kann, wenn ich so mit der Tür ins Haus falle, muss ich wohl oder übel kurz meine Lebensgeschichte erzählen.

Mein Vater, der liebste Schatz von einem Vater, dem ich je begegnet bin, heiratete erst mit 36 Jahren meine Mutter, die damals 25 war. Meine Schwester Margot wurde 1926 in Frankfurt am Main geboren, in Deutschland. Am 12. Juni 1929 folgte ich. Bis ich vier Jahre alt war, wohnte ich in Frankfurt. Weil wir Juden sind, ging mein Vater dann 1933 in die Niederlande. Er wurde Direktor der Niederländischen Opekta Gesellschaft, einer Marmeladen-Fabrikation. Meine Mutter, Edith Frank-Holländer, fuhr im September auch nach Holland, und Margot und ich gingen nach Aachen zu unserer Großmutter. Margot folgte dann im Dezember nach Holland und ich im Februar, wo ich als ›Geburtstagsgeschenk‹ für Margot auf dem Tisch platziert wurde.

Ich besuchte bald den Kindergarten der Montessorischule. Dort blieb ich bis zum Alter von sechs, dann kam ich in die erste Klasse. In der 6. Klasse war ich bei Frau Kuperus, der Direktorin. Am Ende des Schuljahres gab es einen herzergreifenden Abschied zwischen uns, und wir weinten beide, denn ich wurde im Jüdischen Lyzeum aufgenommen, in das auch Margot ging.

Unser Leben verlief nicht ohne Aufregung, denn die übrige Familie in Deutschland war nicht vor Hitlers Judengesetzen sicher. Nach den Pogromen von 1938 flohen meine beiden Onkel, die Brüder meiner Mutter, nach Amerika, und meine Großmutter zog zu uns. Sie war zu der Zeit 73 Jahre alt.

Ab Mai 1940 gingen die guten Zeiten auf Talfahrt: Erst der Krieg, dann die Kapitulation der Niederlande, die Besetzung durch die Deutschen, und das Elend für uns Juden begann. Judengesetz folgte auf Judengesetz, und unsere Freiheit wurde immer mehr eingeschnürt: Juden müssen einen Judenstern tragen; Juden müssen ihre Fahrräder abgeben; Juden dürfen nicht mit der Straßenbahn fahren; Juden dürfen nicht mit einem Auto fahren, auch nicht mit dem eigenen; Juden dürfen nur zwischen 3 und 5 Uhr einkaufen; Juden dürfen sich nur bei einem jüdischen Frisör die Haare schneiden lassen; Juden dürfen zwischen 8 Uhr abends und 6 Uhr morgens nicht das Haus verlassen; Juden dürfen sich nicht in Theatern, Kinos oder anderen Plätzen, die dem Vergnügen dienen, aufhalten; Juden dürfen nicht ins Schwimmbad, und genau so wenig auf Tennis-, Hockey- oder andere Sportplätze; Juden dürfen nicht rudern; Juden dürfen in der Öffentlichkeit überhaupt keinen Sport treiben; Juden dürfen nach acht Uhr weder bei sich zu Hause noch bei

Bekannten im Garten sitzen; Juden dürfen nicht zu Christen ins Haus kommen; Juden müssen auf jüdische Schulen gehen, und so weiter. So lebten wir dahin, aber wir durften dies nicht und jenes nicht. Jacque *[Anm.: Annes Freundin Jacqueline van Maarsen; red.]* sagt immer zu mir: »Ich getraue mich nicht mehr, irgendetwas zu machen, denn ich fürchte, es könnte verboten sein.«

Oma wurde im Sommer 1941 sehr krank. Sie musste operiert werden, und mein Geburtstag ging daneben unter. Im Sommer 1940 war er auch schon flach gefallen, da war der Überfall auf die Niederlanden gerade vorbei. Oma starb im Januar 1942. Keiner ahnt, wie oft ich an sie denke und sie noch immer lieb habe. Der Geburtstag 1942 ist dann auch gefeiert worden, um alles nachzuholen, und Omas Kerze stand dabei.

Uns vieren geht es noch immer gut, so bin ich also beim heutigen Datum angelangt, an dem die feierliche Einweihung meines Tagebuchs beginnt, es ist der 20. Juni 1942.

Samstag, 20. Juni 1942

Liebe Kitty!

Dann beginne ich gleich mal. Es ist schön ruhig zu Hause, Vater und Mutter sind ausgegangen, Margot ist mit ein paar jungen Leuten zu ihrer Freundin zum Tischtennis-Spielen. Das spiele ich in der letzten Zeit auch sehr häufig, sogar so häufig, dass wir fünf Mädchen einen Club gegründet haben.

Der Club heißt »Der kleine Bär minus 2«. Ein bescheuerter Name, der durch einen Irrtum zu Stande kam. Wir wollten einen besonderen Namen und hatten wegen unserer fünf Mitglieder gleich die Sterne im Sinn, das Sternbild des Kleinen Bären. Wir dachten, er hätte fünf Sterne, aber da täuschten wir uns, denn er hat sieben, genauso wie der Große Bär. Darum das »Minus zwei«.

Ilse Wagner hat eine Tischtennisplatte, und das große Esszimmer der Wagners steht uns jederzeit zur Verfügung. Da wir Pingpongspielerinnen vor allem im Sommer gerne Eis essen, und das Spielen erhitzt, endet es meistens mit einem Ausflug zur nächstgelegenen Eisdiele, in die Juden gehen dürfen, die ›Oase‹ oder das ›Delphi‹. Nach Geld oder Portemonnaie brauchen wir gar nicht zu kramen, denn in der Oase ist es meistens so voll, dass wir immer einige Kavaliere aus unserem großen Bekanntenkreis oder den einen oder anderen Verehrer finden, die uns mehr Eis spendieren, als wir in einer Woche essen können.

Ich nehme an, es wundert dich ein wenig, dass ich, jung wie ich bin, über Verehrer spreche. Leider (in einigen Fällen auch nicht leider) ist dieses Übel an unserer Schule wohl unvermeidbar. Sobald mich ein Junge fragt, ob er mit mir nach Hause radeln könne, und wir ein wenig miteinander reden, kann ich in neun von zehn Fällen davon ausgehen, dass dieser Jüngling sofort Feuer und Flamme für mich ist und mich nicht mehr aus den Augen lässt. Nach gewisser Zeit verfliegt dann die Verliebtheit wieder, vor allem, weil ich mir aus den feurigen Blicken nicht viel mache und frohgemut weiter radle. Wenn es mir manchmal zu bunt wird, schlenkere ich ein bisschen mit dem Rad hin und her, die Tasche fällt zu Boden, und der junge Mann muss absteigen, wie es sich gehört. Bis er mir die Tasche zurückgegeben hat, habe ich längst ein anderes Gesprächsthema gefunden. Das sind aber noch die Braven. Es gibt auch welche, die mir Kusshändchen zuwerfen oder versuchen, mich am Arm zu halten. Aber da sind sie bei mir an der richtigen Adresse! Ich steige ab und lehne es ab, weiter seine Gesellschaft in Anspruch zu nehmen. Oder ich gebe die Beleidigte und sage ihm unumwunden, er könne den Weg nach Hause antreten.

So, das Fundament für unsere Freundschaft ist gelegt. Bis Morgen!
Deine Anne

Sonntag, 21. Juni 1942

Liebe Kitty!

Unsere ganze Schulklasse bibbert. Natürlich ist der Grund die bevorstehende Lehrerkonferenz. Die halbe Klasse schließt Wetten über Versetzungen oder Sitzenbleiben ab. G. Z., meine Sitznachbarin, und ich lachen uns schief über unsere beiden Hintermänner, C. N. und Jacques Kocernoot, die schon ihr ganzes Ferienkapital verzockt haben. »Du wirst versetzt«, »ach wo!«, »doch ...«, so gehts von morgens bis abends dahin. Weder G.s beschwörende Blicke noch meine Wutausbrüche können die beiden zum Schweigen bringen. Wenn es nach mir ginge, müsste ein Viertel der Klasse sitzen bleiben, solche Dummköpfe sitzen hier drin. Aber Lehrer sind die wankelmütigsten Menschen auf der Welt. Vielleicht sind sie gelegentlich auch mal wankelmütig in die richtige Richtung. Was meine Freundinnen und mich betrifft, habe ich kaum Bedenken, wir werden wohl durchkommen. Nur in Mathematik bin ich unsicher. Na mal sehen, abwarten. Bis dahin machen wir uns gegenseitig Mut.

Ich komme mit allen Lehrern und Lehrerinnen recht gut klar. Es sind insgesamt neun, sieben Männer und zwei Frauen. Herr Keesing, der alte Mathelehrer, war eine Weile sehr böse auf mich, weil ich so viel schwätze. Eine Ermahnung kam nach der anderen, schließlich brummte er mir eine Strafarbeit auf. Ich sollte einen Aufsatz zum Thema »Eine Schwatzliese« schreiben. Eine Schwatzliese, was soll man denn darüber schreiben? Aber ich machte mir erstmal keine Sorgen, packte das Aufgabenheft ein und versuchte, gelassen zu bleiben.

Abends, als ich mit den anderen Hausaufgaben fertig war, fiel mir plötzlich die Notiz ins Auge, dass ich den Aufsatz schreiben sollte. Das Füller-Ende im Mund, begann ich, über das Thema zu sinnieren. Nur irgendwas hin zu schreiben und dabei die Worte so weit wie möglich zu dehnen, das kann jeder, aber einen überzeugenden Beweis für die Unvermeidbarkeit des Schwätzens zu finden, das war die Kunst. Ich überlegte und überlegte, und dann hatte ich plötzlich die Idee. Ich schrieb die drei verlangten Seiten und war zufrieden. Als Argument hatte ich vorgebracht, dass Reden eine weibliche Eigenschaft sei, dass ich mich ja wirklich bessern wolle, aber ganz abgewöhnen werde ich es mir wohl nie können, denn meine Mutter redet genau so viel wie ich, wenn nicht mehr – und an ererbten Eigenschaften kann man nun mal wenig ändern.

Herr Keesing war über meine Argumente amüsiert. Aber als ich in der nächsten Stunde wieder ratschte, folgte der zweite Strafaufsatz. Diesmal sollte er »Eine unverbesserliche Schwatzliese« heißen. Auch den lieferte ich ab, und zwei Schulstunden lang hatte Herr Keesing nichts zu meckern. In der dritten wurde es ihm jedoch wieder zu bunt. »Anne Frank, als Strafarbeit für Schwätzen einen Aufsatz mit dem Titel: ›Queck, queck, queck, sagte Fräulein Schnatterbeck.‹«

Die Klasse grölte. Ich musste auch lachen, obwohl meine Kreativität auf dem Gebiet von Schwätzaufsätzen jetzt aufgebraucht war. Es galt, etwas anderes zu finden, etwas wirklich Originelles. Meine Freundin Sanne, eine gute Dichterin, bot an, mir zu helfen, um den Aufsatz von Anfang bis Ende in Reimen abzufassen. Ich triumphierte. Keesing hatte versucht, mich mit diesem blödsinnigen Thema dranzukriegen, aber ich würde es ihm doppelt und dreifach zurückzahlen.

Fertig gestellt war das Gedicht großartig. Es ging dabei um eine Mutter Ente und einen Vater Schwan mit drei kleinen Entchen, die wegen endlosen Schnatterns von ihrem Vater tot gebissen wurden. Zum Glück hatte Keesing Humor. Er las das Gedicht der Klasse vor, und gab seine Kommentare dazu, auch in anderen Klassen. Seitdem konnte ich schwätzen ohne jemals wieder eine Strafarbeit zu bekommen. Im Gegenteil, Keesing macht jetzt immer Scherze darüber.

Deine Anne

Mittwoch, 24. Juni 1942

Liebe Kitty!

Es ist glühend heiß. Jeder schnaubt und dampft, und bei dieser Hitze muss ich jeden Weg zu Fuß gehen. Nun merke ich erst, wie angenehm eine Straßenbahn ist, vor allem eine offene. Aber in diesen Genuss kommen wir Juden nicht mehr, für uns müssen Schusters Rappen gut genug sein. Gestern musste ich in der Mittagspause zum Zahnarzt in die Jan Luikenstraat. Von unserer Schule am Stadtgarten ist das ein weiter Weg. Ein Glück nur, dass einem die Leute unaufgefordert was zu trinken geben. Die Zahnarzthelferin war wirklich eine herzliche Frau. Nachmittags schlief ich dann trotzdem im Unterricht fast ein.

Das einzige Transportmittel, das wir noch benützen dürfen, ist die Fähre. Der Fährmann an der Jozef-Israëls-Kade nahm uns gleich mit, als wir ums Übersetzen baten. An den Holländern liegt es wirklich nicht, dass wir Juden es so schlecht haben.

Ich wünschte nur, dass ich nicht zur Schule müsste! Mein Fahrrad ist in den Osterferien gestohlen worden, und Mutters Rad hat Vater bei Christen zur Aufbewahrung untergestellt. Aber zum Glück nähern sich die Ferien in Windeseile. Eine Woche noch, und das Elend ist vorbei.

Gestern Morgen habe ich etwas Nettes erlebt. Als ich am Fahrradabstellplatz vorbeikam, rief mich jemand. Ich schaute mich um und sah einen netten Jungen dort stehen, den ich am vorhergehenden Abend bei Wilma kennengelernt hatte. Er ist um drei Ecken ein Cousin von ihr, und Wilma ist eine Bekannte. Ich fand sie zuerst sehr nett. Das ist sie tatsächlich, aber sie redet den ganzen Tag nur über Jungs, und das langweilt. Der Junge kam ein wenig schüchtern heran und stellte sich als Hello Silberberg vor. Ich war irritiert und wusste nicht so recht, was er wollte. Aber das klärte sich schnell. Er wollte meine Gesellschaft genießen und mich zur Schule begleiten. »Wenn du sowieso in dieselbe Richtung gehst, dann geh ich mit«, antwortete ich, und so gingen wir zusammen. Hello ist schon sechzehn und hat von allen möglichen Dingen Ahnung. Heute Morgen hat er wieder auf mich gewartet, und in Zukunft wird es wohl so bleiben.

Anne

Mittwoch, 1. Juli 1942

Liebe Kitty!

Bis jetzt hatte ich wirklich gar keine Zeit zum Schreiben. Am Donnerstag war ich den ganzen Nachmittag bei Bekannten, Freitag kam Besuch, und so ging es weiter bis heute.

Hello und ich haben uns in dieser Woche gut kennen gelernt, er hat mir viel von sich erzählt. Er kommt ursprünglich aus Gelsenkirchen und ist hier in den Niederlanden bei seinen Großeltern. Seine Eltern sind in Belgien. Für ihn gibt es keine Möglichkeit, auch dorthin zu kommen.

Hello hat eine Freundin, Ursula. Ich kenne sie, sie ist ein Ausbund an Sanftmut und Langeweile. Nachdem er mich getroffen hat, hat Hello entdeckt, wie sehr ihn Ursula einschläfert. Ich bin also so eine Art Wachhalte-Mittel für ihn! Ein Mensch weiß nie, wozu er noch einmal zu gebrauchen ist.

Samstag hat Jacque bei mir geschlafen. Mittags war sie bei Hanneli, und mir war denn todlangweilig.

Hello sollte abends zu mir kommen, aber gegen sechs rief er an. Ich war am Telefon, da sagte er: »Hier ist Helmuth Silberberg. Kann ich bitte mit Anne sprechen?«

»Ja, Hello, hier ist Anne.«

»Tag, Anne. Wie geht es dir?«

»Gut, danke.«

»Ich muss dir zu meinem Bedauern sagen, dass ich heute Abend nicht zu dir kommen kann, aber ich würde dich gern kurz sprechen. Geht es in Ordnung, wenn ich in zehn Minuten vor deiner Tür bin?«

»Ja, in Ordnung. Tschüs!«

Hörer aufgelegt. Ich habe mich rasch umgezogen und mir meine Haare ein bisschen zurechtgemacht. Und dann hing ich nervös am Fenster. Endlich kam er. Erstaunlicherweise bin ich nicht sofort die Treppe hinuntergesaust, sondern habe ruhig abgewartet, bis er geklingelt hat. Ich ging hinunter. Er fiel gleich mit der Tür ins Haus.

»Hör mal, Anne, meine Großmutter findet dich noch zu jung, um dich regelmäßige zu sehen. Sie meint, ich sollte zu Löwenbachs gehen. Aber du weißt vielleicht, dass ich nicht mehr mit Ursul gehe.«

»Nein, wieso? Habt ihr Streit gehabt?«

»Nein, im Gegenteil. Ich hab Ursul gesagt, dass wir doch nicht so gut miteinander auskommen und besser nicht mehr zusammen gehen sollten. Aber dass sie auch weiterhin bei uns sehr willkommen wäre, und ich hoffentlich bei ihnen auch. Ich dachte nämlich, dass sie mit anderen Jungen flirtet, und habe sie auch so behandelt. Aber das war überhaupt nicht wahr. Und nun sagte mein Onkel, ich müsste Ursul um Entschuldigung bitten. Aber das wollte ich natürlich nicht, und darum habe ich Schluss gemacht. Doch das war nur einer von vielen Gründen.

Meine Großmutter will nun, dass ich zu Ursul gehe und nicht zu dir. Aber dieser Meinung bin ich nicht und habe es auch nicht vor. Alte Leute haben manchmal sehr altmodische Ansichten, aber danach kann ich mich nicht richten. Ich brauche meine Großeltern zwar, aber sie mich auch, in gewisser Hinsicht. Mittwoch abends habe ich immer frei, weil meine Großeltern denken, ich gehe zum Schnitzen, aber ich gehe zur Versammlung der Zionistischen Partei. Das ist mir eigentlich nicht erlaubt, weil meine Großeltern sehr gegen den Zionismus sind. Ich bin zwar nicht fanatisch, aber ich interessiere mich dafür. In der letzten Zeit ist dort allerdings so ein Chaos, dass ich vor habe auszutreten. Deshalb gehe ich nächsten Mittwoch zum letzten Mal hin. Also habe ich Mittwochabend, Samstagabend und Sonntagnachmittag und so weiter Zeit.«

»Aber wenn deine Großeltern das nicht wollen, solltest du es nicht heimlich tun.«

»Liebe lässt sich nun mal nicht zwingen.«

Wir kamen an der Buchhandlung Blankevoort vorbei, und da stand Peter Schiff mit zwei anderen Jungen. Es war seit langem das erste Mal, dass er mich grüßte, und ich freute mich wirklich sehr darüber.

Montagabend war Hello bei uns zu Hause, um Vater und Mutter kennen zu lernen. Ich hatte Torte und Süßigkeiten geholt. Tee und Kekse, alles war da. Aber weder Hello noch ich hatten Lust, starr nebeneinander auf den Stühlen zu sitzen. Wir sind spazieren gegangen, und er lieferte mich erst um zehn nach acht zu Hause ab. Vater war sehr böse, er fand das unmöglich, dass ich so spät heimkam. Ich musste versprechen, in Zukunft schon um zehn vor acht im Haus zu sein.

Am kommenden Samstag bin ich bei Hello eingeladen.

Wilma hat mir erzählt, dass Hello neulich abends bei ihr war und sie ihn fragte: »Wen findest du netter, Ursul oder Anne?« Da hat er gesagt: »Das geht dich nichts an.« Aber als er wegging (nachdem sie sich den ganzen Abend nicht weiter unterhalten hatten), sagte er: »Anne! Tschüs, und niemandem sagen!« Schwupps, war er zur Tür draußen.

Es war klar, dass Hello in mich verliebt ist, und ich fand es zur Abwechslung mal ganz schön. Margot würde sagen, Hello ist ein annehmbarer Junge. Und das finde ich auch. Sogar mehr als das. Und auch meine Mutter lobt ihn über die Maßen. »Ein hübscher, höflicher und netter Junge.«

Ich bin froh, dass er der Familie so gut gefällt, nur meinen Freundinnen nicht. Und er findet sie sehr kindisch, und da hat er Recht.

Jacque zieht mich immer mit ihm auf. Ich bin wirklich nicht verliebt, o nein, aber ich darf doch wohl Freunde haben. Niemand stört sich daran.

Mutter fragt immer wieder, wen ich später heiraten möchte. Aber sie würde bestimmt nie erraten, dass es Peter Schiff ist, weil ich es, ohne mit der Wimper zu zucken, immer ableugne. Ich habe Peter so gern, wie ich noch nie jemanden gern gehabt habe. Und ich rede mir immer ein, dass Peter, nur um seine Gefühle zu mir zu verbergen, mit anderen Mädchen geht. Vielleicht denkt er jetzt auch, dass Hello und ich ineinander verliebt sind. Aber das ist nicht wahr. Er ist nur ein Freund von mir, oder, wie Mutter es ausdrückt, ein Kavalier.

Deine Anne

Sonntag, 5. Juli 1942

Beste Kitty!

Die Versetzungsfeier am Freitag ist wunschgemäß verlaufen, mein Zeugnis ist gar nicht so übel. Ich habe ein Ungenügend in Algebra, zwei Sechsen, zwei Achten und sonst alles Siebenen *[Zehn ist die beste Note, fünf bedeutet knapp ungenügend; red.]*. Zu Hause haben sie sich gefreut. Aber meine Eltern sind in diesen Dingen sowieso anders als andere Eltern. Für sie waren gute oder schlechte Zeugnisse nie von besonderer Bedeutung, sie achten nur darauf, dass ich gesund bin, nicht zu frech und Spaß habe. Wenn diese drei Dinge in Ordnung sind, kommt alles andere von selbst. Ich bin das Gegenteil, ich kümmere mich sehr darum und möchte nicht schlecht sein. Ich bin nur unter Vorbehalt im Lyzeum aufgenommen worden, denn eigentlich hätte ich noch die siebte Klasse in der Montessorischule machen sollen. Aber als alle jüdischen Kinder in jüdische Schulen mussten, hat Herr Elte mich und Lies Goslar nach einigem Hin und Her unter Vorbehalt aufgenommen. Lies ist auch versetzt worden, aber mit einer schweren Nachprüfung in Geometrie.

Arme Lies, sie kann zu Hause fast nie vernünftig arbeiten. In ihrem Zimmer spielt den ganzen Tag die kleine Schwester, ein verwöhntes Baby von fast zwei Jahren. Wenn Gabi ihren Willen nicht bekommt, schreit sie, und wenn Lies sich dann nicht um sie kümmert, schreit Frau Goslar. Auf diese Art und Weise kann Lies unmöglich richtig arbeiten, da helfen auch die vielen Nachhilfestunden nicht, die sie immer wieder bekommt. Bei Goslars ist das aber auch ein Haushalt! Die Großeltern wohnen nebenan, essen aber bei der Familie. Dann gibt es noch ein Dienstmädchen, das Baby, Herrn Goslar, der immer zerstreut und abwesend ist, und Frau Goslar, immer nervös und gereizt, und sie ist wieder schwanger. In dieser Lotterwirtschaft ist Lies mit ihren beiden linken Händen so gut wie verloren.

Meine Schwester Margot hat auch ihr Zeugnis bekommen, hervorragend, wie immer. Würde in der Schule ein *cum laude* vergeben, wäre sie sicher mit Auszeichnung versetzt worden. So ein kluges Köpfchen!

Vater ist in letzter Zeit viel zu Hause, im Geschäft hat er nichts mehr zu sagen. Ein unangenehmes Gefühl muss das sein, wenn man sich so ausgemustert fühlt. Herr Kleiman hat ›Opekta‹ übernommen und Herr Kugler ›Gies und Co.‹, die Firma für (Ersatz-)Kräuter, die erst 1941 gegründet worden ist. Als wir vor ein paar Tagen um unseren Platz spazierten, fing Vater an, über Untertauchen zu sprechen. Er meinte, es würde sehr schwer für uns werden, völlig abgeschnitten von der Welt zu leben. Ich fragte, warum er jetzt schon darüber sprach.

»Du weißt ja«, sagte er, »dass wir schon seit mehr als einem Jahr Kleider, Lebensmittel und Möbel zu anderen Leuten bringen. Wir möchten nicht, dass unser Besitz den Deutschen in die Hände fällt. Aber noch weniger wollen wir selbst geschnappt werden. Deshalb werden wir aus eigener Entscheidung weggehen und nicht warten, bis wir geholt werden.«

»Wann denn, Vater?« Der Ernst, mit dem Vater sprach, machte mir Angst.

»Mach dir darüber keine Sorgen, das regeln wir schon. Genieße dein unbeschwertes Leben, solange du es noch genießen kannst.«

Das war alles. Oh, lass die Erfüllung dieser Worte noch in weiter Ferne bleiben! Gerade klingelt es, Hello kommt, ich mach Schluss! *Deine Anne*

Mittwoch, 8. Juli 1942

Liebe Kitty!

Zwischen dem Sonntagmorgen und jetzt scheinen Jahre zu liegen. Es ist so viel passiert, als stünde die Welt plötzlich auf dem Kopf. Aber, Kitty, du siehst, dass ich noch lebe, und das ist das Wichtigste, sagt Vater. Ja, in der Tat, ich lebe noch, aber frage nicht, wo und wie. Ich denke, dass du mich heute überhaupt nicht verstehst, darum fange ich mal an dir zu erzählen, was am Sonntag geschehen ist.

Um 3 Uhr (Hello war gerade weggegangen und wollte später wiederkommen) klingelte jemand an der Tür. Ich hatte es nicht gehört, denn ich sonnte mich faul in einem Liegestuhl auf der Veranda und las. Gleich darauf kam Margot ganz aufgeregt an die Küchentür. »Für Vater ist ein Aufruf von der SS gekommen«, flüsterte sie. »Mutter ist schon zu Herrn van Daan gegangen.« (Van Daan ist ein guter Bekannter und Teilhaber in Vaters Firma.)

Ich erschrak furchtbar. Ein Aufruf! Jeder weiß, was das bedeutet. Konzentrationslager und einsame Zellen sah ich vor mir auftauchen, und dahin sollten wir Vater ziehen lassen? »Natürlich geht er nicht«, sagte Margot, als wir im Zimmer saßen und auf Mutter warteten. »Mutter ist zu den van Daans gegangen und fragt, ob wir schon Morgen in das Versteck umziehen können. Van Daans kommen mit. Wir sind dann zu siebt.« Stille. Die Sprache versagte. Der Gedanke an Vater, der gerade, nichts Böses ahnend, einen Besuch im jüdischen Altersheim machte, das Warten auf Mutter, die Hitze, die Anspannung ... das alles ließ uns schweigen.

Plötzlich klingelte es wieder. »Das ist Hello«, sagte ich. Margot hielt mich zurück. »Nicht aufmachen!« Aber das war unnötig zu sagen. Unten hörten wir schon Mutter und Herrn van Daan mit Hello reden. Dann kamen sie herein und schlossen die Tür hinter sich. Bei jedem Klingeln gingen Margot oder ich nun leise hinunter, um zu sehen, ob es Vater war. Andere Leute ließen wir nicht rein. Margot und ich wurden aus dem Zimmer geschickt, van Daan wollte mit Mutter allein sprechen.

Als Margot und ich in unserem Schlafzimmer saßen, erzählte sie, dass der Aufruf nicht Vater gegolten hatte, sondern ihr. Ich erschrak wieder und begann zu weinen. Margot ist sechzehn. So junge Mädchen wollten sie deportieren? Aber zum Glück würde sie nicht gehen, Mutter hatte es selbst gesagt. Und vermutlich hatte Vater daran gedacht, als er mit mir über Verstecken gesprochen hatte.

Verstecken! Wo war es denn möglich, sich zu verstecken? In der Stadt? Auf dem Land? In einem Haus, in einer Hütte? Wann? Wie? Wo? Das waren Fragen, die ich niemandem stellen konnte und die mich doch ständig beschäftigten.

Margot und ich begannen, die nötigsten Sachen in unseren Schultaschen zu verstauen. Das Erste, was ich hineinlegte, war dieses gebundene Heft, danach

Lockenwickler, Taschentücher, Schulbücher, einen Kamm, alte Briefe. Ich dachte ans Untertauchen und stopfte deshalb das unsinnigste Zeug in die Tasche. Aber es tat mir nicht leid, denn ich mache mir mehr aus Erinnerungen als aus Kleidern. Um fünf Uhr kam Vater endlich nach Hause. Wir riefen Herrn Kleiman an und fragten, ob er noch an diesem Abend kommen könnte. Van Daan ging los und holte Miep *[Hermine ›Miep‹ Gies war Assistentin in der Firma Opekta; red.]*. Sie kam, packte einige Kleider, Mäntel, Schuhe, Strümpfe und Unterwäsche in eine Tasche und versprach, abends wiederzukommen. Danach war es in unserer Wohnung still. Keiner von uns vieren wollte etwas essen. Das Wetter war noch lind, und alles war sehr sonderbar.

Im großen Zimmer wohnte Herrn Goldschmidt zur Miete, ein geschiedener Mann in den Dreißigern. Anscheinend hatte er an diesem Abend nichts vor, er hing bis zehn Uhr bei uns rum und war nicht wegzukriegen. Um elf Uhr kamen Miep und Jan Gies. Miep arbeitet seit 1933 bei Vater im Geschäft, und sie ist eine gute Freundin geworden, genau wie ihr frisch gebackener Ehemann Jan. Erneut verschwanden Schuhe, Hosen, Bücher und Unterwäsche in Mieps Beutel und Jans tiefen Taschen. Um halb zwölf gingen sie wieder.

Ich war todmüde. Mir war klar, dass es die letzte Nacht in meinem eigenen Bett sein würde, trotzdem schlief ich sofort ein und wurde am nächsten Morgen um halb sechs von Mutter geweckt. Zum Glück war es nicht mehr so heiß wie am Sonntag; den ganzen Tag fiel ein warmer Regen. Wir zogen so viel Kleidung übereinander an, als müssten wir in einem Eisschrank übernachten, und das nur, um noch ein paar Kleidungsstücke mehr mitzunehmen. Kein Jude hätte es in unserer Lage gewagt, mit einem Koffer voller Kleider auf die Straße zu gehen.

Ich hatte zwei Hemden, drei Hosen, zwei Paar Strümpfe und ein Kleid an, darüber Rock, Mantel, Sommermantel, feste Schuhe, Mütze, Schal und noch viel mehr. Ich erstickte zu Hause schon fast, aber das war jetzt nicht wichtig.

Margot stopfte ihre Schultasche mit Schulbüchern voll, holte ihr Rad und fuhr hinter Miep her, in Richtung einer mir unbekannten Zuflucht. Ich wusste nämlich noch immer nicht, wo der geheimnisvolle Ort war, zu dem wir gehen würden.

Um halb acht schlossen wir anderen die Tür hinter uns. Die Einzige, von der ich Abschied nehmen musste, war Moortje, meine kleine Katze, die ein gutes Zuhause bei den Nachbarn bekommen sollte, wie in einem kleinen Brief an Herrn Goldschmidt stand. Die ungemachten Betten, die Frühstücksreste auf dem Tisch, ein Pfund Fleisch für die Katze in der Küche, all das wirkte, als wären wir Hals über Kopf weggegangen. Das konnte uns egal sein. Wir wollten weg, nur weg, und sicher ankommen, sonst nichts.

Morgen mehr.
Deine Anne

Donnerstag, 9. Juli 1942

Liebe Kitty!

So gingen wir dann im strömenden Regen, Vater, Mutter und ich, jeder mit einer Schul- oder Einkaufstasche, bis zum Rand vollgestopft mit allen möglichen Sachen. Die Arbeiter, die zeitig zur Arbeit gingen, schauten uns bedauernd nach. In ihren Gesichtern war deutlich zu lesen, dass es ihnen leid tat, uns kein Fahrzeug anbieten zu können. Der auffallende gelbe Stern sprach für sich selbst.

Erst als wir auf der Straße waren, erzählten Vater und Mutter mir nach und nach den ganzen Versteckplan. Schon monatelang hatten wir so viel Hausrat und Kleidung wie möglich aus dem Haus geschafft, und am 16. Juli wäre es soweit gewesen, dass wir planmäßig hätten untertauchen können. Durch diesen Aufruf nun war der Plan um zehn Tage nach vorne verschoben, so dass wir uns mit einer weniger gut vorbereiteten Unterkunft begnügen mussten. Das Versteck war in Vaters Bürogebäude. Für Außenstehende ist das ein bisschen schwer zu begreifen, darum werde ich es näher erklären. Vater hatte nicht viel Personal, Herrn Kugler, Herrn Kleiman und Miep, dann noch Bep Voskuijl, die 23-jährige Stenotypistin, und alle waren über unser Kommen informiert. Im Lager arbeiteten Herr Voskuijl, Beps Vater, und zwei Arbeiter, denen hatten wir nichts gesagt.

Das Gebäude sieht so aus: Im Parterre ist ein großes Magazin, das als Lager benutzt wird und wieder unterteilt ist in verschiedene Verschläge, zum Beispiel den Mahlraum, wo Zimt, Nelken und Pfeffersurrogat vermahlen werden, und den Vorratsraum. Neben der Lagertür ist die normale Haustür, danach eine Zwischentür, hinter der man zur Treppe gelangt. Oben an der Treppe kommt man zu einer Tür mit Milchglas, auf die einmal mit schwarzen Buchstaben das Wort »Kontor« stand. Das ist das große vordere Büro, sehr groß, sehr hell, sehr voll. Tagsüber arbeiten dort Bep, Miep und Herr Kleiman. Durch ein Durchgangszimmer mit Tresor, Garderobe und großem Vorratsschrank kommt man zu dem kleinen, ziemlich muffigen, dunklen Direktorenzimmer. Dort saßen früher Herr Kugler und Herr van Daan, nun nur noch Ersterer. Auch vom Flur aus geht es in Kuglers Zimmer, durch eine Glastür, die zwar von innen, aber nicht ohne weiteres von außen zu öffnen ist. Von Kuglers Büro aus weiter durch den langen, schmalen Flur, vorbei am Kohlenverschlag und vier Stufen hinauf, da ist das Prunkstück des ganzen Gebäudes, das Privatbüro. Vornehme, dunkle Möbel, Linoleum und Teppiche auf dem Boden, Radio, elegante Lampe, alles prima-prima. Daneben ist eine geräumige Küche mit Durchlauferhitzer und zwei Gaskochern. Dann noch ein Klo. Das ist der erste Stock.

Vom unteren Flur führt eine gewöhnliche Holztreppe nach oben. Dort ist ein kleines Zwischenzimmer, das Diele genannt wird. Rechts und links sind Türen, die linke führt zum Vorderhaus mit den Lagerräumen, dem Dachboden und dem

Oberboden. Vom Vorderhaus aus führt auf der anderen Seite auch noch eine lange, übersteile, echt holländische Knochenbrechertreppe zur zweiten Straßentür.

Rechts von der Diele liegt das ›Hinterhaus‹. Kein Mensch würde denken, dass hinter der schlichten, grauen Tür so viele Zimmer versteckt sind. Vor der Tür ist eine Schwelle, und dann ist man drinnen. Direkt gegenüber der Eingangstür ist eine steile Treppe, links ein kleiner Flur und ein Raum, der Wohn- und Schlafzimmer der Familie Frank werden soll. Daneben ist noch ein kleineres Zimmer, das Schlaf- und Arbeitszimmer der beiden jungen Damen Frank. Rechts von der Treppe ist eine fensterlose Kammer mit einem Waschbecken und einem abgeschlossenen Klo und einer Tür in Margots und mein Zimmer. Wenn man dann die Treppe hinaufgeht und oben durch die Tür tritt, ist man verwundert, dass es in einem alten Grachtenhaus so einen hohen, hellen und geräumigen Raum gibt. In diesem Raum stehen ein Herd (das haben wir der Tatsache zu verdanken, dass hier früher Kuglers Laboratorium war) und ein Spülstein. Das ist also die Küche und gleichzeitig auch das Schlafzimmer des Ehepaares van Daan, außerdem Wohnzimmer für alle, Esszimmer und Arbeitszimmer. Ein ganz kleines Durchgangszimmerchen wird Peters Appartement werden. Dann, genau wie vorn, ein Dachboden und ein Oberboden.

Siehst du, so habe ich dir unser ganzes schönes Hinterhaus vorgestellt!

Deine Anne

Freitag, 10. Juli 1942

Liebe Kitty!

Wahrscheinlich habe ich dich mit meiner langatmigen Beschreibung der Wohnung recht gelangweilt, aber es ist schon wichtig, dass du weißt, wo ich gestrandet bin. Wie ich gestrandet bin, wirst du aus den folgenden Briefen schon erfahren.

Nun weiter mit meiner Geschichte, denn ich bin noch nicht fertig, wie du weißt. Nachdem wir die Prinsengracht 263 erreicht waren, führte uns Miep gleich durch den langen Flur und über die hölzerne Treppe nach oben ins Hinterhaus. Sie schloss die Tür, und wir waren allein. Margot, die mit dem Rad viel schneller gewesen war, hatte schon auf uns gewartet.

Unser Wohnzimmer und alle anderen Zimmer waren so mit Sachen vollgestopft, dass man es nicht beschreiben kann! Alle Kartons, die im Lauf der vergangenen Monate ins Büro geschickt worden waren, standen auf dem Boden und auf den Betten. Das kleine Zimmer war bis an die Decke mit Bettzeug vollgestopft. Wenn wir abends in ordentlich gemachten Betten schlafen wollten, mussten wir sofort damit anfangen, den Kram in Ordnung bringen. Mutter und Margot waren nicht fähig, auch nur einen Finger zu rühren. Sie lagen auf den kahlen Betten, waren müde und schlapp und was weiß ich noch alles. Aber Vater und ich, die beiden Ordnungshüter der Familie, wollten sofort anfangen.

Wir räumten Schachteln aus und Schränke ein, den ganzen Tag lang, wir hämmerten und werkten, bis wir abends todmüde in die sauberen Betten fielen. Den ganzen Tag hatten wir kein warmes Essen bekommen, aber das störte uns nicht. Mutter und Margot waren zu müde und zu nervös, um zu essen, Vater und ich hatten zu viel Arbeit.

Dienstag Morgen machten wir da weiter, wo wir am Montag aufgehört hatten. Bep und Miep gingen mit unseren Lebensmittelmarken einkaufen, Vater reparierte die zum Teil kaputte Beleuchtung, wir schrubbten den Küchenboden und waren wieder von morgens bis abends beschäftigt. Bis Mittwoch hatte ich kaum Zeit, über die große Veränderung nachzudenken, die in mein Leben gekommen war. Jetzt fand ich zum ersten Mal seit unserer Ankunft im Hinterhaus Gelegenheit, dir die Ereignisse mitzuteilen und mir gleichzeitig darüber klar zu werden, was nun eigentlich mit mir geschehen war und was noch geschehen würde.

Deine Anne

Samstag, 11. Juli 1942

Liebe Kitty!

Vater, Mutter und Margot können sich noch immer nicht an das Geräusch der Westerturmglocke gewöhnen, die jede Viertelstunde verlauten lässt, wie spät es ist. Ich schon, mir hat es sofort gefallen, und besonders nachts hat es so etwas Beruhigendes. Es wird dich vermutlich interessieren, wie es mir »im Untergrund« gefällt. Aber ehrlich gesagt, weiß ich das selbst noch nicht so genau. Ich glaube, ich werde mich in diesem Haus nie zuhause fühlen, aber damit möchte ich gar nicht sagen, dass ich es hier unangenehm finde. Ich fühle mich mehr wie in einer recht eigenartigen Pension, in der ich Ferien mache. Das ist eine ziemlich schräge Auffassung von Untertauchen, aber es ist nun mal nicht anders. Das Hinterhaus ist ein perfektes Versteck. Obwohl es feucht und ein bisschen zerknautscht ist, wird man wohl in ganz Amsterdam, ja vielleicht in ganz Holland, kein so bequem eingerichtetes Versteck finden.

Unser Zimmer war mit seinen nackten Wänden vorher sehr kahl. Dank Vater, der meine ganze Postkarten- und Filmstarsammlung schon zuvor hierher mitgenommen hatte, konnte ich mit Leimtopf und Pinsel die ganze Wand bestreichen und aus dem Zimmer ein einziges Bild machen. Es sieht nun viel fröhlicher aus. Wenn die van Daans kommen, werden wir aus dem Holz, das auf dem Dachboden liegt, ein paar Schränkchen und anderen netten Krimskrams basteln.

Margot und Mutter haben sich wieder ein wenig erholt. Gestern wollte Mutter zum ersten Mal Erbsensuppe kochen, aber als sie zum Ratschen unten war, vergaß sie die Suppe. Die brannte so an, dass die Erbsen kohlenschwarz und nicht mehr vom Topf loszukriegen waren. Gestern Abend sind wir alle vier hinunter ins Privatbüro gegangen und stellten den englischen Sender an. Ich hatte solche Angst, jemand könnte es hören, dass ich Vater regelrecht anflehte, wieder mit nach oben zu kommen. Mutter verstand meine Angst und ging mit.

Auch sonst haben wir große Angst, dass die Nachbarn uns hören oder sehen könnten. Gleich am ersten Tag haben wir Vorhänge genäht. Eigentlich kann man nicht von Vorhängen sprechen, denn es sind nichts weiter als Lappen, vollkommen unterschiedlich in Form, Material und Muster, die Vater und ich sehr unprofessionell schief aneinander genäht haben. Mit Reißnägeln wurden diese Prachtstücke vor den Fenstern befestigt, und sie würden vor Ablauf unserer Untertauchzeit nie mehr herunterkommen.

Rechts neben uns befindet sich das Haus einer Firma aus Zaandam, links eine Möbeltischlerei. Diese Leute sind also nach der Arbeitszeit nicht in den Gebäuden, aber dennoch könnten Geräusche durchdringen. Wir haben Margot deshalb auch verboten, nachts zu husten, obwohl eine schwere Erkältung sie erwischt hat, und wir geben ihr große Mengen Codein zu schlucken.

Ich freue mich sehr auf die Ankunft der van Daans, die am Dienstag sein soll. Es wird viel gemütlicher und auch weniger still sein. Die Stille nämlich ist es, die mich abends und nachts so nervös macht, und ich würde einiges darum geben, wenn jemand von unseren Beschützern auch hier schlafen würde. Sonst ist es hier gar nicht so schlimm, denn wir können selbst kochen und unten in Papis Büro Radio hören. Herr Kleiman, Miep und Bep haben uns sehr geholfen. Wir hatten sogar schon Rhabarber, Erdbeeren und Kirschen, und ich glaube nicht, dass wir uns fürs Erste hier langweilen werden. Zu lesen haben wir auch, und wir lassen noch einen Haufen Spiele besorgen. Aus dem Fenster schauen oder hinausgehen dürfen wir natürlich nie. Tagsüber müssen wir auch immer sehr leise gehen und leise sprechen, denn im Lager dürfen sie uns nicht hören.

Gestern hatten wir viel Arbeit, wir mussten für das Büro zwei Körbe Kirschen entkernen, Herr Kugler will sie einmachen. Aus den Kirschenkisten werden wir Bücherregale machen.

Gerade werde ich gerufen!

Deine Anne

Nachtrag, geschrieben am 28. September 1942
Es beklemmt mich doch mehr, als ich sagen kann, dass wir niemals hinaus dürfen, und ich habe große Angst, dass wir entdeckt und dann erschossen werden. Das ist natürlich eine gar nicht so angenehme Aussicht.

Sonntag, 12. Juli 1942

Heute vor einem Monat waren sie alle so nett zu mir, weil ich Geburtstag hatte, aber nun fühle ich jeden Tag mehr, wie ich mich von Mutter und Margot entfremde. Heut habe ich hart gearbeitet, und alle lobten mich überschwänglich, aber fünf Minuten später schimpften sie schon wieder auf mich ein.

Man kann deutlich den Unterschied sehen, wie sie Margot behandeln und mich. Margot hat zum Beispiel den Staubsauger kaputtgemacht, und deshalb ist den ganzen Tag das Licht ausgefallen. Mutter sagte: »Aber Margot, man sieht, dass du keine Arbeit gewöhnt bist, sonst hättest du gewusst, dass man einen Staubsauger nicht am Kabel zieht.« Margot sagte irgendwas, und damit war die Geschichte erledigt.

Aber heute Mittag wollte ich etwas von Mutters Einkaufsliste abschreiben, weil ihre Schrift so undeutlich ist. Sie wollte das nicht und hielt mir sofort wieder eine gepfefferte Standpauke, in die sich die ganze Familie einmischte.

Wir passen nicht zusammen, das wird mir vor allem in der letzten Zeit sehr deutlich. Sie sind so gefühlvoll miteinander, ich will das lieber sein, wenn ich alleine bin. Sie betonen, wie gemütlich wir vier es doch hätten und dass wir so harmonisch zusammenpassen würden. Dass ich es ganz anders empfinde, können sie sich keinen Moment lang vorstellen.

Nur Papa versteht mich manchmal, ist aber meistens auf der Seite von Mutter und Margot. Ich kanns nicht ausstehen, wenn sie vor Fremden erzählen, dass ich geheult habe, oder wie vernünftig ich bin, oder dass sie von Moortje *[die Katze der Franks, die zurückgelassen werden musste; red.]* anfangen zu reden. Das kann ich überhaupt nicht ertragen. Moortje ist mein weicher und schwacher Punkt. Ich vermisse sie jede Minute, und keiner weiß, wie oft ich an sie denke. Ich bekomme dann immer Tränen in die Augen. Moortje ist so lieb, und ich habe sie so gern, und ich träume davon, dass sie wieder zurückkommt.

Ich träume hier so schön. Aber die Wahrheit ist, dass wir hier sitzen müssen, bis der Krieg vorbei ist. Wir dürfen nie hinausgehen, und Besuch können wir nur von Miep, ihrem Mann Jan, Bep, Herrn Kugler und Herrn und Frau Kleiman bekommen – aber Frau Kleiman kommt nicht, sie findet es zu gefährlich.

Nachtrag, geschrieben am 28. September 1942
Papi ist immer so lieb. Er versteht mich vollkommen, und ich würde gern mal ganz allein und innig mit ihm reden, ohne sofort in Tränen auszubrechen. Aber das scheint an meinem Alter zu liegen.

Ich würde am liebsten immerzu schreiben, aber das wird viel zu langweilig. Bis jetzt habe ich fast nur meine Gedanken und Gefühle in dieses Buch geschrieben, aber hübsche Geschichten, die ich später einmal vorlesen kann, gibt es bisher keine. Aber ich werde in Zukunft nicht mehr so sentimental sein und mich mehr an die Wirklichkeit halten.

Freitag, 14. August 1942

Beste Kitty!

Einen Monat lang habe ich dich links liegen lassen, aber es passiert nun wirklich nicht so viel, um dir jeden Tag etwas Interessantes zu erzählen. Van Daans sind am 13. Juli angekommen. Wir dachten, sie kämen erst am 14., aber weil die Deutschen immer mehr Deportations-Aufrufe verschickten, fanden sie es sicherer, lieber einen Tag zu früh als zu spät umzuziehen.

Morgens um halb zehn (wir saßen noch beim Frühstück) kam Peter van Daan, ein ziemlich langweiliger und schüchterner Lulatsch von noch nicht sechzehn Jahren, von dessen Gesellschaft man nicht viel erwarten kann. Frau und Herr van Daan kamen eine halbe Stunde später an.

Frau van Daan hatte zu unserer großen Belustigung einen Nachttopf in ihrer Hutschachtel. »Ohne Nachttopf fühle ich mich nirgends zu Hause«, erklärte sie, und der Topf bekam sofort einen Stammplatz unter der Bettcouch. Herr van Daan hatte keinen Topf dabei, sondern trug einen zusammenklappbaren Teetisch unterm Arm.

Wir aßen am ersten Tag unseres Zusammenseins gemütlich miteinander, und nach drei Tagen fühlten wir alle sieben uns, als wären wir eine große Familie geworden. Selbstverständlich hatten die van Daans noch viel zu erzählen, sie waren ja eine Woche länger in der Welt draußen gewesen. Unter anderem wollten wir genau wissen, was mit unserer Wohnung und mit Herrn Goldschmidt passiert war.

Herr van Daan erzählte: »Montagmorgen um neun Uhr rief mich Goldschmidt an und fragte, ob ich mal schnell herüberkommen könne. Ich ging gleich hin und fand ihn sehr aufgeregt vor. Er gab mir den Zettel zu lesen, den Sie dort gelassen hatten, und er wollte die Katze laut Anweisung zu den Nachbarn bringen, was ich sehr gut fand. Er hatte Angst vor einer Hausdurchsuchung, deshalb kontrollierten wir alle Zimmer, deckten den Tisch ab und räumten ein bisschen auf. Da entdeckte ich auf Frau Franks Schreibtisch einen Zettel, auf dem eine Adresse in Maastricht stand. Obwohl ich wusste, dass Frau Frank ihn dort absichtlich hingelegt hatte, gab ich mich sehr erstaunt und erschrocken und bat Herrn Goldschmidt eindringlich, dieses unglückselige Papier zu verbrennen. Die ganze Zeit blieb ich dabei, dass ich nichts von Ihrem Verschwinden wüsste. Aber nachdem ich den Zettel gesehen hatte, kam mir eine gute Idee.

›Herr Goldschmidt‹, sagte ich, ›jetzt fällt mir auf einmal ein, was diese Adresse bedeuten kann. Ich erinnere mich deutlich, dass vor etwa einem halben Jahr ein hoher Offizier ins Büro kam, ein Jugendfreund von Herrn Frank, der versprach, ihm zu helfen, wenn es nötig sein würde, und der in der Tat in Maastricht stationiert war. Ich vermute, er hat sein Wort gehalten und die Franks irgendwie nach Belgien und von dort weiter in die Schweiz gebracht. Erzählen Sie das auch den

Leuten, die vielleicht nach den Franks fragen. Maastricht brauchen Sie dann natürlich nicht zu erwähnen.‹ Und damit ging ich weg. Die meisten Bekannten wissen es nun bereits, denn ich habe meinerseits schon von verschiedenen Seiten diese Version gehört.« Wir fanden die Geschichte sehr witzig, lachten aber noch mehr über die Phantasie der Leute. Denn eine Familie vom Merwedeplein hatte uns angeblich alle vier morgens auf dem Fahrrad vorbeikommen sehen, und eine andere Frau behauptete, sie hätte gesehen, wie wir mitten in der Nacht in ein Militärauto gestiegen wären.

Deine Anne

Freitag, 21. August 1942

Beste Kitty!

Unser Versteck ist erst jetzt ein richtiges Versteck geworden. Herr Kugler fand es nämlich sicherer, vor unsere Zugangstür einen Schrank zu stellen (denn es werden Hausdurchsuchungen gemacht, um versteckte Fahrräder aufzuspüren), aber natürlich einen Schrank, der schwenkbar ist und wie eine Tür aufgeht. Herr Voskuijl hat das Ding geschreinert. (Wir haben ihn inzwischen über uns sieben Untergetauchte informiert, und er ist die Hilfsbereitschaft selbst.)

Wenn wir nach unten gehen wollen, müssen wir uns jetzt immer zuerst bücken und dann hinaus hüpfen. Nach drei Tagen liefen wir alle mit Beulen an der Stirn herum, weil sich jeder den Kopf an der niedrigen Tür stieß. Peter nagelte dann ein Tuch mit Holzwolle davor. Mal sehen, ob es hilft!

Lernen tue ich kaum, bis September mache ich Ferien. Danach will Vater mir Unterricht geben, aber erst müssen wir die neuen Schulbücher besorgen.

Viel Veränderung kommt nicht in unser Leben hier. Heute hatte Peter eine Haarwäsche, aber das ist nicht so etwas Umwerfendes. Herr van Daan und ich haben dauernd Knatsch. Mama behandelt mich immer, als ob ich ein Baby wäre, und das kann ich nicht ausstehen. Peter finde ich noch immer nicht besser. Er ist ein öder Junge, faulenzt den ganzen Tag auf seinem Bett, tischlert mal ein bisschen und geht dann wieder dösen. Was für eine Trantüte!

Mama hat mir heute Morgen wieder eine elende Predigt gehalten. Wir sind immer absolut gegenteiliger Meinung. Papa ist ein Schatz, auch wenn er mal fünf Minuten böse auf mich ist. Draußen ist schönes, warmes Wetter, und trotz aller Hindernisse nutzen wir das so gut es geht aus, indem wir uns auf dem Dachboden auf das Ausziehbett legen.

Deine Anne

Nachtrag, geschrieben am 21. September 1942

Herr van Daan ist in letzter Zeit scheinheilig freundlich zu mir, ich lasse es mir ruhig gefallen.

Mittwoch, 2. September 1942

Liebe Kitty!
Herr und Frau van Daan haben gewaltigen Streit gehabt. So etwas habe ich noch nie erlebt, denn Vater und Mutter würden nicht im Traum daran denken, sich derart anzubrüllen. Der Anlass war so unbedeutend, dass es nicht der Mühe gewesen wäre auch nur ein einziges Wort darüber zu verlieren. Na ja, jeder nach seinem Geschmack.
Für Peter ist es natürlich unangenehm, er steht doch dazwischen. Aber er wird von niemandem mehr ernst genommen, weil er furchtbar zimperlich und faul ist. Gestern war er ganz besorgt, weil er eine blaue Zunge bekommen hatte. Diese merkwürdige Erscheinung verschwand aber genauso schnell, wie sie gekommen war. Heute hat er den ganzen Tag einen dicken Schal um den Hals geschlungen, weil er ein steifes Genick hat. Des weiteren klagt der Herr über Hexenschuss. Auch Schmerzen zwischen Herz, Niere und Lunge sind ihm nicht fremd. Er ist ein echter Hypochonder! (So heißt das doch, oder?)
Mutter und Frau van Daan vertragen sich nicht gut. Anlässe für Unstimmigkeiten gibt's ja eine Menge. Als kleines Beispiel will ich dir erzählen, dass Frau van Daan jetzt aus dem gemeinsamen Wäscheschrank für sich Laken herausgeholt hat, und nur drei übrig ließ. Sie meint, dass Mutters Wäsche für die ganze Familie verwendet werden kann. Sie wird schwer enttäuscht sein, wenn sie merkt, dass Mutter ihrem guten Beispiel gefolgt ist.
Außerdem hat sie eine Stinkwut, dass nicht unser Tischgeschirr verwendet wird, sondern ihrs. Immer versucht sie herauszufinden, wo wir unsere Teller hingetan haben. Sie sind näher als sie denkt, sie stehen in Kartons auf dem Dachboden hinter einem Berg Reklamematerial von Opekta. Solange wir im Versteck sind, bleiben die Teller für sie unerreichbar, und das ist auch gut so!
Mir passieren dauernd Missgeschicke. Gestern habe ich einen Suppenteller von Frau van Daans Geschirr zerdeppert.
»Oh«, rief sie wütend, »pass doch besser auf! Das ist das Einzige, was mir geblieben ist.«
(Bitte berücksichtige, Kitty, dass die beiden Damen hier ein katastrophales Holländisch sprechen. Über die Herren wage ich nichts zu sagen, sie wären sehr beleidigt. Wenn du dieses Gestammel hören könntest, würdest du laut auflachen. Wir kümmern uns gar nicht mehr drum, verbessern nützt sowieso nichts. Ich werde aber, wenn ich über Mutter oder Frau van Daan schreibe, nicht ihre Originalsprache wiedergeben, sondern ordentliches Niederländisch.)
Letzte Woche hatten wir eine kleine Unterbrechung in unserem so eintönigen Leben, und das lag an einem Buch über Frauen, und an Peter. Dazu musst du wissen, dass Margot und Peter so gut wie alle Bücher lesen dürfen, die Herr

Kleiman für uns ausleiht. Aber dieses spezielle Buch über ein »Frauenthema« wollten die Erwachsenen gar nicht gern aus den Händen geben. Das weckte Peters Neugier. Was für verbotene Dinge wohl in dem Buch stehen? Heimlich nahm er es aus den Sachen seiner Mutter, als sie unten am Reden war, und lief mit seiner Beute rauf zum Speicher. Zwei Tage lang klappte das. Frau van Daan wusste aber längst, was er tat; sie verriet aber nichts, bis Herr van Daan dahinter kam. Er wurde böse, nahm Peter das Buch weg und ging davon aus, dass die Sache damit erledigt wäre. Er hatte aber nicht mit der Neugier seines Sohnes gerechnet, den das energische Auftreten seines Vaters keineswegs aus der Fassung gebracht hatte. Er überlegte sich, wie er vorgehen konnte, um dieses hochinteressante Buch doch zu Ende lesen zu können.

Frau van Daan hatte inzwischen Mutter gefragt, was sie von dieser Sache halte. Mutter fand das Buch nicht gut für Margot, aber was die meisten anderen betraf, hatte sie keine Bedenken.

»Zwischen Margot und Peter ist ein großer Unterschied«, sagte Mutter.

»Erstens ist Margot ein Mädchen, und Mädchen sind immer reifer als Jungs, zweitens hat Margot schon mehr ernste Bücher gelesen und sucht nicht nach Dingen, die vielleicht verboten sein könnten, und drittens ist sie viel weiter entwickelt und verständiger, was auch ihre vier Jahre Oberschule mit sich bringen.«

Frau van Daan stimmte dem zu, fand es aber doch prinzipiell verkehrt, Jugendliche Erwachsenenbücher lesen zu lassen. Inzwischen hatte Peter den passenden Zeitpunkt gefunden, an dem niemand auf das Buch oder auf ihn achtete. Abends um halb acht, als die ganze Familie unten im Privatbüro Radio hörte, nahm er seinen Schatz mit hinauf zum Oberboden. Um halb neun wäre es Zeit gewesen, wieder unten zu sein, aber weil das Buch so spannend war, vergaß er die Zeit und kam gerade die Dachbodentreppe herunter, als sein Vater ins Zimmer kam. Was folgte, war klar. Ein Klaps, ein Schlag, ein Ruck, das Buch lag auf dem Tisch, und Peter verschwand auf den Oberboden.

So war die Lage, als die Familie zum Essen kam. Peter blieb oben, niemand kümmerte sich um ihn, er sollte ohne Essen ins Bett. Wir aßen weiter und plauderten fröhlich, als auf einmal ein durchdringendes Pfeifen zu hören war.

Wir legten die Gabeln hin und schauten uns mit bleichen und erschrocknen Gesichtern an. Dann hörten wir Peters Stimme, die durch das Ofenrohr rief: »Ich komme aber nicht hinunter!« Herr van Daan sprang auf, seine Serviette fiel zu Boden, und mit einem feuerroten Kopf schrie er: »Jetzt ist es aber genug.«

Vater nahm ihn am Arm, da er Schlimmes befürchtete, und zusammen gingen die beiden Herren zum Dachboden. Nach viel Sträuben und Strampeln landete Peter in seinem Zimmer. Die Tür ging zu, und wir aßen weiter.

Frau van Daan wollte ein Butterbrot für ihr Sohnemännchen zur Seite tun, aber Herr van Daan war unerbittlich. »Wenn er nicht auf der Stelle um Entschuldigung bittet, muss er auf dem Dachboden schlafen.« Wir protestierten und fanden, nichts zu Essen zu bekommen wäre schon Strafe genug. Und wenn er sich oben erkälten würde, könnte nicht mal ein Doktor vorbeikommen.

Peter bat nicht um Entschuldigung, er war schon wieder auf dem Oberboden. Herr van Daan kümmerte sich nicht mehr darum, bemerkte aber morgens, dass Peters Bett doch benutzt worden war. Um sieben Uhr war Peter schon wieder auf dem Dachboden, wurde aber durch Vaters freundschaftliche Worte dazu gebracht, herunterzukommen.

Drei Tage mürrische Gesichter, hartnäckiges Schweigen, und alles lief wieder in gewohnten Bahnen.

Deine Anne

Montag, 21. September 1942

Liebe Kitty!

Heute werde ich dir kurz die neuesten Nachrichten vom Hinterhaus erzählen. Über meiner Schlafcouch wurde ein Licht montiert, und wenn nun nachts geschossen wird, brauche ich nur an der Schnur zu ziehen. Zur Zeit geht das aber nicht, weil das Fenster zur Zeit Tag und Nacht einen Spalt breit geöffnet ist.

Die männlichen van Daans haben einen geräumigen, gebeizten Vorratsschrank geschreinert, sogar mit einem Fliegengitter. Dieses glorreiche Ding stand bis jetzt in Peters Zimmer, ist nun aber wegen der kühleren Temperatur auf den Dachboden gestellt worden. Jetzt gibt es stattdessen ein Regalbrett. Ich habe Peter geraten, den Tisch dort hinzustellen, mit einer netten Decke, und das eine Schränkchen an die Wand zu hängen, wo jetzt der Tisch ist. Dann könnte es noch ein gemütliches Stübchen werden, auch wenn ich nicht gern da schlafen wollte.

Frau van Daan ist nicht auszuhalten. Ständig bekomme ich von oben Geschimpfe zu hören, weil ich zu viel schwätze. Ich mache mir aber aus ihren Schimpfereien nichts! Mit Madame gibt es ständig neuen Ärger. Jetzt weigert sie sich, die Töpfe abzuwaschen. Wenn noch ein kleiner Rest drin ist, tut sie das nicht in eine Glasschale, sondern lässt es lieber im Topf verderben. Und wenn Margot dann mittags beim Spülen mit Töpfen eingedeckt ist, sagt Madame auch noch: »Och, Margotchen, Margotchen, du hast aber viel zu tun!«

Herr Kleiman bringt mir jede zweite Woche ein paar Mädchenbücher mit. Ich bin begeistert von der Joop-ter-Heul-Serie. Cissy van Marxfeldt gefällt mir von allen am besten. »Eine Sommertorheit« habe ich schon viermal gelesen und muss noch immer über die komischen Episoden lachen.

Zusammen mit Vater arbeite ich gerade an einem Stammbaum seiner Familie, und dabei erzählt er von jeder Person etwas. Das Lernen hat begonnen. Ich tu viel für Französisch und pauke jeden Tag fünf unregelmäßige Verben. Aber ich habe, was bitter ist, viel von dem Schulstoff vergessen. Peter hat stöhnend begonnen, mit Englisch weiterzumachen. Gerade sind einige Schulbücher eingetroffen. Einen üppigen Vorrat an Heften, Bleistiften, Radiergummis, Etiketten usw. habe ich von zu Hause mitgebracht. Pim (das ist Vaters Kosename) fordert Anspruch auf Nachhilfe in Niederländisch ein. Ich finde das prima, sozusagen als Gegenleistung für seine Hilfe in Französisch und anderen Fächern. Aber die Schnitzer, die er macht, sind abenteuerlich!

Ich höre manchmal den Sender Oranje. Kürzlich sprach Prinz Bernhard. Ungefähr im Januar bekommen seine Frau und er wieder ein Kind, sagte er. Ich finde das schön. Hier können sie nicht verstehen, dass ich so oranje-treu gesinnt bin.

Vor einigen Tagen sprachen wir darüber, dass ich noch viel zu lernen hätte, sodass ich mich am nächsten Tag gleich heftig an die Arbeit gemacht habe. Ich habe wirklich keine Lust, mit vierzehn oder fünfzehn Jahren noch in der ersten Klasse zu sitzen *[Die erste Klasse einer weiterführenden Schule nach der Grundschule ist gemeint; red.]*. Es kam auch zur Sprache, dass ich viele Bücher nicht lesen darf. Mutter liest gerade »Heeren, Vrouwen en Knechten«, das darf ich natürlich noch nicht lesen (Margot schon!), ich solle erst noch etwas weiter entwickelt sein, so wie meine begabte Schwester. Wir sprachen auch darüber, dass ich über Philosophie, Psychologie und Physiologie (diese Wörter musste ich erst mal nachschlagen) tatsächlich nichts weiß. Vielleicht bin ich im nächsten Jahr klüger!

Ich bin zu der erschreckenden Erkenntnis gekommen, dass ich nur ein Kleid mit langen Ärmeln und drei Strickjacken für den Winter besitze. Vater hat erlaubt, dass ich mir einen Pullover aus weißer Schafwolle stricke. Die Wolle ist nicht sehr schön, aber die Wärme wird diesen Mangel wieder gut machen. Wir haben noch einige Kleidungsstücke bei anderen Leuten, aber die kann man erst nach dem Krieg zurückholen, falls sie dann noch da sind.

Als ich neulich etwas über Frau van Daan in dich schrieb, kam sie gerade ins Zimmer. Klapp, Buch zu.

»Na, Anne, darf ich mal schauen?«

»Nein, Frau van Daan.«

»Nur die letzte Seite?«

»Nein, auch die nicht, Frau van Daan.«

Ich bekam einen Mordsschreck, denn gerade auf dieser Seite war sie schlecht weggekommen. Solche Sachen passieren jeden Tag, aber ich bin zu träge und zu müde, um alles aufzuschreiben.

Deine Anne

Freitag, 25. September 1942

Liebe Kitty!

Vater hat einen alten Bekannten, Herrn Dreher, einen Mann von siebzig Jahren, der sehr schwerhörig, krank und arm ist. Und dazu als lästiges Anhängsel eine Frau, die siebenundzwanzig Jahre jünger ist, auch arm, aber vollgehängt mit echten und unechten Armbändern und Ringen, die noch aus früheren goldenen Zeiten stammen. Dieser Herr Dreher hat Vater schon ziemlich viel Mühe beschert, und ich bewunderte ihn immer wegen der Engelsgeduld, mit der er dem bedauernswerten alten Herrchen am Telefon Rede und Antwort stand. Als wir noch zu Hause wohnten, hat Mutter oft vorgeschlagen, Vater solle doch ein Grammophon vor das Telefon stellen, das alle drei Minuten »Ja, Herr Dreher« und »Nein, Herr Dreher« sagt, denn der alte Mann verstand sowieso nichts von Vaters ausführlichen Antworten. Heute rief nun Herr Dreher im Büro an und fragte Herrn Kugler, ob er kurz bei ihm vorbeikommen könne. Herr Kugler hatte dazu keine Lust und wollte Miep hinschicken. Miep sagte dann telefonisch ab. Frau Dreher rief danach dreimal an. Und weil Miep angeblich ja den ganzen Nachmittag über nicht da war, musste sie am Telefon Beps Stimme nachmachen. Unten im Büro und auch hier oben haben sich alle schiefgelacht. Jedes Mal, wenn jetzt das Telefon klingelt, sagt Bep: »Das ist Frau Dreher!« Woraufhin Miep sofort anfängt zu lachen und unseriös kichernd den Anrufern Auskunft gibt. Wirklich, so eine verrückte Firma gibt es kein zweites Mal! Die Direktoren haben zusammen mit den Sekretärinnen den größten Spaß!

Ich gehe manchmal abends hoch zu den van Daans, um mich ein bisschen zu unterhalten. Dann essen wir »Mottenkekse« mit Sirup (die Keksdose stand in einem Kleiderschrank, der eingemottet ist) und amüsieren uns. Neulich drehte sich das Gespräch um Peter. Ich habe erzählt, dass Peter mir oft über die Wange streichelt und ich das nicht mag. Auf echte Elternart fragten sie, ob ich Peter nicht ein bisschen mögen könnte, er hätte mich bestimmt sehr gern. Ich dachte »Oje!«, und sagte »Oh nee!« Stell dir das vor! Dann sagte ich, dass Peter sich ein bisschen linkisch benimmt. Ich glaube, er ist schüchtern. Das ist bei allen Jungs so, die noch nicht oft Umgang mit Mädchen hatten.

Ich muss sagen, dass die Versteckkommission Hinterhaus (Abteilung Herren) wirklich sehr einfallsreich ist. Pass auf, was die nun wieder ausgetüftelt haben: Sie wollen Herrn Broks[6], Vertreter der Opekta-Gesellschaft, eine Nachricht von uns zustellen lassen! Sie tippen an einen Opekta-Kunden in Zeeuws-Vlaanderen einen Brief mit einer Anfrage, und zwar so, dass der Mann einen Zettel ausfüllen und

---

[6] Broks, ein Mitarbeiter von Opekta, sollte nichts vom Aufenthalt im Hinterhaus wissen, und annehmen, die Frank-Familie sei in Belgien; *red.*

mit dem beigelegten Umschlag zurückschicken muss. Die Adresse schrieb Vater mit Handschrift auf dem Umschlag. Wenn dieser Umschlag zurückkommt, wird der Brief des Kunden herausgeholt und stattdessen ein handgeschriebenes Lebenszeichen von Vater hineingetan. So wird Broks den Brief lesen, ohne misstrauisch zu werden. Sie wählten Zeeland, weil es nah an der belgischen Grenze liegt und der Brief also einfach über die Grenze geschmuggelt worden sein könnte. Außerdem darf dort niemand ohne Sondergenehmigung hin, und ein einfacher Vertreter wie Broks würde so eine Genehmigung nicht bekommen.

Vater hat gestern Abend wieder einmal Theater gemacht. Ihm war schwindlig vor Müdigkeit, und er torkelte ins Bett. Dort hatte er kalte Füße, und ich zog ihm meine Bettschuhe an. Fünf Minuten später lagen sie aber wieder neben seinem Bett. Dann wollte er kein Licht haben und hat den Kopf unter die Decke gesteckt. Als das Licht ausgemacht wurde, kam er sehr vorsichtig zum Vorschein. Es war zu komisch. Dann sprachen wir darüber, dass Peter Margot »Tante« nennt, und auf einmal kam Papas Stimme aus der Tiefe: »Eine Kaffeetante.«

Mouschi, die Katze, wird immer lieber zu mir, aber ich habe immer noch ein bisschen Angst.

Deine Anne

Sonntag, 27. September 1942

Liebe Kitty!

Heute hatte ich wieder eine sogenannte »Diskussion« mit Mutter. Das Schlimme ist, dass ich immer sofort in Tränen ausbreche, ich kann es nicht ändern. Papa ist immer lieb zu mir und versteht mich viel besser. Ach, ich kann Mutter nicht ausstehen, wenn sie so ist. Und ich bin für sie auch eine Fremde. Das merkt man sofort, sie weiß noch nicht mal, wie ich über die normalsten Dinge denke.

Wir redeten über Dienstmädchen, und dass man sie besser Haushaltshilfe nennen sollte und dass das nach dem Krieg sicher anders sein würde. Ich war nicht gleich ihrer Meinung. Und da sagte sie, dass ich so oft über »später« spreche und mich dann als große Dame aufspiele. Aber das ist gar nicht wahr. Ich kann mir doch wirklich ab und zu kleine Luftschlösser bauen, das ist doch nicht schlimm, das muss man doch nicht so ernst nehmen. Wenigstens verteidigt mich Papi, ohne ihn würde ich es hier bestimmt nicht aushalten.

Auch mit Margot verstehe ich mich nicht besonders gut. Obwohl es in unserer Familie nie solche Wutausbrüche wie oben gibt, ist es doch längst nicht immer harmonisch. Ich habe eine ganz andere Natur als Margot und Mutter, sie sind so fremd für mich. Ich verstehe mich mit meinen Freundinnen viel besser als mit meiner eigenen Mutter. Das ist schade, gell!

Frau van Daan ist wieder eine Laus über die Leber gelaufen. Sie ist sehr launisch und sperrt immer mehr von ihren Privatsachen weg. Schade, dass Mutter nicht jeden Van-Daan-Schwund mit einem Frank-Schwund beantwortet.

Manche Leute scheinen besondere Freude daran zu haben, nicht nur ihre eigenen Kinder zu erziehen, sondern auch die ihrer Bekannten – so sind auch die van Daans. An Margot gibt es nicht viel zu erziehen, sie ist von Natur aus die Brav-, Lieb- und Klugheit selbst. Dafür trage ich ihren Anteil an »Untugenden« zur Genüge mit herum. Mehr als einmal fliegen beim Essen ermahnende Worte der van Daans und freche Antworten meinerseits hin und her. Vater und Mutter verteidigen mich nach Kräften, ohne sie könnte ich den Kampf nicht so ohne weiteres bestehen. Zwar ermahnen sie mich immer, weniger zu reden, mich in nichts einzumischen und bescheidener zu sein, aber das schaffe ich kaum. Wäre Vater nicht immer wieder so geduldig, hätte ich schon längst keine Hoffnung mehr, die Anforderungen meiner Eltern zu erfüllen, dabei sind sie wirklich nicht zu hoch.

Wenn ich von einem Gemüse, das ich nicht ausstehen kann, kaum etwas nehme und stattdessen Kartoffeln esse, kann vor allem Frau van Daan diese Verwöhntheit nicht ertragen. »Nimm noch etwas Gemüse, Anne, komm«, sagt sie dann gleich.

»Nein, danke«, antworte ich. »Mir reichen die Kartoffeln.«

»Gemüse ist sehr gesund, das sagt auch deine Mutter. Nimm noch was«, drängt sie, bis Vater eingreift und sich auf meine Seite stellt. Dann fängt Frau van Daan an zu zetern und sagt: »Da hätten Sie unser zu Hause erleben sollen, da wurden die Kinder wenigstens erzogen! Das kann man doch nicht Erziehung nennen! Anne ist schrecklich verwöhnt, ich würde das nie zulassen. Wenn Anne meine Tochter wäre ...«

Damit beginnt und endet immer der ganze Wortschwall. »Wenn Anne meine Tochter wäre ... « Zum Glück bin ich es nicht. Aber um auf das Erziehungs-Thema zurückzukommen: Gestern trat nach Frau van Daans letzten überschwappenden Worten eine Stille ein, und Vater sagte: »Ich finde, Anne ist sehr gut erzogen. Sie hat wenigstens schon so viel gelernt, dass sie sich auf Ihre langen Predigten eine Antwort spart. Und was das Gemüse betrifft, kann ich nichts anderes sagen als vice versa.«

Madame war geschlagen, und zwar gründlich. Das ›vice versa‹ bezog sich auf sie, weil sie abends keine Bohnen und überhaupt keine Kohlsorten essen kann, denn andernfalls lässt sie »Winde«. Das hätte ich auch sagen können. Sie ist doch dämlich, nicht wahr? Soll sie wenigstens was mich betrifft den Mund halten. Es ist komisch zu sehen, wie schnell Frau van Daan rot wird. Ich nicht, ätsch! Und darüber ärgert sie sich insgeheim schrecklich.

Deine Anne

Montag, 28. September 1942

Liebe Kitty!
Mein Brief von gestern war noch lange nicht fertig, als ich mit dem Schreiben aufhören musste. Aber ich kann die Lust nicht unterdrücken, dir von einem anderen Zwist zu erzählen. Doch bevor ich beginne, noch dies: Ich finde es sehr seltsam, dass erwachsene Menschen so schnell, so viel und über alle möglichen Kleinigkeiten Streit anfangen. Bisher dachte ich immer, dass nur Kinder sich so zanken und dass sich das später legen würde. Natürlich gibt es schon mal Gründe für einen »richtigen« Streit, aber diese Scharmützel hier sind nichts anderes als Zankereien. Sie gehören zur Tagesordnung, und ich müsste eigentlich schon daran gewöhnt sein. Aber dem ist nicht so und wird auch nicht so sein, solange ich bei fast jeder Diskussion (dieses Wort wird hier statt Streit verwendet, ganz falsch natürlich, aber das wissen Deutsche eben nicht besser!) zum Thema gemacht werde.

Nichts, aber auch gar nichts lassen sie an mir gelten. Mein Auftreten, mein Charakter, meine Manieren werden Stück für Stück von vorn bis hinten und von hinten bis vorn beredet und bequatscht, und etwas, das ich so überhaupt nicht gewohnt bin, nämlich barsche Worte und Geschrei an meine Adresse, soll ich jetzt, so die Meinung der Erwachsenen, wohlgemut schlucken. Das kann ich nicht! Ich denke nicht daran, diese Beleidigungen auf mir sitzen zu lassen. Ich werde ihnen schon zeigen, dass Anne Frank nicht von gestern ist! Sie werden sich noch wundern und sich ihre dummen Sprüche sparen, wenn sie kapiert haben, dass sie nicht mit meiner, sondern erst mal mit ihrer eigenen Erziehung anfangen müssen. Das ist eine Art aufzutreten! Einfach barbarisch! Ich bin jedes Mal wieder baff von so viel Rüpelhaftigkeit und vor allem Dummheit (Frau van Daan). Aber sobald ich mich daran gewöhnt habe, und das wird schon bald sein, werde ich ihnen ihre Wörter gesalzen zurückgeben, da werden sie anders reden! Bin ich denn wirklich so ungezogen, eigenwillig, störrisch, unbescheiden, dumm, faul usw., wie sie es oben behaupten?

Na ja, ich weiß schon, dass ich eine Menge Fehler und Schwachstellen habe, aber sie übertreiben wirklich maßlos. Wenn du nur wüsstest, Kitty, wie ich manchmal bei diesen Schimpftiraden koche! Es wird wirklich nicht mehr lange dauern, bis meine angestaute Wut zum Ausbruch kommt.

Aber nun genug hierüber, ich habe dich lange genug mit diesen Streitereien gelangweilt. Aber ich kann es nicht lassen, eine hochinteressante Tischdiskussion muss ich dir noch erzählen.
Irgendwie kamen wir auf Pims *[Anne nennt ihren Vater ›Pim‹; red.]* enorme Bescheidenheit. Das ist eine so feststehende Tatsache, dass selbst von den idio-

tischsten Leuten nicht daran gezweifelt werden kann. Plötzlich sagte Frau van Daan, die jedes Gespräch auf sich beziehen muss: »Ich bin auch sehr bescheiden, viel bescheidener als mein Mann!«

Hast du je im Leben so was gehört? Dieser Satz zeigt doch schon sehr deutlich ihre Bescheidenheit!

Herr van Daan fand es nötig, das »als mein Mann« näher zu erklären, und sagte ganz ruhig: »Ich will gar nicht bescheiden sein. Ich stelle immer fest, dass unbescheidene Leute es viel weiter bringen als bescheidene.« Und dann wandte er sich an mich: »Sei nur nicht bescheiden, Anne, damit kommt man nicht sehr weiter.«

Mutter stimmte mit dieser Ansicht vollkommen überein. Aber wie üblich musste Frau van Daan zu diesem Erziehungsthema ihren Senf dazugeben. Diesmal wandte sie sich jedoch nicht an mich, sondern an meine Eltern, und sagte: »Sie haben eine merkwürdige Lebensanschauung, so etwas zu Anne zu sagen. Als ich jung war, war das ganz anders. Ich bin mir auch sicher, dass es jetzt noch anders ist, außer eben in Ihrer modernen Familie.«

Damit war Mutters mehrmals diskutierte moderne Erziehungsmethode gemeint. Frau van Daan war feuerrot vor Aufregung. Jemand, der rot wird, regt sich durch die Erhitzung noch mehr auf und hat das Spiel bald verloren.

Mutter, die sich nicht aufregte, wollte die Geschichte so schnell wie möglich vom Tisch haben und überlegte kurz, bevor sie antwortete: »Frau van Daan, ja, ich finde tatsächlich, dass es im Leben viel besser ist, etwas weniger bescheiden zu sein. Mein Mann, Margot und Peter sind außergewöhnlich bescheiden. Ihr Mann, Anne, Sie und ich sind nicht unbescheiden, aber wir lassen uns auch nicht bei jeder Gelegenheit einfach zur Seite schieben.«

Frau van Daan: »Aber Frau Frank, ich verstehe Sie nicht! Ich bin wirklich über die Maßen bescheiden. Wie kommen Sie dazu, mich unbescheiden zu nennen?«

Mutter: »Sie sind sicher nicht unbescheiden, aber niemand würde Sie besonders bescheiden nennen.«

Frau van Daan: »Ich würde gerne wissen, worin ich unbescheiden bin! Wenn ich hier nicht für mich selbst sorgen würde, müsste ich verhungern, ein anderer würde mich bestimmt nicht versorgen. Aber deshalb bin ich wirklich genauso bescheiden wie Ihr Mann.«

Mutter konnte bei dieser albernen Verteidigung nur lachen. Das irritierte Frau van Daan, die ihre Ausführungen noch mit einem prächtigen deutsch-niederländischen und niederländisch-deutschen Sprachengewirr fortsetzte, bis die geborene Rhetorikern sich so in ihren eigenen Worten verhedderte, dass sie schließlich aufstand und aus dem Zimmer gehen wollte. Ihr Blick fiel dabei auf mich. Das hättest du sehen müssen! Unglücklicherweise hatte ich in dem Moment, als sie uns den Rücken zukehrte, mitleidig und ironisch mit dem Kopf geschüttelt, nicht mit

Absicht, sondern ganz unwillkürlich, weil ich den Wortschwall so belustigt verfolgt hatte. Frau van Daan kehrte um und fing an zu keifen, laut, deutsch, rüpelhaft und gemein, genau wie ein dickes, rot angelaufenes Fischweib. Es war ein Vergnügen, sie anzuschauen. Könnte ich zeichnen, hätte ich sie am liebsten in dieser Haltung gezeichnet, so komisch war dieses kleine, verrückte, dumme Weib! Aber eines ist mir jetzt klar: Man lernt Menschen erst gut kennen, wenn man einmal einen richtigen Streit mit ihnen gehabt hat. Erst dann kann man ihren Charakter beurteilen!

Deine Anne

Dienstag, 29. September 1942

Liebe Kitty!

»Untergetauchte« erleben seltsame Sachen! Weil es hier keine Wanne gibt, baden wir in einem Waschzuber. Weil nur das Büro unten (ich meine das ganze untere Stockwerk) warmes Wasser hat, machen wir das Beste daraus, und schleppen heißes Wasser in Eimern nach oben. Nun sind wir recht verschieden, und einige genieren sich mehr als andere, also hat sich jeder Mitbewohner einen anderen Badeplatz ausgesucht. Peter badet in der Küche, obwohl sie eine Glastür hat. Wenn er also ein Bad nehmen möchte, sagt er vorher jedem einzelnen, dass wir in der nächsten halben Stunde nicht an der Tür vorbeigehen dürfen. Das scheint ihm ausreichend zu sein. Herr van Daan badet ganz oben. Für ihn macht die Privatheit des eigenen Zimmers die Beschwerlichkeit des Wasserschleppens wett. Frau van Daan badet derzeit überhaupt nicht, sie überlegt noch, welcher Platz der beste für sie ist. Vater badet im Privatbüro, Mutter in der Küche hinter einem Kaminschirm, und Margot und ich haben uns für das vordere Büro als Badeplatz entschieden. Samstag nachmittags sind dort die Vorhänge vorgezogen. Dann baden wir im Düstern, und diejenige von uns, die gerade warten muss, guckt durch eine Lücke zwischen den Vorhängen aus dem Fenster und beobachtet die merkwürdigen Leute draußen.

Aber seit letzter Woche gefällt mir dieses Bad nicht mehr, und ich habe mich auf die Suche nach einem besseren Platz gemacht. Peter brachte mich auf die Idee, den Zuber in die große Bürotoilette zu stellen. Dort kann ich mich aufsetzen, die Tür abschließen, Licht anmachen und das Badewasser ohne fremde Hilfe wegschütten, und bin dabei vor fremden Blicken sicher. Am Sonntag habe ich mein schönes Badezimmer eingeweiht, und es klingt zwar komisch, aber ich finde, es ist der beste Platz von allen.

Der Installateur war am Mittwoch im Haus, um unten die Rohre der Wasserleitung der Bürotoilette auf den Flur neu zu verlegen. Das hat man vorsorglich gemacht, damit die Rohre, sollte der Winter sehr kalt werden, nicht einfrieren.

Diese Montagearbeiten waren für uns gar nicht angenehm. Nicht nur, dass wir tagsüber das Wasser nicht aufdrehen durften, wir konnten auch nicht aufs Klo! Wenn ich dir erzähle, was wir gemacht haben, um diesem Übel abzuhelfen, ist das nicht besonders fein. Aber ich bin nicht so zimperlich, darüber zu schweigen.

Vater und ich hatten gleich zu Beginn unseres Untertauchens einen improvisierten Nachttopf konstruiert, genauer gesagt, wir haben mangels eines Topfes ein Weckglas zweckentfremdet. Während der Installateur unten war, haben wir diese Weckgläser ins Zimmer gestellt und die Produkte unserer Bedürfnisse erst mal darin aufbewahrt. Das fand ich längst nicht so gruslig wie die Tatsache, dass ich den ganzen Tag stillsitzen musste und keinen Pieps sagen durfte. Du kannst dir gar nicht ausmalen, wie schwer das dem Fräulein Quak-quak-quak gefallen ist. An normalen Tagen dürfen wir ja auch nur flüstern, aber überhaupt nichts zu sagen und sich nicht mal zu rühren, das finde ich zehnmal so schlimm. Mein Hintern war nach drei Tagen Sitzen geplättet und ganz steif und schmerzte. Abendgymnastik hat es gelindert.

Deine Anne

Donnerstag, 1. Oktober 1942

Beste Kitty! Gestern bin ich fürchterlich erschrocken. Um acht Uhr klingelte es plötzlich ganz laut. Ich dachte natürlich, da käme jemand ... Wer, kannst du dir wohl denken. Als aber alle meinten, es wären sicher Straßenjungen oder die Post gewesen, beruhigte ich mich.

Die Tage vergehen hier sehr still. Levinsohn, ein kleiner jüdischer Apotheker und Chemiker, arbeitet für Kugler in der Küche. Er kennt das ganze Haus sehr gut, und darum sind wir ständig in Sorge, es könnte ihm einfallen, auch mal das frühere Labor zu besichtigen. Wir sind dann mucksmäuschenstill. Wer hätte vor drei Monaten gedacht, dass die Quecksilber-Anne stundenlang ruhig sitzen kann, wenn es sein muss?

Am 29. September hatte Frau van Daan Geburtstag. Obwohl nicht groß gefeiert wurde, bekam sie immerhin Blumen und kleine Geschenke, und es gab gutes Essen. Rote Nelken vom Herrn Gemahl scheinen bei der Familie Tradition zu sein. Um noch kurz bei Frau van Daan zu bleiben: Eine Quelle ständigen Ärgers sind für mich ihre Flirtversuche mit Vater. Sie streicht ihm über Wange und Haare, zieht ihr Röckchen weit nach oben, sagt Dinge, die sie für witzig hält, und versucht so, Pims Aufmerksamkeit auf sich zu ziehen. Glücklicherweise findet er sie nicht hübsch und auch nicht nett und geht daher auf die Flirtereien nicht ein. Aber ich bin ein ziemlich eifersüchtiger Typ, wie du weißt, also kann ich das nicht ausstehen. Mutter macht das doch auch nicht bei Herrn van Daan. Das habe ich ihr dann auch ins Gesicht gesagt.

Peter kann ab und zu recht witzig sein. Eine Vorliebe, die alle amüsiert, hat er mit mir gemeinsam, und zwar das Verkleiden. Er zog ein sehr enges Kleid seiner Mutter an, ich seinen Anzug – so erschienen wir, mit Hut und Mütze auf dem Haupt. Die Erwachsenen bogen sich vor Lachen, und wir hatten ebenso viel Spaß.

Bep hat im Warenhaus neue Röcke für Margot und mich gekauft. Der Stoff ist schlecht, wie Jute für Kartoffelsäcke. So ein Ding, das die Läden früher nicht anzubieten gewagt hätten, kostet jetzt 7,75 respektive 24 Gulden.

Noch etwas Schönes haben wir in Aussicht: Bep hat für Margot, Peter und mich Unterlagen für schriftlichen Steno-Unterricht bestellt. Du wirst sehen, was für perfekte Stenographen wir nächstes Jahr sein werden. Ich finde es jedenfalls sehr wichtig, so eine »Geheimschrift« zu beherrschen.

Ich habe schlimme Schmerzen in meinem Zeigefinger (der linken Hand) und kann deshalb nicht bügeln, was für ein Glück!

Herr van Daan bevorzugt es, dass ich mich neben ihn an den Tisch setzte, er meinte, Margot esse nicht mehr genug. Nun, ich fand so einen Wechsel der Sitzordnung auch ganz gut.

Im Garten streunt immer so ein kleines, schwarzes Kätzchen herum. Das erinnert mich so an mein Moortje, oh, dieser Schatz!

Mama hat ständig was zu meckern, vor allem bei Tisch, auch deshalb ist die Sitzplatzänderung ganz gut. Jetzt hat Margot den Ärger damit, oder besser gesagt, keinen Ärger damit, denn über sie macht Mama nicht solche stacheligen Bemerkungen, über dieses vorbildliche Kind! Mit dem ›vorbildlichen Kind‹ piesacke ich sie jetzt immer, das kann sie nicht ausstehen. Vielleicht gewöhnt sie sich diese Formulierung ab, es wird auch höchste Zeit.

Zum Schluss dieser Gemischtwarenmitteilungen noch einen besonders ulkigen Witz von Herrn van Daan: Was macht 999 mal klick und ein mal klack? Ein Tausendfüßler mit einem Holzbein!

Tschüs, deine Anne

Samstag, 3. Oktober 1942

Beste Kitty!

Gestern haben sie mich aufgezogen, weil ich mit Herrn van Daan zusammen auf dem Bett gelegen bin.»Was, so früh? Ein Skandal!«, und lauter solche Ausdrücke. Blöd natürlich. Ich würde nie mit Herrn van Daan schlafen wollen, in der normalen Bedeutung von ›schlafen‹ natürlich. Gestern gab es wieder einen Knall, und Mutter hat sich schrecklich aufgespielt. Sie hat Papa alle meine Missetaten erzählt und heftig angefangen zu weinen. Ich natürlich auch, und ich hatte sowieso schon schreckliche Kopfschmerzen. Ich habe Papi dann gesagt, dass ich »ihn« viel lieber habe als Mutter. Daraufhin hat er gesagt, dass sich das schon wieder geben würde, aber das glaube ich nicht. Mutter kann ich nun mal nicht ausstehen, und ich muss mich zwingen, sie nicht immer anzugiften und ruhig zu bleiben. Ich könnte ihr glatt ins Gesicht schlagen. Ich weiß nicht, woher das kommt, dass ich so eine heftige Abneigung gegen sie habe. Papa hat gesagt, ich sollte ihr mal von mir aus anbieten, ihr zu helfen, wenn sie sich schlecht fühlt oder Kopfschmerzen hat. Aber das tue ich nicht, weil ich sie nicht liebe, und darum habe ich kein Mitgefühl. Ich kann mir auch gut vorstellen, dass Mutter mal stirbt. Aber dass Papa mal stirbt, das könnte ich, glaube ich, nicht aushalten. Das ist sehr gemein von mir, aber so fühle ich es. Ich hoffe, dass Mutter alles, was hier steht, niemals lesen wird.

In letzter Zeit darf ich etwas mehr Erwachsenenbücher lesen. Ich lese gerade »Evas Jugend« von Nico van Suchtelen. Den Unterschied zwischen Mädchenbüchern und diesem empfinde ich gar nicht so groß. Eva denkt, dass Kinder wie Äpfel am Baum wachsen und der Storch sie dort abpflückt, wenn sie reif sind, und zu den Müttern bringt. Aber die Katze ihrer Freundin hatte Junge bekommen, die kamen aus der Katze heraus. Allerdings dachte Eva, dass die Katze, genau wie ein Huhn, Eier legt und sie ausbrütet. Auch Mütter, die ein Kind bekommen, würden ein paar Tage zuvor ins Schlafzimmer gehen und ein Ei legen, um es dann auszubrüten. Wenn das Kind dann da ist, sind die Mütter noch etwas schwach, weil sie so lange auf dem Ei hockten. Eva wollte nun auch ein Kind haben. Sie nahm einen Wollschal und rollte ihn auf dem Fußoden, da hinein sollte das Ei fallen. Dann hockte sie sich darüber, gackerte und drückte, aber es kam kein Ei. Endlich, nach sehr langem Sitzen, kam etwas heraus, aber kein Ei, sondern eine Wurst. Eva schämte sich sehr. Sie dachte, sie wäre krank.

Witzig, nicht wahr? In »Evas Jugend« steht auch etwas darüber, dass Frauen ihren Körper auf der Straße an Männer verkaufen und dafür einen Haufen Geld verlangen. Ich würde mich zu Tode schämen vor so einem Mann. Außerdem steht drin, dass Eva ihre Periode bekommen hat. Danach sehne ich mich so sehr, dann bin ich endlich erwachsen. Papa mault schon wieder und droht mir mein Tagebuch wegzunehmen. Oh, was für ein Schreck! Ich werde es in Zukunft verstecken!

Mittwoch, 7. Oktober 1942

Ich stelle mir jetzt vor, dass ... ich in die Schweiz gehe. Papa und ich schlafen in einem Zimmer, während das Zimmer der Jungen *[Annes Cousins Bernhard und Stephan; red.]* mein Zimmer wird, wo ich sitze und meine Gäste empfange. Als Überraschung haben sie mir dafür neue Möbel gekauft, Teetisch, Schreibtisch, Sessel und Sofa, einfach großartig. Ein paar Tage später gibt Papa mir 150 Gulden – umgerechnet natürlich, aber ich bleibe jetzt einfach bei Gulden – und sagt, dass ich mir dafür alles kaufen kann, nur für mich selbst, was ich für nötig halte. (Später soll ich dann jede Woche einen Gulden bekommen, dafür kann ich mir auch kaufen, was ich will.) Ich gehe mit Bernd los und kaufe:

3 Sommerhemden à 0,50 = 1,50
3 Sommerhosen à 0,50 = 1,50
3 Winterhemden à 0,75 = 2,25
3 Winterhosen à 0,75 = 2,25
2 Unterkleider à 0,50 = 1,00
2 Büstenhalter (kleinste Größe) à 0,50 = 1,00
5 Pyjamas à 1,00 = 5,00
1 Sommermorgenrock à 2,50 = 2,50
1 Wintermorgenrock à 3,00 = 3,00
2 Bettjäckchen à 0,75 = 1,50
1 kleines Kissen à 1,00 = 1,00
1 Paar Sommerpantoffeln à 1,00 = 1,00
1 Paar Winterpantoffeln à 1,50 = 1,50
1 Paar Sommerschuhe (Schule) à 1,50 = 1,50
1 Paar Sommerschuhe (gut) à 2,00 = 2,00
1 Paar Winterschuhe (Schule) à 2,50 = 2,50
1 Paar Winterschuhe (gut) à 3,00 = 3,00
2 Schürzen à 0,50 = 1,00
25 Taschentücher à 0,05 = 1,25
4 Paar Seidenstrümpfe à 0,75 = 3,00
4 Paar Kniestrümpfe à 0,50 = 2,00
4 Paar Socken à 0,25 = 1,00
2 Paar dicke Socken à 1,00 = 2,00
3 Knäuel weiße Wolle (Hosen, Mütze) = 1,50
3 Knäuel blaue Wolle (Pullover, Rock) = 1,50
3 Knäuel farbige Wolle (Mütze, Schal) = 1,50
Schals, Gürtel, Krägen, Knöpfe = 1,25

Dann noch 2 Schulkleider (Sommer), 2 Schulkleider (Winter), 2 gute Kleider (Sommer), 2 gute Kleider (Winter), 1 Sommerrock, 1 guter Winterrock, 1 Schulwinterrock, 1 Regenmantel, 1 Sommermantel, 1 Wintermantel, 2 Hüte, 2 Mützen.

Das macht zusammen 108 Gulden.

2 Taschen, 1 Eiskostüm, 1 Paar Schlittschuhe mit Schuhen, 1 Schachtel (mit Puder, Fettcreme, Pudercreme, Abschminkcreme, Sonnenöl, Watte, Verbandsschachtel, Rouge, Lippenstift, Augenbrauenstift, Badesalz, Körperpuder, Eau de Cologne, Seife, Quaste).

Dann noch 4 Pullover à 1,50, 4 Blusen à 1,00, diverse Dinge à 10,00 und Bücher, Geschenke à 4,50.

Freitag, 9. Oktober 1942

Liebe Kitty!

Heute habe ich nur traurige und deprimierende Nachrichten. Unsere jüdischen Bekannten werden gleich gruppenweise festgenommen. Die Gestapo geht alles andere als zart mit diesen Menschen um. In Viehwagen werden sie nach Westerbork gebracht, dem großen Judenlager in Drente *[niederländische Provinz im Nordosten des Landes; red.]*. Miep hat von einem erzählt, der aus Westerbork geflohen ist. Es muss dort schrecklich sein. Die Menschen bekommen fast nichts zu essen, geschweige denn zu trinken.

Sie haben nur eine Stunde pro Tag Wasser und ein einziges Klo und Waschbecken für ein paar tausend Menschen. Schlafen tun sie alle durcheinander, Männer und Frauen, und die letzteren und die Kinder bekommen oft die Haare geschoren. Fliehen ist fast unmöglich. Die Menschen sind gebrandmarkt durch ihre kahl geschorenen Köpfe, und viele auch durch ihr jüdisches Aussehen.

Wenn es in Holland schon so schrecklich ist, wie muss es dann erst in Polen sein? Wir vermuten, dass die meisten Menschen ermordet werden. Der englische Sender spricht von Vergasungen, vielleicht ist das noch die schnellste Art zu sterben.

Ich bin völlig durcheinander. Miep erzählt all diese Gräuelgeschichten so erschütternd und ist selbst ganz aufgeregt dabei. Erst neulich saß zum Beispiel eine alte, gehbehinderte jüdische Frau vor der Tür und war angewiesen dort auf die Gestapo zu warten, die weggegangen war, um ein Auto zu holen, das sie abtransportieren sollte. Die arme Alte hatte solche Angst vor dem Gefechtslärm, wenn die englischen Flugzeuge kamen, und vor den grellen, herumirrenden Scheinwerfern. Trotzdem hat Miep nicht gewagt, sie ins Haus zu holen, das würde niemand machen. Denn die Herren Deutschen sind nicht zimperlich mit ihren Strafen.

Auch Bep ist still. Ihr Freund muss nach Deutschland. Sie hat jedes Mal Angst, dass die Flugzeuge, wenn sie über unsere Häuser fliegen, ihre Bombenlast von oft einer Million Kilo auf Bertus' Kopf fallen lassen. Witze wie: »Eine ganze Million wird er kaum bekommen« und »Eine einzige Bombe ist schon genug« finde ich nicht gerade angebracht. Bertus ist nicht der Einzige, der gehen muss, jeden Tag fahren Züge voller junger Leute weg. Manchen gelingt es, heimlich auszusteigen, wenn sie auf einem kleinen Bahnhof halten, und dann unterzutauchen. Einem kleinen Prozentsatz gelingt das vielleicht.

Ich bin noch nicht fertig mit meinem Trauerlied. Weißt du, was Geiseln sind? Das führen sie nun als neueste Strafmethode für Sabotage ein. Schrecklicheres kann man sich nicht vorstellen. Wird irgendwo sabotiert und der Täter nicht gefunden, werden statt ihrer angesehene, unschuldige Bürger verhaftet. Und müssen auf ihre Ermordung warten, bis die Gestapo seelenruhig wieder einmal eine paar Geiseln an die Wand stellt. Oft stehen dann die Todesanzeigen in der Zeitung. Ein »schicksalhaftes Unglück« wird dieses Verbrechen dann genannt. Ein schönes Volk, die Deutschen, und da gehöre ich eigentlich auch noch dazu! Aber nein, Hitler hat uns längst staatenlos gemacht. Und außerdem gibt es keine größere Feindschaft auf dieser Welt als zwischen Deutschen und Juden.

Deine Anne

Mittwoch, 14. Oktober 1942

Beste Kitty!

Ich habe schrecklich viel zu tun. Gestern habe ich ein Kapitel von »La belle Nivernaise« übersetzt und aufgeschrieben. Dann eine blöde Rechenaufgabe gemacht und noch drei Seiten für französische Sprachlehre übersetzt. Heute französische Sprachlehre und Geschichte.

Ich denke nicht daran, jeden Tag solche Mistrechenaufgaben zu machen. Papa findet sie auch schrecklich, er kann sie ja fast noch schlechter als ich, aber in Wirklichkeit können wir sie alle beide nicht, und müssen immer Margot holen. Ich bin auch eifrig beim Stenographieren, das finde ich toll, ich bin am weitesten von uns dreien.

Ich habe »De stormers« gelesen. Es war ganz nett, aber lange nicht so gut wie »Joop ter Heul«. Übrigens, in beiden Büchern kommen dieselben Wörter vor, klar, bei derselben Autorin. Cissy van Marxveldt schreibt wirklich toll. Bestimmt werde ich ihre Bücher meinen Kindern auch zu lesen geben.

Außerdem habe ich eine Menge Theaterstücke von Körner *[Theodor Körner, Schriftsteller und Dramatiker, 1791–1813; red.]* gelesen. Ich finde, dass der Mann schön schreibt. Zum Beispiel »Hedwig«, »Der Vetter aus Bremen«, »Die Gouvernante«, »Der grüne Domino« usw.

Mutter, Margot und ich sind wieder die besten Freundinnen, und das ist eigentlich viel angenehmer. Gestern Abend lagen Margot und ich zusammen in meinem Bett. Es war sehr eng, aber gerade deshalb spaßig. Sie fragte, ob sie mal mein Tagebuch lesen dürfte. »Manche Stücke schon«, sagte ich und fragte nach ihrem. Das dürfte ich dann auch lesen.

So kamen wir auf die Zukunft, und ich fragte sie, was für einen Beruf sie einmal haben wollte. Aber das wollte sie nicht sagen, sie macht ein großes Geheimnis daraus. Ich habe mal so etwas aufgeschnappt wie Unterricht. Ich weiß natürlich nicht, ob das stimmt, aber ich vermute, dass es so was in der Richtung sein könnte. Eigentlich sollte ich nicht so neugierig sein. Heute Morgen streckte ich mich auf Peters Bett aus, nachdem ich ihn erst verjagt hatte. Er war wütend auf mich, aber das kann mir herzlich egal sein.

Er könnte ruhig mal etwas netter zu mir sein, denn erst gestern Abend habe ich ihm einen Apfel geschenkt. Ich habe Margot mal gefragt, ob sie mich sehr hässlich findet. Sie sagte, ich sähe witzig aus und hätte hübsche Augen. Ziemlich vage, findest du nicht auch?
Bis zum nächsten Mal! Anne Frank
P. S.: Heute Morgen haben wir uns alle wieder gewogen. Margot wiegt nun 120 Pfund, Mutter 124, Vater 141, Anne 87, Peter 134, Frau van Daan 106, Herr van Daan 150. Ich habe in den drei Monaten, die ich hier bin, 17 Pfund zugenommen, enorm, gell?

Dienstag, 20. Oktober 1942

Liebe Kitty!

Meine Hand zittert noch, obwohl der Schreck, den wir hatten, schon zwei Stunden her ist. Du musst wissen, dass wir insgesamt fünf Minimax-Feuerlöscher im Haus haben. Weil sie unten so schlau sind, haben sie uns nicht gewarnt, dass der Zimmermann, oder wie der Bursche sonst heißt, die Geräte nachfüllt. Wir waren deshalb überhaupt nicht leise, bis ich plötzlich draußen auf dem Treppenabsatz (gegenüber unserer Schranktür) Hammerschläge hörte. Ich dachte sofort an den Zimmermann und warnte Bep, die gerade beim Essen war, damit sie jetzt nicht nach unten ging. Vater und ich postierten uns hinter der Tür, um zu hören, wann der Mann weggehen würde. Nachdem er eine Viertelstunde gearbeitet hatte, legte er seinen Hammer und andere Werkzeuge auf unseren Schrank (so glaubten wir!) und klopfte an die Tür. Wir wurden ganz bleich! Sollte er doch etwas gehört haben und nun dieses geheimnisvolle Ungetüm untersuchen wollen? Es schien so, denn das Klopfen, Ziehen, Schieben und Reißen nahm kein Ende.

Ich wurde fast ohnmächtig vor Angst darüber, dass es dem wildfremden Mann gelingen könnte, unseren schönen Unterschlupf zu enttarnen. Ich dachte gerade, ich hätte die längste Zeit gelebt, da hörten wir die Stimme von Herrn Kleiman: »Macht doch mal auf, ich bin es.«

Sofort machten wir auf. Was war passiert? Der Haken, der den Schrank an der Tür festhielt, hatte geklemmt, deshalb hatte uns niemand vor dem Zimmermann warnen können. Dieser war inzwischen nach unten gegangen, und Kleiman wollte Bep abholen, bekam aber den Drehschrank wieder nicht auf. Ich kann dir kaum sagen, wie erleichtert ich war. Der Mann, von dem ich meinte, er würde gleich vor uns stehen, hatte in meiner Einbildung immer größere Formen angenommen. Zuletzt sah er aus wie ein Riese und war so ein Faschist, wie es keinen schlimmeren gibt. Gell, zum Glück ist es diesmal gut gegangen!

Am Montag hatten wir hier viel Spaß. Denn Miep und Jan übernachteten bei uns. Margot und ich haben in dieser Nacht bei Vater und Mutter geschlafen, sodass das Ehepaar Gies unser Zimmer nutzen konnte. Das Festmenü schmeckte herrlich. Eine kleine Unterbrechung gab es, als Vaters Lampe einen Kurzschluss verursachte und wir plötzlich im Dunkeln saßen. Was tun? Neue Sicherungen waren zwar vorhanden, mussten aber ganz am hintersten Ende des dunklen Lagerraums eingesetzt werden, und abends war das keine angenehme Aufgabe. Trotzdem wagten sich die Herren daran, und nach zehn Minuten konnten wir unsere Kerzenbeleuchtung wieder zur Seite tun.

Morgens war ich schon früh auf den Beinen. Jan war schon angezogen. Er musste um halb neun weg, also war er schon um acht Uhr oben und frühstückte. Miep zog sich gerade an und stand im Hemd da, als ich ins Zimmer kam. Sie hat genau solche wollenen Unterhosen wie ich zum Fahrradfahren anziehe. Margot und ich zogen uns nun an und waren viel früher oben als üblich. Nach einem gemütlichen Frühstück ging Miep nach unten. Es regnete in Strömen, und sie war froh, dass sie heute nicht mit dem Fahrrad hierher ins Büro fahren musste. Ich machte mit Papi die Betten, dann lernte ich fünf unregelmäßige Verben. Fleißig, nicht wahr? Margot und Peter saßen in unserem Zimmer und lasen, und Mouschi saß bei Margot auf dem Sofa. Ich setzte mich nach meinen französischen Unregelmäßigkeiten auch dazu und las »Und ewig singen die Wälder«. Es ist ein sehr schönes, aber verstörendes Buch, ich habe es fast ausgelesen.

Bep kommt nächste Woche auch mal auf Nachtbesuch!

Deine Anne

Donnerstag, 29. Oktober 1942

Liebste Kitty!

Ich bin ziemlich beunruhigt, denn Vater ist krank. Er hat hohes Fieber und roten Ausschlag, es sieht nach Masern aus. Denk nur, wir können nicht mal einen Doktor holen! Mutter lässt ihn kräftig schwitzen, vielleicht geht das Fieber davon runter.

Heute Morgen erzählte Miep, dass die Wohnung der van Daans nun von den Deutschen ausgeräumt worden ist. Wir haben es Frau van Daan noch nicht gesagt, sie hat in der letzten Zeit sowieso schon so »dünne Nerven«, und wir haben keine Lust, uns das Gejammer über ihr schönes Service und die feinen Sesselchen anzuhören, die sie hatte zurücklassen müssen. Wir haben doch auch fast alles, was schön war, aufgeben müssen, was hilft nun das Geklage?

Vater will nun, dass ich Bücher von bekannten deutschen Schriftstellern lese. Das Deutsch-Lesen geht schon relativ zügig. Nur murmele ich meistens vor mich hin, statt ruhig im Geiste zu lesen. Aber das wird sich wohl geben. Vater hat Goethes und Schillers Dramen aus dem großen Bücherschrank gezogen, er will mir nun jeden Abend etwas vorlesen. Mit »Don Carlos« haben wir schon begonnen.

Um Vaters gutem Lese-Vorbild zu folgen, hat Mutter mir ihr Gebetbuch in die Hand gedrückt. Anstandshalber habe ich ein paar Gebete in Deutsch gelesen. Ich finde es schon schön, aber es sagt mir nicht viel. Warum drängt sie mich, so religiösfrömmelnd zu tun?

Morgen wird der Heizofen zum ersten Mal angemacht. Wir werden wohl ziemlich im Rauch sitzen, der Schornstein ist schon lange Zeit nicht gefegt worden. Hoffen wir, dass das Ding zieht!

Deine Anne

Montag, 2. November 1942

Beste Kitty!

Freitagabend war Bep bei uns. Es war ziemlich gemütlich, aber sie hat nicht gut geschlafen, weil sie Wein getrunken hatte. Sonst gibt es nichts Besonderes. Gestern hatte ich schlimme Kopfschmerzen und bin früh ins Bett gegangen. Margot ist wieder mal garstig.

Heute Morgen habe ich angefangen, einen Karteikasten des Büros zu sortieren. Der war umgefallen und ganz durcheinander geraten. Das machte mich schon bald wahnsinnig und ich fragte Margot und Peter, ob sie mir helfen könnten, aber die beiden waren zu faul. Da habe ich die Sachen zur Seite gelegt. Ich bin doch nicht verrückt und mache das alleine!

Anne Frank

P. S. Ich habe noch vergessen, dir die wichtige Neuigkeit zu erzählen, dass ich vermutlich bald meine Periode bekomme. Das merke ich an dem klebrigen Zeugs in meinem Höschen, und Mutter hat es mir vorausgesagt. Ich kann es kaum erwarten. Es scheint mir so wichtig! Ärgerlich ist nur, dass ich nun keine Damenbinden tragen kann, die bekommt man nicht mehr. Und die Stäbchen von Mama können nur Frauen tragen, die schon mal ein Kind gehabt haben.

Nachtrag, geschrieben am 22. Januar 1944

Ich würde so etwas nun nicht mehr schreiben können. Wenn ich jetzt, eineinhalb Jahre später, wieder in mein Tagebuch schaue, staune ich, dass ich jemals ein so unverdorbener Backfisch gewesen bin. Unwillkürlich weiß ich, dass ich, wenn ich es auch noch so wollte, nie mehr so sein kann. Die Launen und die Aussagen über Margot, Mutter und Vater verstehe ich noch genauso gut, als ob ich sie erst gestern geschrieben hätte. Aber dass ich so ungeniert über andere Dinge geschrieben habe, kann ich mir nicht mehr vorstellen.

Ich schäme mich wirklich, wenn ich die Seiten lese, die von so Themen handeln, die ich gerne schöner formuliert hätte. Ich habe es so unfein hingeschrieben. Aber nun genug davon.

Sehr gut nachvollziehen kann ich das Heimweh und die Sehnsucht nach Moortje. Oft bewusst, aber noch viel häufiger unbewusst, hatte ich die ganze Zeit, die ich hier war und bin, ein Bedürfnis nach Vertrauen, Liebe und Zärtlichkeit. Dieses Verlangen ist manchmal stärker und manchmal schwächer, aber es ist immer da.

Donnerstag, 5. November 1942

Beste Kitty!

Die Engländer haben nun endlich in Afrika ein paar Erfolge erzielt, also sind die Herren hier sehr fröhlich, und wir haben heute Morgen Kaffee und Tee getrunken. Sonst nichts Besonderes.

Ich habe in dieser Woche viel gelesen und wenig gearbeitet. So muss man das machen, so wird man sicher weiterkommen! Mutter und ich kommen letztens wieder besser miteinander aus, aber vertraulich wird es nie. Und Vater bedrückt etwas, über das er nicht sprechen will. Aber er ist ein Schatz, wie immer.

Seit ein paar Tagen ist der Ofen an, und das ganze Zimmer ist voller Rauch. Ich halte doch mehr von Zentralheizung, und ich bin wohl nicht die Einzige.

Margot kann ich nur als Miststück bezeichnen, das mich Tag und Nacht schrecklich reizt.

Anne Frank

Montag, 9. November 1942

Liebe Kitty!

Gestern hatte Peter Geburtstag, er ist sechzehn geworden. Um acht bin ich schon nach oben gegangen und habe mit ihm die Geschenke angeschaut. Er hat unter anderem das »Börsenspiel« bekommen, einen Rasierapparat und ein Feuerzeug. Nicht dass er so viel rauchen würde, überhaupt nicht, nur für die Eleganz.

Die größte Überraschung brachte um ein Uhr Herr van Daan, mit der Nachricht, die Engländer wären in Tunis, Casablanca, Algier und Oran gelandet. »Das ist der Anfang vom Ende«, sagten alle.

Aber Churchill, der englische Premierminister, der wahrscheinlich diesen Ausspruch bis nach England gehört hatte, sagte: »Diese Landung ist ein wichtiger Schritt, doch darf man nicht glauben, dass dies der Anfang vom Ende sei. Ich sage eher, dass es das Ende vom Anfang bedeutet.« Merkst du den Unterschied?

Es gibt aber doch Grund für Optimismus. Stalingrad, die russische Stadt, wird nun auch schon seit drei Monaten umkämpft und ist immer noch nicht den Deutschen in die Hände gefallen.

Ich werde dir jetzt doch auch mal was von unserer Lebensmittelversorgung erzählen. (Du musst wissen, dass die oben richtige Leckermäuler sind!) Unser Brot liefert ein sehr netter Bäcker, ein Bekannter von Kleiman. Wir bekommen natürlich nicht so üppig, wie wir zu Hause hatten, aber es reicht aus. Lebensmittelkarten kann man sich illegal besorgen. Der Preis steigt ständig, erst 27 Gulden, jetzt schon 33. Und das nur für ein bedrucktes Blatt Papier!

Um außer unseren hundert Konservendosen noch etwas Haltbares im Haus zu haben, haben wir 270 Pfund Hülsenfrüchte besorgen lassen. Nicht nur für uns alleine, auch das Büro wurde einberechnet. Die Säcke mit den Hülsenfrüchten wurden an Haken in unserem kleinen Flur hinter der Verstecktür gehängt. Weil sie so schwer sind, platzten ein paar Nähte an den Säcken auf. Wir beschlossen dann doch, diesen Wintervorrat besser auf den Dachboden zu bringen, und vertrauten Peter das Hochschleppen an. Fünf von sechs Säcken waren schon heil oben, und Peter war gerade dabei, Nummer sechs hoch zu schleppen, als die untere Naht riss und ein Regen – nein, ein Hagel! – von braunen Bohnen durch die Luft flog und die Treppe hinunter schoss. Ungefähr 50 Pfund waren in dem Sack, und das gab dann auch einen Höllenlärm! Unten meinten sie schon, das alte Haus samt Inhalt würde ihnen auf den Kopf krachen. Peter erschrak, dann musste er aber schrecklich lachen, als er mich sah, unten an der Treppe stehend, wie eine Insel in der Brandung der Bohnen, so war ich eingekreist von den braunen Dingern, die mir bis zu den Knöcheln reichten.

Eilig machten wir uns ans Aufsammeln. Bohnen sind aber so glatt und klein, dass sie in alle möglichen und unmöglichen Ecken und Löcher rollen. Jedes Mal, wenn jetzt einer die Treppe hinaufgeht, bückt er sich und gibt danach eine Hand voll Bohnen an Frau van Daan ab.

Fast hätte ich vergessen zu berichten, dass Vaters Krankheit wieder ganz verschwunden ist.

Deine Anne
P. S. Gerade hören wir aus dem Radio die Nachricht, dass Algier gefallen ist. Marokko, Casablanca und Oran sind schon in englischen Händen. Jetzt wird noch auf Tunis gewartet.

Dienstag, 10. November 1942

Liebe Kitty!
Großartige Neuigkeiten, wir werden einen achten Untertaucher aufnehmen! Ja, und wir waren wirklich immer der Meinung, dass es hier noch genug Platz und Essen für eine weitere Person gibt. Wir hatten nur Bedenken, Kugler und Kleiman noch mehr zu belasten. Als nun die Horrormeldungen über die Juden immer schlimmer wurden, hat Vater mal bei diesen beiden Schlüsselpersonen vorgefühlt, und sie fanden die Idee ausgezeichnet. »Die Gefahr ist für sieben ebenso groß wie für acht«, sagten sie richtigerweise. Als dieser Punkt geklärt war, ließen wir im Geiste unseren Bekanntenkreis vorbeiziehen, um einen alleinstehenden Menschen ausfindig zu machen, der gut zu unserer Versteckfamilie passen würde. Es war nicht schwer, so jemanden zu finden. Nachdem Vater alle Verwandten der van Daans abgelehnt hatte, wählten wir einen Zahnarzt namens Albert Dussel. Er lebt mit einer viel jüngeren und netten Christin zusammen, mit der er vermutlich nicht verheiratet ist, aber das ist nebensächlich. Er gilt als ruhig und höflich, und der flüchtigen Bekanntschaft nach schien er sowohl uns als auch den van Daans sympathisch. Miep kennt ihn auch, sodass sie alles regeln kann. Wenn er kommt, muss er in meinem Zimmer schlafen. Margot bekommt dann das Ausziehbett *[Margot zog nach Dussels Ankunft ins Zimmer der Eltern; red.]* als Liegestatt. Wir werden ihn fragen, ob er etwas mitbringen kann, um hohle Backenzähne zu füllen.
Deine Anne

Donnerstag, 12. November 1942

Liebe Kitty!
Miep hat berichtet, dass sie bei Dr. Dussel war. Dussel fragte Miep sofort, als sie reinkam, ob sie nicht ein Versteck für ihn wüsste. Er war sehr froh, als sie ihm sagte, sie hätte etwas für ihn und er solle so schnell wie möglich hingehen, am besten schon am Samstag. Er hatte Bedenken, sagte, er müsse seine Kartei erst noch in Ordnung bringen, zwei Patienten behandeln und die Abrechnung machen. Mit diesem Bericht kam Miep heute an. Wir fanden es nicht gut, dass er noch so lange warten wollte. Seine Vorbereitungen erfordern Erklärungen an etliche Leute, die wir lieber raushalten würden. Miep sollte fragen, ob er nicht doch am Samstag kommen würde. Er lehnte ab und wird nun am Montag kommen.

Ich finde es verrückt, dass er nicht sofort auf den Vorschlag einging. Wenn er auf der Straße verhaftet wird, kann er weder der Kartei noch den Patienten nützen. Warum also der Aufschub? Ich persönlich finde es dumm von Vater, dass er nachgegeben hat.

Sonst nichts Neues.
Deine Anne

Dienstag, 17. November 1942

Liebe Kitty!

Dussel ist eingetroffen. Es hat alles gut geklappt. Miep hatte zu ihm gesagt, er müsse um elf Uhr an einem bestimmten Treffpunkt vor dem Postamt sein, dort würde ihn ein Herr abholen. Dussel stand pünktlich an der verabredeten Stelle, Herr Kleiman ging auf ihn zu und sagte, dass der genannte Herr noch nicht kommen könne und er stattdessen inzwischen zu Miep ins Büro kommen solle. Kleiman stieg in die Straßenbahn und fuhr zurück zum Büro, und Dussel ging denselben Weg zu Fuß.

Um zwanzig nach elf klopfte Dussel an die Bürotür. Miep bat ihn, seinen Mantel auszuziehen, sodass der Stern nicht zu sehen war, und brachte ihn ins Privatbüro. Dort beschäftigte sich Kleiman mit ihm, bis die Putzfrau gegangen war. Unter dem Vorwand, dass das Privatbüro nicht länger frei sei, ging Miep mit Dussel nach oben, öffnete den Drehschrank und stieg vor den Augen des verblüfften Mannes hinein.

Wir sieben saßen oben um den Tisch und erwarteten mit Kaffee und Cognac unseren Untergrund-Kollegen. Miep führte ihn zuerst ins Wohnzimmer. Er erkannte sofort unsere Möbel, dachte aber ganz und gar nicht daran, dass wir uns ein Stockwerk über ihm befinden könnten. Als Miep ihm das sagte, fiel er vor Staunen fast in Ohnmacht. Aber zum Glück ließ Miep ihm dazu keine Zeit und brachte ihn nach oben. Dussel ließ sich auf einen Stuhl fallen und starrte uns alle eine Zeit lang sprachlos an, als wollte er die ganze Wahrheit aus unseren Gesichtern ablesen. Dann stotterte er: »Aber ... nein ... aber sind Sie denn nicht in Belgien? Ist dieser Offizier nicht gekommen? Das Auto? Die Flucht ... ist sie fehlgeschlagen?«

Wir erklärten ihm die Sache:

Dass wir das Märchen von dem Militär und dem Auto extra gestreut hatten, um die Leute und die Deutschen, die vielleicht nach uns suchen würden, auf die falsche Spur zu locken. Dussel war sprachlos über so viel Erfindungsgeist und konnte sich nur immer wieder erstaunt im Kreis drehen, als er unser superpraktisches und schönes Hinterhäuschen näher inspizierte. Wir aßen zusammen, dann schlief er ein wenig, trank danach Tee mit uns, ordnete sein bisschen Zeug, das Miep zuvor bereits gebracht hatte, und fühlte sich schon ziemlich zu Hause. Vor allem, als er die folgende getippte Hinterhausordnung (Fabrikat van Daan) zu sehen bekam:

PROSPEKT UND LEITFADEN VOM HINTERHAUS

Spezielle Einrichtung für die vorübergehende Unterkunft von Juden und ihresgleichen. Ganzjährig geöffnet.

Schöne, ruhige, waldfreie Umgebung im Herzen von Amsterdam. Keine privaten Nachbarn. Zu erreichen mit den Straßenbahnlinien 13 und 17, ferner auch mit Auto oder Fahrrad. In bestimmten Fällen, in denen die Deutschen die Benutzung dieser Transportmittel nicht erlauben, auch zu Fuß. Sowohl möblierte als auch unmöblierte Wohnungen und Zimmer ständig verfügbar, mit oder ohne Verpflegung.

Miete: gratis.

Diätküche, fettfrei.

Fließendes Wasser im Badezimmer (Wanne leider nicht vorhanden) und an diversen Innen- und Außenwänden.

Großartige Feuerstellen.

Geräumige Lagerplätze für Güter aller Art. Zwei große, moderne Tresore.

Eigene Radiozentrale mit direkter Verbindung nach London, New York, Tel Aviv und zu vielen anderen Stationen. Dieser Apparat steht allen Bewohnern ab sechs Uhr abends zur Verfügung, wobei es keine verbotenen Sender gibt, mit einer Einschränkung, dass nur aus gutem Grund deutsche Sender gehört werden dürfen, z. B. wegen klassischer Musik u. Ä. Deutsche Nachrichten zu hören und zu verbreiten, ist strengstens verboten (egal, woher sie gesendet werden).

Ruhezeiten: 10 Uhr abends bis 7.30 Uhr morgens, sonntags 10.15 Uhr. Unter besonderen Umständen werden auch tagsüber Ruhestunden abgehalten, je nach Anweisung der Direktion. Ruhezeiten sind im Interesse der allgemeinen Sicherheit unbedingt einzuhalten!!!

Freizeit: Fällt bis auf weiteres aus (sofern sie außer Haus stattfinden soll).

Gebrauch der Sprache: Es wird zu allen Zeiten gefordert, leise zu sprechen. Erlaubt sind alle Kultursprachen, also kein Deutsch.

Lektüre und Entspannung: Es dürfen keine deutschen Bücher gelesen werden, ausgenommen wissenschaftliche und klassische. Alle anderen Bücher sind erlaubt.

Gymnastik: Täglich.

Gesang: Ausschließlich leise und nach 6 Uhr abends.

Film: Nach Vereinbarung.

Unterricht: In Stenographie jede Woche eine schriftliche Lektion. In Englisch, Französisch, Mathematik und Geschichte zu allen Zeiten. Bezahlung durch Gegenunterricht, z. B. Niederländisch.

Spezielle Abteilung für kleine Haustiere mit guter Versorgung. (Ausgenommen Ungeziefer, für das eine Sondergenehmigung erforderlich ist ...)

Mahlzeiten: Frühstück: täglich morgens um 9 Uhr, sonn- und feiertags ca. 11.30 Uhr.
Mittagessen: Gelegentlich ausgedehnt, 1.15 Uhr bis 1.45 Uhr.
Abendessen: Kalt und/oder warm, keine feste Zeit, abhängig vom Nachrichtendienst.
Verpflichtungen gegenüber der Versorgungskolonne: Bereitschaft, jederzeit bei Büroarbeiten auszuhelfen.
Baden: Sonntags ab 9 Uhr steht der Zuber allen Hausgenossen zur Verfügung. Gebadet wird in der Toilette, in der Küche, im Privatbüro oder im vorderen Büro, je nach Wunsch.
Starke Getränke: nur gegen ärztliches Attest.
Ende.
Deine Anne

Donnerstag, 19. Nov. 1942

Liebe Kitty! Wie wir alle vermuteten, ist Dussel ein sehr netter Mann. Er war natürlich einverstanden, mit mir das Zimmer zu teilen. Ich bin, ehrlich gesagt, nicht so erfreut darüber, dass ein Fremder meine Sachen benutzt, aber für die gute Sache muss man etwas tun, und ich bringe dieses kleine Opfer dann auch gern. »Wenn wir jemanden retten können, ist alles andere zweitrangig«, sagte Vater, und damit hat er absolut Recht.

Dussel hat mich am ersten Tag, als er hier war, gleich über alles ausgefragt, zum Beispiel wann die Putzfrau kommt, wann die Zeiten zum Baden sind, wann man auf die Toilette gehen kann. Du wirst lachen, aber das alles ist in einem Versteck gar nicht so unproblematisch. Wir dürfen tagsüber nicht so umtriebig sein, dass man uns unten hören kann, und wenn eine Extraperson unten ist, z. B. die Putzfrau, müssen wir doppelt aufpassen. Ich erklärte Dussel alles ganz genau, aber mich erstaunte dabei schon, dass er so schwer von Begriff ist. Alles fragt er zweimal und kapiert es trotzdem nicht. Vielleicht gibt sich das, und er ist nur wegen der Überraschung so durcheinander. Ansonsten geht es prima.

Dussel erzählte uns viel von der Außenwelt, die wir nun schon so lange vermissen. Es ist traurig, was er alles zu erzählen hatte. Zahllose Freunde und Bekannte wurden weggebracht, zu einem schrecklichen Ziel. Abend für Abend patrouillieren die grünen oder grauen Militärfahrzeuge, und an jeder Tür wird geklingelt und nachgefragt, ob da auch Juden wohnen. Wenn ja, muss die ganze Familie sofort mit, wenn nicht, gehen sie weiter. Keiner kann seinem Schicksal entkommen, wenn er sich nicht versteckt. Oft gehen sie auch mit Adresslisten herum und klingeln nur dort, wo sie wissen, dass sie eine reiche Beute finden. Kopfgeld wird auch bezahlt, pro Kopf so und so viel. Es ist wirklich wie bei den Sklavenjagden, die es früher gab. Und das ist kein Witz, dafür ist es viel zu dramatisch. Ich sehe abends oft die Reihen guter, unbescholtener Menschen vor meinem Auge, mit weinenden Kindern! Immer nur laufen müssen, kommandiert von ein paar Kerlen, geschlagen und gepeinigt, bis sie fast zusammenbrechen. Keiner wird verschont. Alte, Kinder, Babys, schwangere Frauen, Kranke ... alle, alle gehen mit auf der Reise in den Tod.

Wie gut haben wir es hier, wie gut und ruhig. Wir müssten uns aus dem ganzen Elend nichts zu machen, hätten wir nicht so viel Angst um all jene, die uns teuer sind und denen wir nicht helfen können. Ich fühle mich schlecht, weil ich in einem warmen Bett liege, aber meine liebsten Freundinnen irgendwo da draußen werden niedergedrückt oder zusammenbrechen.

Mich überfällt selbst die Angst, wenn ich an alle denke, mit denen ich mich draußen immer so eng verbunden fühlte und die nun den Händen der brutalsten Henker ausgeliefert sind, die es je gegeben hat.

Und das alles, weil sie Juden sind.

Deine Anne

Freitag, 20. November 1942

Liebe Kitty!

Wir wissen nicht, wie wir uns verhalten sollen. Bis jetzt hatten uns nie viele Berichte über die Juden erreicht, und wir haben es vorgezogen, so heiter wie möglich zu bleiben. Wenn Miep ab und zu mal etwas über das schreckliche Schicksal eines Bekannten berichtete, fingen Mutter oder Frau van Daan sofort an zu weinen, sodass Miep lieber gar nichts mehr erzählte.

Aber Dussel wurde sofort mit Fragen überhäuft, und die Geschichten, die er erzählte, waren so grauenhaft und barbarisch, dass man es nicht zum einem Ohr hinein und zum anderen wieder herauslassen konnte. Trotzdem werden wir, wenn die Berichte erst mal gesackt sind, wohl wieder Witze machen und uns necken. Es hilft uns nicht, und denen da draußen auch nicht, wenn wir so niedergeschlagen bleiben, wie wir es im Moment sind, und was hat es für einen Sinn, aus dem Hinterhaus ein melancholisches Düsterhaus zu machen?

Bei allem, was ich tue, muss ich an diejenigen denken, die weg sind. Und wenn ich über eine Sache lachen muss, höre ich erschrocken wieder auf und denke mir, dass es eine Schande ist, so fröhlich zu sein. Aber soll ich denn den ganzen Tag weinen? Nein, das kann ich nicht, und sie wird wohl auch wieder vorbeigehen, diese Bedrücktheit.

Zu all diesem Traurigen kommt noch etwas Persönliches, das neben dem eben erzählten Elend ins Unbedeutende verschwindet. Trotzdem muss ich dir erzählen, dass ich mich in der letzten Zeit immer einsamer fühle. Um mich herum ist eine große Leere. Früher dachte ich nie darüber nach, Vergnügungen und Freundinnen füllten mein Denken aus. Nun grüble ich oft über unglückliche Dinge oder über mich selbst. Und schließlich bin ich zu der Überzeugung gekommen, dass Vater, wie lieb er auch sei, mir doch nicht meine frühere Welt ersetzen kann. Mutter und Margot zählen in meinen Gefühlen schon lang nicht mehr mit.

Aber warum falle ich dir mit solchen Kinkerlitzchen zur Last? Ich bin so schrecklich undankbar, Kitty, ich weiß es ja. Aber mir wird oft schwindlig, wenn ich selbst zu viel verkraften, und dann noch an all das andere Schlimme denken muss!

Deine Anne

Samstag, 28. November 1942

Liebe Kitty!

Wir haben zu viel Strom verbraucht und unsere Elektrizitätsration überschritten. Die Folge: Nun übertriebene Sparsamkeit und eine drohende Abschaltung. Vierzehn Tage kein Licht, nett, gell? Aber wer weiß, vielleicht geht es ja gut! Ab vier oder halb fünf Uhr ist es zu dunkel, um zu lesen. Wir schlagen die Zeit mit allerlei verrückten Sachen tot. Rätsel aufgeben, Gymnastik im Dunkeln machen, Englisch oder Französisch sprechen, Bücher rezensieren – all das langweilt auf Dauer. Gestern Abend habe ich etwas Neues entdeckt, und zwar: Mit einem scharfen Fernglas in die hellen Zimmer der hinteren Nachbarn zu spähen. Tagsüber dürfen die Vorhänge niemals einen einzigen Zentimeter zur Seite geschoben werden, aber wenn es dunkel ist, macht das nichts.

Mir war früher nicht klar, dass Nachbarn so interessante Menschen sein können, jedenfalls unsere. Einige habe ich beim Essen angetroffen, bei einer Familie wurde ein Film angeschaut, und der Zahnarzt gegenüber hatte eine ältere, ängstliche Dame in Behandlung.

Herr Dussel, der Mann, von dem immer behauptet wurde, dass er hervorragend mit Kindern umgehen könne und auch gern selbst welche hätte, entpuppt sich als der altmodischste Erzieher und Absonderer ellenlanger Verhaltenspredigten. Da ich das seltene Glück (!) habe, mit dem höchstedelwohlerzogenen Herrn mein leider sehr enges Zimmer zu teilen, und weil ich nach allgemeiner Auffassung die Ungezogenste der drei Jugendlichen bin, habe ich einiges zu tun, um die wiedergekauten Standpauken und Belehrungen abprallen zu lassen und meine Ohren davon freizuhalten. Das alles wäre noch verkraftbar, wenn der Herr nicht überdies ein großer Petzer wäre und sich ausgerechnet Mutter als Beschwerdestelle ausgesucht hätte. Wenn ich von ihm gerade das Gebläse von vorn abbekommen habe, setzt Mutter noch eins drauf, und ich kriege den Sturm von hinten, und wenn ich dann noch besonders großes Glück habe, stellt Frau van Daan mich fünf Minuten später zur Rede, und der Wind bläst von oben!

Wirklich, denk ja nicht, dass es einfach ist, der unerzogene Mittelpunkt einer untergetauchten Familie zu sein, wo sich jeder ständig in alles einmischt. Abends im Bett, wenn ich über meine vielen Sünden und herbei phantasierten Mängel nachdenke, komme ich durch die große Zahl der überlegenswerten Vorwürfe und Beschuldigungen so durcheinander, dass ich entweder lachen oder weinen muss, je nach meiner inneren Verfassung. Und dann schlafe ich mit dem verrückten Gefühl ein, anders sein zu wollen als ich bin, oder anders zu sein als zu wollen, oder mich vielleicht auch anders zu geben, als ich bin oder sein wollte.

Lieber Himmel, jetzt bringe ich dich auch noch durcheinander. Verzeih mir, aber durchstreichen mag ich das nicht, und Papier wegwerfen ist in Zeiten großer Papierknappheit verpönt. Also rate ich dir, den vorhergehenden Satz nicht noch einmal durchzulesen und dich vor allem nicht hineinzuvertiefen, denn du kommst da nicht wieder raus!

Deine Anne

Montag, 7. Dezember 1942

Liebe Kitty!

Chanukka *[Jüdischer Feiertag, sich über eine Woche ersteckend, von Ende November bis Anfang Dezember; red.]* und Nikolaus fielen dieses Jahr fast zusammen, bloß um einen Tag verschoben. Für Chanukka haben wir nicht viele Umstände gemacht, ein paar hübsche Kleinigkeiten ausgetauscht und dann die Kerzen. Da viel zu wenige Kerzen da sind, wurden sie nur zehn Minuten lang angezündet, aber solange das Lied nicht fehlt, ist das auch ganz gut. Herr van Daan hat einen Leuchter aus Holz gebaut, sodass das auch geregelt ist.

Der Nikolausabend samstags war viel schöner. Bep und Miep hatten schon die ganze Zeit ständig mit Vater geflüstert, und uns damit sehr neugierig gemacht, sodass wir schon irgendwelche Vorbereitungen vermuteten. Und wirklich, um acht Uhr gingen wir alle die Treppe hinab, durch den stockdunklen Flur (mir schauderte, und ich wünschte mir, schon wieder heil und sicher oben zu sein!) zu dem Durchgangszimmer. Dort konnten wir Licht anmachen, weil dieser Raum kein Fenster hat. Vater machte den großen Schrank auf.

»Oh, wie hübsch!«, riefen wir alle.

In der Ecke stand ein großer Korb, mit Weihnachtspapier geschmückt, und darauf war eine Maske vom Schwarzen Piet befestigt. *[Der ›Zwarte Piet‹ – auf deutsch: ›Schwarzer Peter‹, ist dort der Helfer des Heiligen Nikolaus; red.]*

Schnell nahmen wir den Korb mit nach oben. Es war für jeden ein schönes Geschenk mit einem passenden Vers drin. Weihnachtsverse kennst du wohl, darum werde ich sie dir auch nicht aufschreiben.

Ich bekam eine aus Brotteig geformte Puppe, Vater Buchstützen und so weiter. Es war jedenfalls alles schön ausgedacht, und da wir alle acht noch nie in unserem Leben Nikolaus gefeiert haben, war die Premiere gut gelungen.

Deine Anne

P. S.: Für unsere Freunde unten hatten wir natürlich auch etwas, alles noch aus den guten alten Zeiten, und für Miep und Bep ist Geld außerdem immer passend.

Heute haben wir gehört, dass Herr Voskuijl den Aschenbecher für Herrn van Daan, den Bilderrahmen für Dussel und die Buchstützen für Vater selbst gemacht hat. Wie jemand so kunstvolle Sachen mit der Hand machen kann, ist mir ein Rätsel!

Donnerstag, 10. Dezember 1942

Liebe Kitty!

Herr van Daan kommt aus dem Wurst- und Gewürzhandel. In der Firma war er wegen seiner Gewürzkenntnisse eingestellt worden, aber nun zeigt er sich von der wurstigen Seite, was uns keineswegs unangenehm ist.

Wir hatten viel Fleisch bestellt (illegal natürlich!) und wollten es haltbar machen, für den Fall, dass wir noch weitere schwere Zeiten durchmachen müssten. Er wollte Bratwurst, Geldersche Wurst und Mettwurst machen. Es war ein interessanter Anblick, wie er erst die Fleischstücke durch den Wolf drehte, zwei- oder dreimal, dann alle Zutaten in die Fleischmasse tat und diese schließlich mit Hilfe einer Tülle in Därme füllte. Die Bratwurst aßen wir mittags sofort, mit Sauerkraut dazu, aber die Geldersche Wurst, die zum Aufheben bestimmt war, musste erst gut trocknen, und dafür wurde sie an eine Stange gehängt, die mit zwei Schnüren an der Decke befestigt war. Jeder, der in das Zimmer kam und die baumelnden Würste sah, fing an zu lachen. Es war wirklich ein ulkiger Anblick.

Im Zimmer herrschte ein heilloses Durcheinander. Herr van Daan hatte seiner Frau eine Schürze umgebunden und war mit mächtigem Körpereinsatz (er sah dabei viel dicker aus, als er ist) mit dem Fleisch beschäftigt. Mit seinen blutigen Händen, dem roten Kopf und der bespritzten Schürze sah er aus wie ein richtiger Metzger. Frau van Daan tat alles gleichzeitig: Holländisch aus einem Buch lernen, die Suppe rühren, nach dem Fleisch schauen und über ihre gebrochene obere Rippe seufzen und klagen. Das ist die Folge davon, wenn ältere (!) Damen solche höchst idiotischen Gymnastikübungen vollführen, um ihren dicken Hintern wieder loszuwerden!

Dussel hat ein entzündetes Auge und betupfte es am Herd mit Kamillentee. Pim saß auf einem Stuhl in dem Sonnenstrahl, der durch das Fenster schien, und wurde mal hier, mal dort zur Seite geschoben. Dabei hatte er sicher wieder Rheumaschmerzen, denn er saß ziemlich krumm und mit gequältem Gesicht da und schaute Herrn van Daan auf die Finger. Er sah aus wie ein alter Invalide aus einem Diakonissenheim.

Peter tobte mit der Katze Mouschi im Zimmer herum, Mutter, Margot und ich waren mit Kartoffelschälen beschäftigt. Aber am Ende arbeiteten wir alle nicht besonders konzentriert, weil wir van Daan zuschauten.

Dussel hat seine Zahnarztpraxis eröffnet. Ich werde dir zum Spaß berichten, wie die erste Behandlung abgelaufen ist: Mutter bügelte, und Frau van Daan, die Erste, die dran glauben musste, setzte sich mitten im Zimmer auf einen Stuhl. Dussel fing wichtigtuerisch an, seine Instrumente auszupacken, ließ sich Eau de Cologne als Desinfektionsmittel und Vaseline als Wachsersatz bringen. Dann schaute er Frau van Daan in den Mund, berührte einen Schneidezahn und einen Backenzahn, wobei Frau van Daan sich jedes Mal krümmte, als ob sie vor Schmerzen kollabierte, und unzusammenhängende Töne ausstieß. Nach einer langen Untersuchung (nach Frau van Daans Gefühl jedenfalls, denn es dauerte nicht länger als zwei Minuten) wollte Dussel anfangen, ein Loch zu eröffnen. Aber daran war nicht zu denken! Frau van Daan schlug wild mit Armen und Beinen um sich, sodass Dussel irgendwann das spitze Instrument losließ und ... da blieb es in Frau van Daans Zahn stecken. Da war erst recht der Teufel los! Frau van Daan schlug um sich, weinte (soweit das möglich ist, mit so einem Gerät im Mund), versuchte den Schaber aus dem Mund zu bekommen und stieß ihn dabei noch tiefer hinein. Herr Dussel betrachtete das Schauspiel völlig unbeteiligt, die Hände in die Seiten gestemmt. Der Rest der Zuschauer lachte unbändig. Das war natürlich gemein, denn ich bin sicher, dass ich noch viel lauter geschrien hätte. Nach vielem Krümmen, Treten, Brüllen und Schreien hatte Frau van Daan das Ding endlich heraus, und Herr Dussel fuhr mit seiner Arbeit fort, als wäre nichts passiert. Er tat das so flott, dass Frau van Daan keine Zeit hatte, noch einmal los zu toben. Aber er hatte auch so viel Hilfe wie noch nie in seinem Leben. Herr van Daan und ich assistierten gut. Das Ganze sah aus wie auf einem mittelalterlichen Bild mit dem Titel »Quacksalber bei der Arbeit«. Die Patientin hatte jedoch nicht so viel Geduld, sie musste das Kochen »ihrer« Suppe und »ihres« Essens überwachen!

Eines ist sicher, Frau van Daan lässt sich so schnell nicht mehr behandeln!

Deine Anne

Sonntag, 13. Dezember 1942

Liebe Kitty!

Ich habe es mir im vorderen Büro bequem gemacht und schaue durch einen Spalt zwischen den schweren Vorhängen hinaus. Es ist dämmrig hier, aber noch hell genug, um dir zu schreiben.

Es ist ein eigentümlicher Anblick, wenn ich mir die Leute draußen ansehe. Es sieht aus, als hätten sie es alle schrecklich eilig und stolpern dabei fast über ihre eigenen Füße. Die Radfahrer – schneller als man schauen kann! Ich kann nicht mal sehen, was für ein Individuum auf dem Gefährt sitzt. Die Menschen in dieser Nachbarschaft sehen nicht gerade adrett aus, und vor allem die Kinder starren vor Schmutz, sodass man sie nicht mal mit der Zange anfassen möchte, richtige Gossenkinder und Rotznasen, und ihren Dialekt kann ich kaum verstehen.

Gestern Nachmittag haben Margot und ich hier gebadet, und da sagte ich: »Wenn wir mal die Kinder, die hier vorbeikommen, eins nach dem anderen mit einer Angel heraufholen würden, sie ins Bad stopfen, ihre Wäsche waschen und flicken und sie dann wieder laufen ließen, dann ...«

» ... würden sie morgen wieder genauso schmutzig und zerrissen herumlaufen wie vorher«, sagte Margot.

Aber was rede ich für Zeugs, es gibt noch andere Dinge zu sehen, Autos, Schiffe und den Regen. Ich höre die Straßenbahn und die Kinder und amüsiere mich.

Unsere Gedanken drehen sich genauso monoton wie wir selbst im Kreise. Wie bei einem Karussell dreht sich alles von den Juden zum Essen, vom Essen zur Politik. Apropos Juden, gestern habe ich, als wäre es ein Weltwunder, durch den Vorhang zwei Juden gesehen. Es war ein seltsames Gefühl, als hätte ich diese Menschen im Stich gelassen und würde nun heimlich ihr Unglück betrachten.

Direkt gegenüber liegt ein Hausboot, auf dem ein Schiffer mit Frau und Kindern wohnt. Der Mann hat einen kleinen Kläffer, den wir nur vom Bellen kennen und von seinem Schwanz, den man sieht, wenn er hinter der Reling entlangläuft.

Uahh, jetzt hat es angefangen zu regnen, und die meisten Leute suchen Schutz unter ihren Schirmen. Ich sehe nur noch Regenmäntel und ab und zu einen bedeckten Hinterkopf. Eigentlich ist es auch nicht nötig, mehr zu sehen, denn so langsam erkenne ich die Frauen auch so, aufgedunsen von zu vielen Kartoffeln, mit rotem oder grünem Mantel und abgelatschten Absätzen, einer Henkeltasche am Arm und – je nach der Laune ihres Ehemanns – mit einem griesgrämigen oder freundlichen Gesicht.

Deine Anne

Dienstag, 22. Dezember 1942

Liebe Kitty!

Das Hinterhaus hat mit Freude vernommen, dass jeder zu Weihnachten ein viertel Pfund Butter extra bekommen soll. In der Zeitung steht zwar ein halbes Pfund, aber das gilt nur für die glücklichen Zeitgenossen, die ihre Lebensmittelkarten vom Staat erhalten, nicht für untergetauchte Juden, die, weil der Preis so hoch ist, nur vier statt acht Karten illegal besorgen können. Der Wunsch aller ist es, mit dieser Butter etwas zu backen. Ich habe heute Morgen Plätzchen und zwei Torten gemacht. Oben ist viel Arbeit zu tun, und Mutter hat verboten, dass ich lerne oder lese, ehe nicht die ganze Hausarbeit erledigt ist.

Frau van Daan liegt mit ihrer gequetschten Rippe im Bett, jammert den ganzen Tag, lässt sich ständig neue Verbände anlegen und ist mit nichts zufrieden. Ich werde erleichtert sein, wenn sie wieder auf den Füßen ist und sich selbst um ihren Kram kümmert. Denn das muss ich ihr schon zugute halten, sie ist außergewöhnlich fleißig und ordentlich, und solange sie sich körperlich und geistig in einem guten Zustand befindet, auch fröhlich.

Nachdem ich tagsüber schon genug »pst, pst« zu hören bekomme, weil ich immer zu viel Lärm mache, ist mein Herr Zimmergenosse nun auf die Idee gekommen, mir auch nachts immer wieder »pst, pst« zuzurufen. Ich dürfte mich, wenn es nach ihm ginge, noch nicht mal zur anderen Seite drehen. Ich denke nicht daran, sein »Pst« zu beachten, und nächsten Mal rufe ich es einfach zurück.

Er wird von Tag zu Tag unangenehmer und egoistischer. Von den großspurig versprochenen Plätzchen habe ich kein Stück mehr gesehen, nachdem eine Woche vergangen war. Vor allem sonntags bringt er mich auf die Palme, wenn er so früh das Licht anmacht und mit seinen zehn Minuten Gymnastik anfängt. Mir armen Geplagten kommt es wie Stunden vor, denn die Stühle, mit denen mein Bett verlängert ist, schieben sich ständig unter meinem schläfrigen Kopf hin und her. Nachdem er mit ein paar hektischen Armschwüngen seine Gelenkigkeitsübungen beendet hat, beginnt der Herr mit seiner Morgentoilette und Anzieh-Routine. Die Unterhose hängt am Haken, also erst dorthin, dann wieder zurück. Die Krawatte liegt auf dem Tisch, also wieder schiebend und stoßend an meinen Stühlen vorbei und auf die gleiche Art zurück.

Aber ich will dich nicht mit Gejammer über alte, nervtötende Herren aufhalten, davon wird es auch nicht besser. Und alle meine Rachepläne (Glühbirnen rausschrauben, Tür verriegeln, Kleider verstecken) muss ich um des lieben Friedens willen leider fallen lassen.

Ach, ich werde ja so vernünftig! Alles muss hier mit Vernunft geschehen, lernen, zuhören, Mund halten, helfen, nett sein, nachgeben und was weiß ich noch alles! Ich habe Angst, dass ich meinen Vorrat an Vernunft, und der ist ohnehin nicht besonders groß, viel zu schnell verpulvere und für die Nachkriegszeit nichts mehr übrig bleibt.

Deine Anne

Das Jahr 1943

Mittwoch, 13. Januar 1943

Liebe Kitty!

Heute Morgen war ich wieder ganz durcheinander und konnte nicht konzentriert arbeiten. Wir haben eine neue Beschäftigung, nämlich Päckchen mit Bratensoße (in Pulverform) abfüllen. Die Soße wird von der Firma Gies & Co. *[Abspaltung von Otto Franks Firma Opekta; red.]* hergestellt. Herr Kugler konnte keine Abfüller finden, und wenn wir es machen, ist es auch viel billiger. Es ist eine Arbeit, wie sie von Leuten im Gefängnis gemacht werden muss. Sie ist erstaunlich langweilig, und man wird ganz schwindlig und dusslig davon.

Draußen ist es fürchterlich. Tag und Nacht werden die armen Menschen weggeschleppt, nicht mehr als einen Rucksack und etwas Geld im Gepäck. Diese Habe wird ihnen unterwegs auch noch weggenommen. Die Familien werden auseinandergerissen, Männer, Frauen und Kinder werden getrennt. Kinder, die von der Schule nach Hause kommen, haben plötzlich ihre Eltern verloren. Frauen, die vom Einkaufen zurückkommen, finden ihre Wohnung versiegelt vor, die Familie verschwunden. Die niederländischen Christen fürchten auch schon, ihre Söhne werden nach Deutschland geschickt. Jeder fürchtet sich. Und jede Nacht fliegen hunderte von Flugzeugen über die Niederlande zu deutschen Städten und pflügen dort die Erde mit ihren Bomben, und jede Stunde fallen in Russland und Afrika hunderte, sogar tausende Menschen im Kampf. Niemand kann sich raushalten, die ganze Erde führt Krieg, und obwohl es mit den Alliierten besser geht, ist ein Ende noch nicht in Sicht.

Und wir, wir haben es gut, besser als Millionen anderer Menschen. Wir sitzen sicher und ruhig und essen sozusagen unser Geld auf. Wir sind so selbstbezogen, dass wir über »nach dem Krieg« sprechen, uns auf neue Kleider und Schuhe freuen, dabei sollten wir eigentlich jeden Cent sparen, um nach dem Krieg anderen Menschen zu helfen, und zu retten, was noch zu retten ist.

Die Kinder hier laufen in dünnen Hemdchen und mit Holzschuhen an den Füßen herum, kein Mantel, keine Mütze, keine Strümpfe, und niemand, der ihnen hilft. Sie haben nichts im Magen, sondern kauen an einer Mohrrübe. Sie gehen aus ihrer kalten Wohnung auf die kalte Straße und kommen in der Schule in eine noch kältere Klasse. Ja, es ist mit Holland sogar so weit gekommen, dass viele Kinder auf der Straße die Vorübergehenden anhalten und sie um ein Stück Brot anbetteln.

Ich könnte dir Stundenlang über das Elend, das mit dem Krieg kam, erzählen, aber das macht mich nur noch bedrückter. Es bleibt uns nichts anderes zu tun, als so ruhig wie nur möglich das Ende dieser Misere abzuwarten. Die Juden warten, die Christen warten, der ganze Erdball wartet, und viele warten auf den Tod.

Deine Anne

Samstag, 30. Januar 1943

Liebe Kitty! Ich koche vor Wut und darf es nicht zeigen. Ich würde am liebsten mit den Füßen aufstampfen, schreien, Mutter gründlich durchschütteln, weinen und was weiß ich noch alles wegen der gemeinen Worte, der abfälligen Blicke, der Beschuldigungen, die mich jeden Tag aufs Neue treffen wie Pfeile von einem straff gespannten Bogen und die so schwer aus meinem Körper zu ziehen sind. Ich möchte Mutter, Margot, van Daan, Dussel und auch Vater anschreien: »Lasst mich in Ruhe! Lasst mich endlich mal eine Nacht schlafen, ohne dass mein Kissen von Tränen durchnässt ist, meine Augen brennen und Schmerzen in meinem Kopf hämmern! Lasst mich weg, weg von allem, am liebsten weg von der Welt!« Aber ich kann es nicht. Ich kann ihnen meine Verzweiflung nicht zeigen. Ich kann keinen Blick auf die Wunden zulassen, die sie mir zufügen. Ich würde das Mitleid und den herablassenden Spott nicht ertragen, und würde dann erst recht schreien müssen!

Jeder findet mich übertrieben, wenn ich etwas sage, lächerlich, wenn ich schweige, frech, wenn ich Antworten gebe, gerissen, wenn ich eine gute Idee habe, faul, wenn ich müde bin, egoistisch, wenn ich einen Bissen zu viel esse, dumm, feige, berechnend usw. usw. Den ganzen Tag höre ich nichts anderes, als dass ich ein unausstehlicher Fratz bin. Und obwohl ich darüber lache und tue, als wäre es mir egal, macht es mir sehr wohl etwas aus und ich möchte am liebsten Gott bitten, mir ein anderes Wesen zu geben, das nicht alle Leute gegen mich in Stellung gehen lässt.

Aber das ist unmöglich, meine Natur ist mir gegeben, doch ich fühle, ich kann nicht schlecht sein. Ich gebe mir mehr Mühe, es allen recht zu machen, als sie auch nur im Entferntesten ahnen. Wenn ich mit ihnen im Raum bin, versuche ich zu lachen, denn ich möchte ihnen meinen Kummer nicht zeigen. Öfters habe ich Mutter nach einer Reihe ungerechter Verweise an den Kopf geworfen: »Es ist mir egal, was du sagst. Trenne dich ruhig ganz von mir, ich bin doch ein hoffnungsloser Fall.« Dann bekam ich natürlich zu hören, ich sei undankbar, wurde zwei Tage ein bisschen ignoriert, und dann war auf einmal wieder alles vergessen, und ich wurde behandelt wie jeder andere.

Für mich ist es aber nicht möglich, den einen Tag katzenfreundlich *[gekünstelt freundlich; red.]* zu sein und ihnen am folgenden Tag meinen Hass ins Gesicht zu schleudern. Ich wähle lieber den goldenen Mittelweg, der gar nicht so golden ist, halte meinen Mund über das, was ich denke, und versuche, ihnen gegenüber einmal genauso verächtlich zu sein, wie sie zu mir sind.

Ach, wenn ich das nur könnte!

Deine Anne

Freitag, 5. Februar 1943

Liebe Kitty!

Ich habe dir lange nichts mehr von diesen Streitereien geschrieben, aber es hat sich nichts daran geändert. Herr Dussel nahm anfangs die an- und abflauenden Auseinandersetzungen noch sehr ernst, aber nun hat er sich daran gewöhnt und versucht nicht mehr, zu vermitteln. Margot und Peter sind überhaupt nicht das, was man »jung« nennt, beide sind so langweilig und ruhig. Ich steche da wirklich heraus und bekomme immer wieder zu hören: »Margot und Peter tun das auch nicht. Nimm dir ein Beispiel an deiner lieben Schwester!« Grässlich finde ich das.

Ich gebe auch gerne zu, dass ich ganz und gar nicht wie Margot werden will. Sie ist mir viel zu lasch und mittelmäßig, lässt sich von jedem überreden und gibt in allem nach. Ich will einen widerstandsfähigeren Geist! Aber solche Gedanken behalte ich für mich, sie würden mich schrecklich auslachen, wenn ich mit dieser Verteidigung ankäme. Bei Tisch ist die Stimmung meistens angespannt. Zum Glück werden manche Ausbrüche wegen der Suppen-Esser zurückgehalten. Die Suppen-Esser sind alle, die von unten kommen *[gemeint sind die Helfer aus der Firma; red.]*, um einen Teller Suppe zu kriegen.

Heute Mittag sprach Herr van Daan wieder davon, dass Margot zu wenig isst. »Sicher wegen der schlanken Linie«, sagte er spöttisch. Mutter, die ja immer für Margot eintritt, sagte laut: »Ich kann Ihr dummes Geschwätz nicht mehr hören.« Herr van Daan wurde feuerrot; er schaute vor sich hin und schwieg.

Oft haben wir auch etwas zu lachen. Erst kürzlich kramte Frau van Daan so blödsinnige alte Erinnerungen hervor. Sie erzählte davon, wie gut sie mit ihrem Vater zurechtkam und wie viel sie geflirtet hat. »Und wissen Sie«, fuhr sie fort, »mein Vater sagte, wenn ein Kavalier ein bisschen handgreiflich wird, dann musst du zu ihm sagen: ›Mein Herr, ich bin eine Dame!‹ Dann weiß er schon, was du meinst.« Wir brachen in Lachen aus wie über einen guten Witz.

Auch Peter, so still er meistens ist, gibt uns ab und zu Grund zu Lachen. Er hat die Macke, versessen auf Fremdwörter zu sein, deren Bedeutung er aber oft nicht kennt. An einem Nachmittag durften wir nicht auf die Toilette gehen, weil im Büro unten Kundschaft war. Peter musste aber sehr dringend, zog aber die Spülung nicht. Um nun die anderen vor dem wenig angenehmen Geruch zu warnen, befestigte er einen Zettel an der Tür: »S. V. P. Gas.« Er hatte natürlich sagen wollen: »Vorsicht, Gas«, fand aber S. V. P. *[S'il vous plaît; red.]* vornehmer. Dass das »bitte« bedeutet, davon hatte er keine blasse Ahnung.

Deine Anne

Liebe Kitty!

Samstag, 27. Februar 1943

Pim erwartet jeden Tag die Invasion. Churchill hatte eine Lungenentzündung, aber es geht ihm langsam besser. Gandhi, der indische Freiheitskämpfer, hält seinen soundsovielten Hungerstreik.

Frau van Daan behauptet, sie sei eine Fatalistin. *[Fatalisten glauben an die Unausweichlichkeit des Schicksals; red.]* Aber wer hat am meisten Panik, wenn geschossen wird? Niemand anderes als Petronella! Jan hat den Hirtenbrief der Bischöfe an die Menschen aus der Kirche für uns mitgebracht. Er war sehr gut und ermutigend geschrieben. »Haltet nicht still, Niederländer! Jeder kämpfe mit seinen eigenen Waffen für die Freiheit von Land, Volk und Religion! Helft, macht, zögert nicht!« Das verkünden sie einfach von der Kanzel! Ob es hilft? Unseren Glaubensbrüdern bestimmt nicht.

Stell dir vor, was nun wieder passiert ist! Der Besitzer dieses Gebäudes hat, ohne Kugler und Kleiman Bescheid zu geben, das Haus verkauft. Eines Morgens kam der neue Hausbesitzer mit einem Architekten, um das Haus zu besichtigen. Zum Glück war Herr Kleiman da, und er zeigte den Herren alles, bis auf unser Hinterhäuschen. Er behauptete, den Schlüssel von der Zwischentür zu Hause vergessen zu haben. Der neue Hausbesitzer fragte nicht weiter. Wenn er nur nicht zurückkommt und doch das Hinterhaus sehen will, dann sieht es schlecht für uns aus!

Vater hat für Margot und mich einen Karteikasten geleert und Kärtchen hineingetan, die auf einer Seite noch unbeschrieben sind. Das wird unsere Bücherkartei. Wir schreiben nämlich beide auf, welche Bücher wir gelesen haben, den Namen des Autors und das Datum. Ich habe gerade wieder Wörter gelernt, ›Bordell‹ und ›Kokotte‹. Dafür habe ich mir ein besonderes Heft angelegt.

Neue Butter- oder Margarineverteilung! Jeder bekommt sein bisschen Aufstrich auf den Teller. Aber die Verteilung funktioniert sehr ungerecht. Van Daans, die immer das Frühstück machen, teilen sich selbst anderthalbmal so viel zu, wie uns. Meine Eltern haben viel zu großen Widerwillen gegen Streit, um etwas dazu zu sagen. Schade, denn ich finde, dass man es solchen Leuten immer mit gleicher Münze zurückzahlen muss.

Deine Anne

Donnerstag, 4. März 1943

Liebe Kitty!

Frau van Daan hat einen neuen Namen, wir nennen sie Mrs. Beaverbrook. Was das bedeutet, verstehst du natürlich nicht, ich werde es dir erklären: Im englischen Sender spricht nämlich oft ein Mr. Beaverbrook über die viel zu zaghaften Bombardierungen auf Deutschland.

Frau van Daan widerspricht normalerweise jedem, sogar Churchill und dem Nachrichtendienst, aber mit Herrn Beaverbrook ist sie geradezu rührend einig. Wir hielten es darum für das Beste, dass sie Herrn Beaverbrook heiraten sollte. Und weil sie sich durch diesen Vorschlag geschmeichelt fühlte, heißt sie fortan Mrs. Beaverbrook.

Wir bekommen einen neuen Arbeiter im Lager, der bisherige muss nach Deutschland. Das ist schlimm, aber für uns vorteilhaft, weil ein Neuer das Haus nicht kennt. Wir haben vor den Lagerarbeitern noch immer Angst.

Gandhi isst wieder.

Der Schwarzhandel funktioniert ausgezeichnet. Wir könnten uns rund und fett essen, wenn wir das Geld hätten, um die irrsinnigen Preise zu bezahlen. Unser Gemüsehändler kauft der deutschen Wehrmacht Kartoffeln ab und bringt sie in Säcken ins Privatbüro. Er weiß, dass wir uns hier verbergen, und kommt deshalb auch immer in der Mittagspause, wenn die Lagerarbeiter weg sind.

Wir können nicht atmen, ohne zu niesen oder zu husten, so viel Pfeffer wird gerade durch die Mühlen gedreht. Jeder, der heraufkommt, begrüßt uns mit »hatschi«. Frau van Daan gibt vor, sie könne nicht hinuntergehen, sie würde krank, wenn sie noch mehr Pfeffer einatmet. Ich finde Vaters Firma gar nicht schön. Nichts als Geliermittel und scharfer Pfeffer. Wenn man schon mit Lebensmitteln handelt, dann sollte es doch wenigstens was zum Naschen geben!

Heute Morgen musste ich wieder ein Donnerwetter von Worten über mich ergehen lassen. Die Blitze schlugen mit so unfreundlichen Ausdrücken ein, dass meine Ohren rauschten von den vielen »Anne-schlecht« und »Van-Daan-gut«. Zum Donnerwetter!

Deine Anne

Mittwoch, 10. März 1943

Liebe Kitty!

Gestern Abend hatten wir Stromausfall, und außerdem ballerten sie unaufhörlich. Ich habe immer noch Angst vor Schießereien und Flugzeugen und liege fast jede Nacht bei Vater im Bett, um Trost zu suchen. Das ist vielleicht sehr kindisch, aber du müsstest das mal erleben! Man kann sein eigenes Wort nicht hören, so donnern die Kanonen. Mrs. Beaverbrook, die Fatalistin, fing fast an zu weinen und sprach mit einem furchtsamen Stimmchen: »Oh, es ist so unangenehm! Oh, sie schießen so laut!« Was eigentlich doch nur heißt: Ich habe solche Angst!

Bei Kerzenlicht kam es mir weniger schlimm vor, als in der Dunkelheit. Ich zitterte, als hätte ich Schüttelfrost, und flehte Vater an, die Kerze wieder anzuma-

chen. Er war gnadenlos, das Licht blieb aus. Plötzlich ratterten Maschinengewehre, das ist noch zehnmal schlimmer als Kanonen. Mutter sprang aus dem Bett und zündete zu Pims großem Ärger die Kerze an. Ihre resolute Antwort auf sein Murren war: »Anne ist doch kein altgedienter Soldat!« Damit basta!
Habe ich dir schon von Frau van Daans anderen Ängsten erzählt? Ich glaube nicht. Aber damit du über alle Hinterhaus-Geschichten informiert bist, musst du auch das wissen. Frau van Daan vermutete eines Nachts Einbrecher auf dem Dachboden. Sie hörte richtig laute Schritte und hatte solche Angst, dass sie ihren Mann weckte. Genau in diesem Augenblick verschwanden die Diebe und der Lärm, und Herr van Daan nahm nur noch das ängstliche Herzklopfen der Fatalistin wahr. »Ach, Putti (Herrn van Daans Kosename), sie haben sicher die Würste und sämtliche Hülsenfrüchte gestohlen. Und Peter! Oh, ob Peter wohl noch in seinem Bett liegt?«
»Peter haben sie bestimmt nicht gestohlen. Hab keine Angst und lass mich schlafen!« Doch daraus wurde nichts. Frau van Daan schlief vor lauter Angst nicht mehr ein.

Ein paar Nächte später wurde die ganze obere Familie wieder von dem unheimlichen Lärm geweckt. Peter ging mit einer Taschenlampe auf den Dachboden, und rrrrrt, was lief da weg? Ein Haufen großer Ratten! Als uns klar war, wer die Diebe sind, ließen wir Mouschi auf dem Dachboden schlafen, und die Eindringlinge sind nicht wiedergekommen – jedenfalls nicht in der Nacht.

Vor einigen Tagen ging Peter abends zum Oberboden (es war erst halb acht Uhr und noch hell), um ein paar alte Zeitungen zu holen. Um die Treppe hinauf zu kommen, musste er sich gut an der Luke festhalten. Ohne hinzuschauen, griff er oben mit der Hand zu ... und stürzte fast vor Schreck und Schmerz die Treppe hinunter. Er hatte seine Hand auf eine Ratte gelegt, und die biss ihn heftig in den Arm. Das Blut durchdrang seinen Pyjama, und er war kreidebleich, als er mit weichen Knien zu uns kam. Kein Wunder, eine große Ratte zu streicheln ist nicht sehr angenehm, und dann noch dazu ein Biss, das ist schrecklich.
Deine Anne

Freitag, 12. März 1943

Liebe Kitty!
Darf ich vorstellen: Mama Frank, Vorkämpferin der Kinderrechte! Extra Butter für die Jugendlichen, Teenagerprobleme, in allem setzt sich Mutter für die Jugend ein und bekommt nach einer Dosis Streit fast immer ihren Willen.
Ein Glas eingemachte Zunge ist verdorben. Das ist ein Festmahl für Mouschi und Moffi. Moffi kennst du noch nicht, aber sie war schon in der Firma, bevor wir

hier untertauchen. Sie ist die Lager- und Bürokatze und Rattenwächterin vom Lager. Auch ihr politisch unkorrekter Name *[Mof, plural Moffen ist in den Niederlanden ein abwertender Name für Deutsche; red.]* ist leicht zu erklären. Zeitweilig hatte die Firma zwei Katzen, eine für das Lager und eine für den Dachboden. Manchmal trafen sich die beiden, was immer zu heftigen Kämpfen führte. Die Lagerkatze war immer die aggressive, während der Dachbodentiger am Ende doch den Sieg errang. Genau wie in der Politik. Also wurde die Lagerkatze die Deutsche oder Moffi genannt, und die Dachbodenkatze der Engländer oder Tommy. Tommy ist später suspendiert worden, und Moffi dient uns allen zur Unterhaltung, wenn wir hinuntergehen.

Wir haben so viele braune und weiße Bohnen gegessen, dass sie mir zum Halse heraushängen. Wenn ich nur daran denke, wird mir übel. Die abendliche Brotverteilung ist ganz eingestellt worden. Papi hat gerade gesagt, dass er schlechte Laune hat. Er hat wieder so melancholische Augen, der Ärmste!

Ich bin ganz süchtig nach dem Buch »De klop op de deur« *[»Das Klopfen an der Tür]* von Ina Boudier-Bakker. Dieser Familienroman ist außerordentlich gut geschrieben. Nur was drumherum über Krieg, Schriftsteller oder Emanzipation der Frau erzählt wird, ist nicht so lesenswert. Ehrlich gesagt, es interessiert mich nicht so sehr.

Schreckliche Bombenangriffe auf Deutschland.

Herr van Daan ist schlechter Laune. Der Grund: Zigarettenknappheit. Die Diskussion über die Frage, ob die Konservendosen verbraucht werden sollen oder nicht, ist zu unseren Gunsten ausgegangen.

Ich habe keine Schuhe mehr zum Anziehen, außer hohen Skistiefeln, die im Haus nun wirklich unpraktisch sind. Ein paar Strohsandalen für 6,50 Gulden konnte ich nur eine Woche tragen, dann fielen sie auseinander. Vielleicht treibt Miep im Schwarzhandel etwas auf.

Ich muss jetzt noch Vaters Haare schneiden. Pim versichert, dass er nach dem Krieg nie mehr einen anderen Frisör nehmen werde, so gut erledige ich meine Arbeit. Wenn ich nur nicht so oft sein Ohr mitschneiden würde!

Deine Anne

Donnerstag, 18. März 1943

Liebste Kitty!

Die Türkei ist im Krieg. Große Aufregung. Wir warten mit Spannung auf die Nachrichten im Radio.

Freitag, 19. März 1943

Liebe Kitty!
Die Enttäuschung folgte der Freude schon eine Stunde später und hat letztere ausgebremst. Die Türkei ist doch nicht im Krieg, der Minister dort kündigte lediglich eine baldige Aufhebung der Neutralität an. Ein Zeitungsverkäufer auf dem Dam *[zentraler Platz in Amsterdam; red.]* schrie: »Türkei auf der Seite Englands!« Dadurch wurden ihm die Zeitungen aus der Hand gerissen, und das erfreuliche Gerücht erreichte auch uns.

Die Tausendguldenscheine wurden für ungültig erklärt. Das ist ein schwerer Schlag für alle Schwarzhändler und dergleichen Leute, aber noch mehr für andere Besitzer von schwarzem Geld oder für Untergetauchte.

Man muss nun, wenn man einen Tausendguldenschein wechseln will, genau nachweisen, woher man ihn bekommen hat. Steuern dürfen allerdings noch damit bezahlt werden, aber auch das endet nächste Woche. Gleichzeitig verfallen die Fünfhundertguldenscheine. Gies & Co. hatten noch schwarzes Geld in Tausendguldenscheinen, sie bezahlten dann für eine ganze Weile die Steuern im Voraus, auf diese Art war alles legal.

Dussel hat eine Tretbohrmaschine *[zahnärztliches Instrument; red.]* bekommen, und ich werde wohl bald einer ernsthaften Kontrolle unterzogen.

Dussel gehorcht den Versteckregeln absolut nicht. Er schreibt nicht nur Briefe an seine Frau, sondern korrespondiert auch mit verschiedenen anderen Leuten und lässt Margot, die Holländisch-Nachhilfelehrerin vom Hinterhaus, die Briefe korrigieren. Vater hat ihm streng verboten, damit weiterzumachen. Margots Korrigieren ist beendet, aber ich persönlich vermute, dass er bald wieder mit dem Schreiben anfangen wird.

Der Führer aller Germanen hat vor verwundeten Soldaten gesprochen. Es war traurig, das anzuhören. Die Fragen und Antworten waren ungefähr so:
»Heinrich Scheppel ist mein Name.«
»Wo verwundet?« »Bei Stalingrad.«
»Was verwundet?« »Zwei erfrorene Füße und ein Gelenkbruch am linken Arm.«
Genau so gab das Radio dieses schreckliche Marionettentheater an uns weiter. Die Verwundeten schienen sogar stolz auf ihre Verwundung zu sein, je schlimmer, desto besser! Einer brachte vor Rührung, weil er seinem Führer die Hand reichen durfte (falls er diese noch hatte), fast kein Wort heraus.

Dussels Duftseife ist mir auf den Boden gefallen und ich bin draufgetreten, sodass ein ganzes Stück herausgebrochen ist. Ich habe Vater um Schadensersatz für ihn gebeten, denn Dussel bekommt nur ein Stück Seife pro Monat.

Deine Anne

Donnerstag, 25. März 1943

Liebe Kitty!

Mutter, Vater, Margot und ich saßen gestern Abend ganz gemütlich zusammen. Plötzlich kam Peter herein und flüsterte Vater etwas ins Ohr. Ich hörte etwas wie »eine Tonne umgefallen im Lager« und »jemand an der Tür rütteln«. Margot hatte es auch verstanden, versuchte aber, mich etwas zu beruhigen, denn ich war natürlich gleich kreidebleich und aufgeregt. Wir drei warteten, Vater war schon mit Peter hinuntergegangen. Keine zwei Minuten später kam Frau van Daan vom Radiohören herauf und sagte, Pim hätte sie gebeten, das Radio auszumachen und leise hinaufzugehen. Aber wie es so ist, wenn man besonders leise sein möchte, dann knirschen die Stufen einer alten Treppe doppelt so laut. Wieder fünf Minuten danach kamen Peter und Pim, bleich bis an die Nasenspitzen, und erzählten uns das Malheur.

Sie hatten sich unten an die Treppe gesetzt und gewartet, ergebnislos. Aber auf einmal hörten sie zwei heftige Schläge, als würden im Hinterhaus zwei Türen zugeschlagen. Pim war mit einem Satz oben, Peter warnte erst noch Dussel, der umständlich und geräuschvoll endlich auch oben ankam. Dann gingen wir auf Strümpfen eine Etage höher, zur Familie van Daan. Herr van Daan war sehr erkältet und hatte sich schon hingelegt, deshalb scharten wir uns um sein Lager und tauschten flüsternd unsere Vermutungen aus. Immer wieder, wenn Herr van Daan laut hustete, bekamen seine Frau und ich fast Krämpfe vor Angst. Das ging so lange, bis einer von uns die glänzende Idee hatte, ihm Codein zu geben. Der Husten ließ sofort nach.

Wieder warteten und warteten wir, aber nichts war zu hören. Nun nahmen wir eigentlich alle an, dass die Diebe weggelaufen waren, als wir Schritte in dem sonst so stillen Haus hörten. Das Unglück wollte, dass unten am Radio noch der englische Sender lief und unsere Stühle schön ordentlich drumherum standen. Falls die Tür aufgebrochen worden wäre und der Luftschutzwart das sehen und der Polizei Bescheid geben würde, könnte das schlimme Folgen für uns haben. Also stand Herr van Daan auf, zog Hose und Jacke an, setzte einen Hut auf und ging vorsichtig hinter Vater die Treppe hinunter, gefolgt von Peter, der zur Sicherheit mit einem schweren Hammer bewaffnet war. Die Damen oben (inklusive Margot und ich) warteten mit Spannung, bis fünf Minuten später die Herren wieder oben ankamen und sagten, alles sei ruhig im Haus. Wir vereinbarten, kein Wasser laufen zu lassen und im Klo nicht die Spülung zu ziehen. Aber da die Aufregung fast allen Mitbewohnern auf den Magen geschlagen war, kann man sich vorstellen, was für ein Gestank dort herrschte, nachdem wir einer nach dem anderen unser Geschäft verrichtet hatten.

Wenn so etwas passiert, kommt immer alles Schlimme zusammen. So auch diesmal. Erstens spielte die Westerturmglocke, die mir immer so ein beruhigendes Gefühl gegeben hatte, nicht mehr, und außerdem war Herr Voskuijl am Abend zuvor früher nach Haus gegangen, und wir wussten nicht, ob Bep den Schlüssel noch bekommen und vielleicht vergessen hatte, die Tür zu verriegeln.

Aber darauf kam es jetzt nicht an, es war noch immer Abend, und wir waren noch sehr besorgt, obwohl wir uns inzwischen doch etwas beruhigt hatten, denn ab viertel nach acht, nachdem der Dieb unser Haus unsicher gemacht hatte, bis halb elf hatten wir nichts mehr gehört. Bei genauerer Überlegung schien es uns dann doch sehr unwahrscheinlich, dass ein Dieb am frühen Abend, wenn vielleicht noch Leute auf der Straße waren, eine Tür aufbrechen würde. Außerdem kam einer von uns auf den Gedanken, dass der Lagermeister der Nachbarn, der Firma Keg, vielleicht noch an der Arbeit gewesen war, denn in der Aufregung und bei den dünnen Wänden konnte man sich leicht bei den Geräuschen vertun, und in solch heiklen Situationen ist die Aufregung nicht zu unterschätzen.

Wir gingen also ins Bett, aber nicht alle konnten einschlafen. Vater, Mutter und Herr Dussel wachten oft auf, und auch ich kann (mit etwas Übertreibung) behaupten, dass ich kein Auge zugemacht habe. Heute Morgen sind die Herren hinuntergegangen und haben kontrolliert, ob die Haustür noch abgeschlossen war. Alles war in Ordnung!

Die Ereignisse, die alles andere als beruhigend waren, wurden natürlich lang und breit dem gesamten Büro geschildert, und hinterher kann man leicht lachen; nur Bep hat uns ernst genommen.

Deine Anne

P. S. Das Klo war heute Morgen verstopft, und Vater musste alle Erdbeerrezepte (zur Zeit unser Klopapier) samt einigen Kilo Kot mit einem langen Holzstock aus der Toilette stochern. Der Stock wurde später verbrannt.

Samstag, 27. März 1943

Liebe Kitty!

Der Stenokurs ist beendet, wir beginnen nun, Geschwindigkeit zu üben. Was werden wir schlau! Ich will dir noch etwas von meinen »Tag-totschlage-Fächern« berichten (so genannt, weil wir nichts anderes tun, als die Tage so schnell wie möglich vorüberzubringen, damit das Ende der Untertauchzeit schnell naht): Ich bin fasziniert von Mythologie, am meisten von der griechischen und römischen Götterwelt. Alle hier glauben, dass das nur eine vorübergehende Neigung ist, sie haben noch nie von einem Backfisch gehört, der Götter hoch schätzt. Nun, dann bin ich die Erste!

Herr van Daan ist erkältet, oder besser gesagt: er hat ein bisschen Jucken im Hals. Er macht gewaltiges Aufhebens darum. Gurgeln mit Kamillentee, Gaumen einpinseln mit Myrrhentinktur, Balsam auf Brust, Nase, Zunge und Zähne, und obendrein noch schlechte Laune! Rauter, irgendein deutscher Verwaltungsmensch, hat eine Rede gehalten.»Alle Juden müssen bis zum 1. Juli die germanischen Länder verlassen. Vom 1. April bis 1. Mai wird die Provinz Utrecht gesäubert (als wären es Kakerlaken!), vom 1. Mai bis 1. Juni die Provinzen Nord- und Südholland.« Wie eine Herde bedauerliches, krankes und verwahrlostes Vieh werden die armen Menschen zu ihren schmutzigen Schlachtplätzen gebracht. Aber ich schweige besser davon, ich bekomme nur Albträume von meinen eigenen Gedanken.

Noch eine tolle Neuigkeit ist, dass die deutsche Abteilung des Arbeitsamts durch Sabotage dem Feuer zu Opfer fiel. Einige Tage danach kam das Standesamt dran. Männer in deutschen Polizeiuniformen haben die Wachtposten geknebelt und mit dem Brand dafür gesorgt, dass wichtige Unterlagen futsch sind.

Deine Anne

Donnerstag, 1. April 1943

Liebe Kitty!

Ich bin wirklich nicht in Scherzlaune (siehe Datum), ganz im Gegenteil. Heute kann ich ruhig das Sprichwort bringen: Ein Unglück kommt selten allein.

Erstens hat unser Ermunterer, Herr Kleiman, gestern eine starke Magenblutung bekommen und muss mindestens drei Wochen ins Bett. Du musst wissen, dass er oft an Magenblutungen leidet, gegen die wohl kein Kraut gewachsen ist. Zweitens: Bep hat Grippe. Drittens geht Herr Voskuijl nächste Woche ins Krankenhaus. Er hat vermutlich ein Magengeschwür und muss operiert werden. Und viertens kamen die Direktoren der Pomesinwerke aus Frankfurt, um die neuen Lieferungen von Opekta zu vereinbaren. Alle Punkte zu dieser Besprechung hatte Vater mit Kleiman vorbereitet, und Kugler konnte in der Eile nicht mehr so gut ins Bild gesetzt werden.

Die Frankfurter Herren kamen, und Vater bibberte schon, bevor die Besprechung begann.»Könnte ich doch nur dabei sein!«, rief er.»Wäre ich doch bloß da unten!«

»Dann leg dein Ohr auf den Fußboden! Die Herren kommen doch ins Privatbüro, da kannst du alles hören.«

Vaters Gesicht hellte sich auf, und gestern um halb elf nahmen Pim und Margot (vier Ohren hören mehr als zwei) ihre Position auf dem Fußboden ein. Die Besprechung war am Vormittag noch nicht zu Ende, aber Vater war nachmittags nicht mehr in der Lage, die Lauschaktion fortzusetzen. Durch die ungewohnte und unbequeme Haltung war er wie gerädert. Ich übernahm seinen Platz, als wir – Margot und ich – um halb drei Stimmen im Flur hörten. Das Gespräch war teilweise so weitschweifig und langweilig, dass ich mit einem Mal auf dem harten, kalten Linoleumboden eingeschlafen war. Margot wagte nicht, mich zu berühren, aus Angst, sie könnten uns unten hören. Und durch Rufen aufwecken war erst recht nicht möglich. Ich schlief eine gute halbe Stunde, wachte dann erschrocken auf und hatte alles von der wichtigen Besprechung versäumt. Zum Glück hatte Margot besser aufgepasst.

Freitag, 2. April 1943

Liebe Kitty!

Oje, ich habe wieder etwas Schreckliches in meinem Sündenregister verbucht. Gestern Abend lag ich im Bett und wartete, dass Vater zum Beten und Gute-Nacht-Sagen kommen würde, da kam aber Mutter ins Zimmer, setzte sich auf mein Bett und sagte bescheiden:»Anne, Papi kommt noch nicht. Sollen wir nicht mal zusammen beten?«»Nein, Mama«, antwortete ich.

Mutter stand auf, blieb neben meinem Bett stehen, und ging dann langsam zur Tür. Plötzlich drehte sie sich um und sagte mit einem bitteren Gesicht:»Ich möchte nicht böse auf dich sein. Liebe lässt sich nicht erzwingen.« Ein paar Tränen liefen ihr übers Gesicht, als sie hinausging.

Ich blieb still liegen und fand es sofort gemein von mir, dass ich sie so rüde abgewiesen hatte. Aber ich wusste auch, dass ich nichts anderes hätte antworten können. So zu heucheln und gegen meinen Willen mit ihr zu beten, konnte ich nicht. Es ging einfach nicht. Sie tat mir leid, sogar sehr. Zum ersten Mal in meinem Leben war mir klar, dass meine kühle Haltung sie nicht unberührt lässt. Ich habe den Kummer auf ihrem Gesicht gesehen, als sie sagte, dass Liebe sich nicht zwingen lässt. Es ist schwer die Wahrheit zu sagen, und doch ist es wahr, dass sie mich selbst von sich gestoßen hat, dass sie mich selbst durch ihre verletzenden Bemerkungen für jede Liebe von ihrer Seite unempfänglich gemacht hat, durch ihre groben Scherze über Dinge, die ich nicht witzig finde. So wie sich in mir jedes Mal alles zusammen krampft, wenn sie mir harte Worte sagt, so krampfte sich ihr Herz zusammen, als ihr bewusst wurde, dass die Liebe zwischen uns wirklich vergangen ist.

Sie hat die halbe Nacht geweint und die ganze Nacht kaum geschlafen. Vater blickt mich nicht an, und wenn doch, lese ich in seinen Augen die Worte:»Wie kannst du so gemein sein, wie kannst du es wagen, Mutter solchen Schmerz zu bereiten!« Alle erwarten, dass ich mich entschuldige. Aber das ist eine Sache, für die ich mich nicht entschuldigen kann, weil ich die Wahrheit gesagt hatte, und

Mutter muss es früher oder später doch wissen. Ich scheine gleichgültig gegenüber Mutters Tränen und Vaters Blicken zu sein, und ich bin es auch, weil sie beide zum ersten Mal fühlen, was ich immerzu fühle. Ich kann nur Mitleid haben mit Mutter, die alleine ihre Fassung wieder finden muss. Ich meinerseits schweige und bin kühl und werde auch weiterhin die Wahrheit nicht zurückhalten, weil sie umso schwerer zu verkraften ist, je länger sie verschoben wird.
Deine Anne

Dienstag, 27. April 1943

Liebe Kitty!

Das ganze Haus bebt vor Streit. Mutter und ich, van Daan und Papa, Mutter und Frau van Daan, jeder ist böse auf den anderen. Eine nette Atmosphäre, nicht? Und Annes Standard-Sündenregister wird in vollem Umfang neu aufgerollt.

Vergangenen Samstag waren die ausländischen Herren wieder zu Besuch. Sie blieben bis sechs Uhr, und wir alle saßen oben und wagten nicht, uns zu rühren. Wenn sonst keiner im Haus ist und in der Nachbarschaft niemand arbeitet, hört man im Privatbüro jeden Schritt von oben. Ich hatte wieder das ›Sitzfieber‹. So lange mucksmäuschenstill zu sitzen, ist wirklich nicht angenehm.

Herr Voskuijl liegt schon im Hospital, Herr Kleiman ist wieder im Büro, die Magenblutungen waren schneller gestillt als sonst. Er erzählte, dass das Standesamt neulich bei dem Brand nochmal zusätzlich von den Feuerwehrleuten verwüstet worden ist, die, statt das Feuer zu löschen, den ganzen Kram unter Wasser setzten. Was ein Spaß!

Das Carlton-Hotel ist demoliert, zwei englische Flugzeuge sind mit einer großen Ladung Brandbomben an Bord genau auf dieses »Offiziersheim« gestürzt. Die ganze Ecke Vijzelstraat-Singel ist abgebrannt. Die Luftangriffe auf deutsche Städte werden von Tag zu Tag heftiger. Wir haben keine Nacht mehr Ruhe. Unter meinen Augen sind schwarze Ringe, wegen des Schlafmangels.

Das Essen ist miserabel. Frühstück mit trockenem Brot und Muckefuck *[Kaffee-Ersatz; red.]*. Mittagessen schon seit zwei Wochen: Spinat oder Salat. Zwanzig Zentimeter lange Kartoffeln, die süß und faul schmecken. Wer abnehmen will, logiere im Hinterhaus! Oben klagen sie Stein und Bein *[die van Daans; red.]*, wir finden es nicht so tragisch.

Alle Männer, die 1940 gekämpft haben oder mobilisiert waren, sind einberufen worden, um in Kriegsgefangenenlagern für den Führer zu schuften. Sicher eine Vorsichtsmaßnahme für den Fall der Invasion.

Deine Anne

Samstag, 1. Mai 1943

Liebe Kitty!

Dussel hatte Geburtstag. Zuvor hat er so getan, als wollte er davon nichts wissen, aber als Miep mit einer großen Einkaufstasche ankam, die vor lauter Päckchen überquoll, war er aufgeregt wie ein kleines Kind. Seine Charlotte hat ihm Eier, Butter, Kekse, Limonade, Brot, Kognak, Kräuterkuchen, Orangen, Schokolade, Bücher, Blumen und Briefpapier geschickt. Er baute einen Gabentisch auf und stellte ihn nicht weniger als drei Tage lang zur Schau, dieser alte Blödian! Du musst nicht denken, dass er Hunger leidet. Wir haben in seinem Schrank Brot, Käse, Marmelade und Eier gefunden. Es ist schon mehr als ein Skandal, dass er, den wir hier so mitfühlend aufgenommen haben, um ihn vor dem Untergang zu retten, sich hinter unserem Rücken den Bauch vollstopft und uns nichts abgibt. Wir haben doch auch alles mit ihm geteilt! Aber noch schlimmer finden wir es, dass er auch gegenüber Kleiman, Voskuijl und Bep so geizig ist, sie bekommen nichts von ihm. Die Orangen, die Kleiman so dringend für seinen kranken Magen braucht, hält Dussel für noch gesünder, wenn sie in seinem eigenen Magen landen.

Heute Nacht habe ich viermal alle meine Besitztümer eingepackt, so laut haben sie draußen geballert. Heute habe ich ein Köfferchen vorbereitet und die notwendigsten Fluchtgegenstände hineingestopft. Aber Mutter sagte ganz richtig: »Wohin willst du denn fliehen?«

Ganz Holland wird bestraft, weil so viele Arbeiter streiken. Deshalb wurde der Ausnahmezustand verhängt, und jeder bekommt eine Buttermarke weniger. So straft man ungezogene Kinder!

Heute Abend hab ich Mutter die Haare gewaschen. Das ist in diesen Zeiten gar nicht so einfach. Wir müssen uns mit pappiger grüner Seife behelfen, weil es kein Shampoo gibt, und außerdem kann Mama ihre Haare nicht richtig auskämmen, weil der Familienkamm unter Zahnschwund leidet.

Deine Anne

Sonntag, 2. Mai 1943

Wenn ich manchmal darüber nachdenke, wie unser Leben hier ist, komme ich meistens zu dem Schluss, dass wir hier im Vergleich zu anderen Juden, die sich nicht verstecken, ein Paradies haben. Aber später einmal, wenn wieder alles normal sein wird, werde ich mich doch wundern, wie wir, die wir es zu Hause sehr ordentlich hatten, jetzt so, man kann wohl sagen, heruntergekommen sind. Heruntergekommen, was die Lebensart betrifft. Wir haben zum Beispiel schon seit wir hier angekommen sind, eine Wachstischdecke auf dem Tisch, die durch den ständigen Gebrauch nicht mehr zu den saubersten gehört. Ich versuche zwar öfters, sie noch etwas zu säubern, aber mit einem Abwaschlappen, der mehr Loch als Lappen ist, und der auch nur vor dem Verstecken – vor langer Zeit also – einmal neu war, kann man mit noch so viel Schrubben den Tisch nicht mehr aufpolieren.

Van Daans schlafen schon den ganzen Winter auf einem Flanelltuch, das man hier auch nicht reinigen kann, weil das Waschpulver, das man auf Marken bekommt, viel zu knapp und außerdem viel zu schlecht ist. Vater läuft mit einer zerschlissenen Hose herum, und auch seine Krawatte franst aus. Mamas Korsett ist heute aus Altersschwäche kollabiert und nicht mehr zu reparieren, während Margot mit einem um zwei Nummern zu kleinen Büstenhalter unterwegs ist. Mutter und Margot sind den ganzen Winter lang mit insgesamt drei Blusen ausgekommen, und meine sind so klein, dass sie mir noch nicht einmal bis zum Bauch reichen. Das sind zwar alles Sachen, die man übergehen kann, aber dennoch überlege ich manchmal mit Schrecken: Wie können wir, die wir von meiner Unterhose bis zu Vaters Rasierpinsel nur verschlissenes Zeug haben, später wieder zu unserem Vorkriegsniveau zurückkommen?

Sonntag, 2. Mai 1943

Die Hinterhausansichten über den Krieg:

Herr van Daan: Der geschätzte Herr hat nach unser aller Meinung viel Durchblick in der Politik. Aber er sagt uns auch voraus, dass wir noch bis Ende des Jahres 1943 hier verborgen bleiben müssen. Das ist zwar sehr lange, wird aber trotzdem auszuhalten sein. Doch wer garantiert uns, dass dieser Krieg, der jedem nur Leid und Schmerz bereitet, dann zu Ende sein wird? Und wer kann uns versprechen, dass bis dahin weder uns noch unseren Helfern etwas Schlimmes passiert ist? Doch niemand! Und darum erleben wir auch jeden Tag in Anspannung. Einer Spannung aus Erwartung und Hoffnung, aber auch aus Angst, wenn wir im Haus oder draußen Geräusche hören, wenn geschossen wird oder wenn neue »Bekanntmachungen« in der Zeitung stehen. Es könnte auch jeden Tag so kommen, dass einige von unseren Helfern sich selbst hier verstecken müssen. Untertauchen ist ein ganz normales Wort geworden. Wie viele Menschen werden sich wohl verstecken? Gemessen an allen natürlich nicht viel, aber trotzdem werden wir nachher bestimmt erstaunt sein, wie viele gute Menschen es in den Niederlanden gegeben hat, Menschen, die Juden oder auch geflohene Christen mit Geld, oder ohne, zu sich genommen haben. Es ist auch unglaublich, von wie vielen Leuten man erfährt, die nun einen falschen Personalausweis haben.

Frau van Daan: Als diese schöne Dame (nur ihrer eigenen Meinung nach) mitbekam, dass es nicht mehr so schwierig wie früher sei, an einen falschen Pass zu kommen, schlug sie sofort vor, für uns alle welche machen zu lassen. Als ob das eine Kleinigkeit wäre und das Geld bei Vater und Herrn van Daan auf dem Rücken wächst!

Während Frau van Daan immer größeren Unsinn von sich gibt, geht Putti *[Herrn van Daans Kosename; red.]* oft in die Luft. Das verwundert auch nicht, denn an einem Tag sagt seine Kerli *[Frau van Daans Kosename; red.]*: »Ich lasse mich später taufen!« Am nächsten: »Ich wollte schon immer nach Jerusalem, denn ich fühle mich nur unter Juden zu Hause.«

Pim ist ein großer Optimist, aber er kann es auch immer begründen.

Herr Dussel denkt ins Blaue hinein, aber wenn jemand seiner Hoheit widerspricht, dann hat er Pech. Ich glaube, im Haus des Herrn Albert Dussel ist alles, was er sagt, Gesetz. Aber Anne Frank gefällt solches ganz und gar nicht!

Was die anderen Mitglieder des Hinterhauses über den Krieg denken, ist uninteressant. Nur diese vier können mit der Politik etwas anfangen, eigentlich nur zwei, aber Madame van Daan und Herr Dussel zählen sich auch dazu.

Dienstag, 18. Mai 1943

Liebe Kit!

Ich war Zeuge bei einem schweren Luftgefecht zwischen deutschen und englischen Fliegern. Ein paar Alliierte mussten leider Gottes aus ihren brennenden Maschinen abspringen. Unser Milchmann, der in Halfweg wohnt, hat vier Kanadier am Straßenrand sitzen sehen, einer von ihnen sprach fließend Holländisch. Er fragte den Milchmann nach Feuer für eine Zigarette und erzählte, die Besatzung der Maschine hätte aus sechs Personen bestanden. Der Pilot sei in den Flammen umgekommen, und der fünfte Mann hätte sich irgendwo versteckt. Die grüne Polizei *[»Ordnungspolizei«, die von den Nazis kommandierte Polizei Deutschlands und der besetzten Länder; red.]* hat die vier unversehrten Männer später abholen lassen.

Wie kann es sein, dass man nach so einem gewaltigen Fallschirmabsprung noch bei Sinnen ist!

Obwohl es so warm ist, müssen wir jeden zweiten Tag die Öfen anmachen, um Gemüseabfälle und Schmutz zu verbrennen. In den Abfalleimer können wir nichts tun, denn wir müssen immer mit den Lagerarbeitern rechnen. Wie leicht kann man sich durch eine kleine Unvorsichtigkeit verraten!

Alle Studenten sollten nun auf einer Liste unterzeichnen, dass sie »mit allen Deutschen sympathisieren und der neuen Ordnung gut gesonnen« sind. Achtzig Prozent davon haben ihr Gewissen und ihre Überzeugungen nicht verraten, aber die Folgen blieben nicht aus. Alle, die nicht unterzeichneten, werden nach Deutschland in ein Arbeitslager geschickt. Was bleibt noch von der niederländischen Jugend, wenn alle in Deutschland Sklavenarbeit leisten müssen?

Wegen der lauten Schießerei hat Mutter heute Nacht das Fenster zugemacht. Ich war in Pims Bett. Plötzlich sprang im Stockwerk über uns Frau van Daan aus ihrem Bett, wie von Mouschi gebissen, und gleich darauf hörten wir einen lauten Knall. Es klang, als sei eine Brandbombe direkt neben dem Bett eingeschlagen. Ich schrie: »Licht! Licht!«

Pim knipste die Lampe an, und ich erwartete, das Zimmer würde gleich lichterloh brennen. Nichts geschah. Wir eilten hinauf, um zu sehen, was dort los war. Herr und Frau van Daan hatten durch das offene Fenster eine rotleuchtende Glut gesehen. Herr van Daan dachte, es würde in der Nachbarschaft brennen, und Frau van Daan meinte, unser Haus würde bereits in Flammen stehen. Bei dem anschließenden Knall stand die Dame schon auf ihren zittrigen Beinen. Dussel blieb oben und rauchte eine Zigarette, wir legten uns wieder auf unsere Betten. Keine Viertelstunde später begann die Schießerei von Neuem. Frau van Daan stand sofort auf und ging die Treppe hinunter in Dussels Zimmer, um dort die Zuflucht zu finden, die ihr Ehegatte anscheinend nicht leisten konnte. Dussel empfing sie mit den Worten: »Komm in mein Bett, mein Kind!« – was uns in schallendes Gelächter ausbrechen ließ! Der Kanonendonner konnte uns danach nichts mehr anhaben, die Angst war gebannt.

Deine Anne

Sonntag, 13. Juni 1943

Liebe Kitty!

Mein Geburtstagsvers von Vater ist so schön, dass ich dir dieses Gedicht nicht vorenthalten kann.

Weil Pim in Deutsch dichtete, musste Margot sich ans Übersetzen machen. Mach dir selbst ein Bild, ob sie ihre freiwillige Aufgabe gut erledigt hat. Nach der üblichen kurzen Zusammenfassung der Jahresereignisse folgt:

Als Jüngste von allen, aber nicht mehr klein,
Hast du's nicht leicht, denn ein jeder will
dein Lehrer sein, ein übles Gefühl.
»Ich weiß es genau, tu nur, was ich sage!«
»Das ist doch überhaupt keine Frage!«
Oje, das ist wirklich 'ne echte Plage.
Sie sprechen zu dir mit ernstem Gesicht,
Ihre eigenen Fehler sehen sie nicht.
Und geh'n um so härter mit dir ins Gericht.
Du musst dir alles Mögliche anhören,
Vieles davon wird dich ganz schön stören.

Recht wollen sie dir nicht immer geben.
Sie meinen, man muss nachgiebig sein im Leben.
Na gut, dann gibst du wieder einmal nach,
Damit wieder Frieden einkehrt ins Gemach.
Dein Lebensjahr geht nun zu Ende,
Du hast es großartig genutzt, wie ich finde.
Mit Lesen, Lernen und viel Üben,
Hast du deine Langeweile vertrieben.
Was nun die Kleider betrifft, hör' ich dich fragen:
Was kann ich denn eigentlich überhaupt noch tragen?
Mein Kleid, mein Hemd, mein Rock,
Alles kurz wie ein Lendenschurz.
Und erst die Schuhe, es ist kaum zu sagen,
Wie viel Schmerzen dich darin plagen.
Denn wächst man jährlich zehn Zentimeter,
Passt gar nichts mehr, das versteht doch jeder!

Bei dem Abschnitt zum Thema Essen hat Margot keine Übersetzung mit Reimen gefunden, darum lasse ich ihn hier ganz weg.

Findest du den Vers nicht schön?

Ich bin sehr umsorgt worden und habe sehr schöne Sachen bekommen. U. a. ein umfangreiches Buch über mein Lieblingsthema, die griechische und römische Mythologie. Auch über zu wenig Süßigkeiten kann ich nicht klagen, alle haben von ihren Reserven etwas abgezwackt. Als Benjamin(a) der Untertauchfamilie bin ich mit viel mehr beschenkt worden, als mir eigentlich zusteht.

Deine Anne

Dienstag, 15. Juni 1943

Liebe Kitty!

Es ist viel passiert, aber oft denke ich mir, mein uninteressantes Geschwätz könnte dich langweilen und du bist froh, wenn du nicht so viele Briefe bekommst. Darum werde ich dir nur kurz berichten.

Herr Voskuijl ist nicht an seinem Magengeschwür operiert worden. Als er auf dem Operationstisch lag und die Ärzte seinen Magen aufgeschnitten hatten, sahen sie, dass er Krebs hat, der schon so weit fortgeschritten war, dass es nichts mehr zu reparieren gab. Sie haben also nur die Wunde wieder vernäht, ihn drei Wochen im Bett behalten, ihm reichlich zu essen gegeben und dann nach Hause geschickt. Aber machten eine unverzeihliche Dummheit, sie sagten dem armen Mann nämlich genau, wie es um ihn steht.

Jetzt kann er nicht mehr arbeiten, sitzt zu Hause, umringt von seinen acht Kindern, und grübelt über den nahenden Tod nach. Er tut mir furchtbar Leid, und ich finde es so traurig, dass wir nicht hinaus können, sonst würde ich ihn bestimmt oft besuchen, um ihn aufzumuntern. Es ist ein Unglück für uns, dass der gute Voskuijl uns nicht mehr über alles auf dem Laufenden hält, was draußen passiert und was man so hört. Er war unser bester Helfer im Untergrund-Leben, wir vermissen ihn sehr.

Nächsten Monat ist die Firma an der Reihe, das Radio muss abgeliefert werden. Kleiman hat zu Hause ein illegales Mini-Gerät, das wir als Ersatz für unseren großen Philips bekommen sollen. Es ist ja schade, dass der schöne Apparat abgegeben werden muss. Aber ein Haus, in dem Leute untergetaucht sind, darf sich auf keinen Fall leichtsinnig die Regierung auf den Hals laden.

Das kleine Radio stellen wir dann natürlich bei uns oben hin. Zu illegalen Juden und illegalem Geld passt auch ein illegales Radio ganz gut. Alle Leute versuchen, einen ausgedienten Apparat statt ihrer »Mut-mach-Quelle« abzuliefern. Und wirklich, wenn die Berichte von draußen immer schlimmer werden, hilft uns das Radio mit seiner Wunderstimme, den Mut nicht zu verlieren und jedes Mal wieder zu sagen: »Kopf hoch! Tapfer bleiben! Es kommen auch wieder bessere Zeiten!«

Deine Anne

Sonntag, 11. Juli 1943

Liebe Kitty!

Zum soundsovielten Mal komme ich auf das Erziehungsthema zurück, und muss dir sagen, dass ich mir sehr viel Mühe gebe, hilfsbereit, freundlich und brav zu sein und mich so zu verhalten, dass aus dem Beanstandungshagel ein Nieselregen wird. Es ist verflixt schwer, sich Menschen gegenüber, die man nicht leiden kann, vorbildlich zu benehmen, während man es eigentlich gar nicht so meint. Aber ich kann tatsächlich sehen, dass ich weiter komme, wenn ich ein bisschen heuchle, statt wie üblicherweise jedem geradeheraus meine Meinung zu sagen (obwohl nie jemand nach meiner Meinung fragt oder Wert darauf legt). Natürlich falle ich sehr oft aus der Rolle und kann mir bei Ungerechtigkeiten den Zorn nicht verbeißen, sodass anschließend wieder vier Wochen lang über das frechste Mädchen der Welt hergezogen wird. Meinst du nicht auch, dass ich manchmal zu bedauern bin? Es ist nur gut, dass ich nicht nachtragend bin, sonst würde ich versauern und meine gute Laune verlieren. Meistens amüsiere ich mich über Standpauken, aber das geht natürlich besser, wenn jemand anderes sein Fett abbekommt, als wenn ich selbst die Gelackmeierte bin.

Außerdem habe ich beschlossen (es hat langes Überlegen gekostet), Steno erst mal sausen zu lassen. Erstens, um meinen anderen Fächern wieder mehr Zeit widmen zu können, und zweitens meiner Augen wegen. Ein schlimmes Malheur: Ich bin sehr kurzsichtig geworden und müsste längst eine Brille tragen. (Huhh, wie eulenhaft werde ich aussehen!) Aber du weißt ja, Untergetauchte ...

Gestern redete das ganze Haus nur über Annes Augen, denn Mutter hatte ins Spiel gebracht, Frau Kleiman mit mir zum Augenarzt zu schicken. Bei diesem Vorschlag wurde mir einen Moment lang ganz schwindlig, denn das ist keine Kleinigkeit. Auf die Straße! Stell dir vor, auf die Straße! Zuerst bekam ich Todesangst, später war ich froh darüber. Aber so einfach ist das nicht, denn nicht alle Instanzen, die über eine solche Aktion zu beschließen haben, waren gleich damit einverstanden. Alle Gefahren und Risiken mussten durchdacht werden, obwohl Miep sich umgehend mit mir auf den Weg machen wollte. Ich holte schon meinen grauen Mantel aus dem Schrank, aber der war so eng und kurz, dass es aussah, als gehörte er einer jüngeren Schwester. Der Saum hatte sich gelöst, und zuknöpfen ließ er sich auch nicht mehr. Ich bin wirklich gespannt, was passiert. Aber ich glaube nicht, dass der Plan zur Ausführung kommt, denn inzwischen sind die Engländer auf Sizilien gelandet, und Vater ist wieder auf ein »baldiges Ende« eingestellt.

Bep gibt Margot und mir viel Büroarbeit, was wir beide richtig finden, und ihr hilft es. Korrespondenz ablegen und Verkaufsbuch führen, das kann jeder, aber wir tun es mit besonderer Sorgfalt.

Miep schleppt sich ab wie ein Packesel. Fast jeden Tag spürt sie irgendwo Gemüse auf und bringt es in großen Einkaufstaschen auf dem Fahrrad her. Sie holt auch jeden Samstag fünf Bücher aus der Bibliothek. Wie kleine Kinder auf ein Geschenk warten, so erwarten wir sehnsüchtig den Samstag, denn da kommen die Bücher. Die Leute draußen können nicht wissen, was Bücher für einen Eingeschlossenen bedeuten. Lesen, Lernen und Radio hören sind unsere einzige Ablenkung.

Deine Anne

Freitag, 16. Juli 1943

Liebe Kitty!

Schon wieder ein Einbruch, aber diesmal wirklich! Heute Morgen ging Peter wie üblich um sieben Uhr ins Lager und merkte sofort, dass sowohl die Lager- als auch die Straßentür offen standen. Er informierte auf der Stelle Pim, der im Privatbüro das Radio zurück auf den deutschen Sender einstellte und die Tür schloss. Zusammen gingen sie dann nach oben. Das übliche Kommando in solchen Fällen

»Nicht waschen, still sein, um acht Uhr fix und fertig dasitzen, nicht zum Klo gehen!«, wurde wie immer genau befolgt. Wir acht waren alle froh, dass wir nachts so gut geschlafen und nichts mitbekommen hatten. Ein wenig waren wir empört, als sich den ganzen Morgen niemand um uns kümmerte und Herr Kleiman uns bis halb zwölf warten ließ. Er berichtete dann, dass die Einbrecher die Außentür mit einem Stemmeisen eingedrückt und die Lagertür aufgebrochen hatten. Im Lager gab es aber nicht viel zu holen, und deshalb versuchten die Diebe ihr Glück eine Etage darüber. Sie nahmen zwei Geldkassetten mit vierzig Gulden und Scheckbücher mit, und, was das Schlimmste war, unsere ganzen Wertmarken für die Zuckerzuteilung von 150 Kilogramm. Es wird nicht so leicht sein, an Marken zu kommen. Herr Kugler denkt, dass dieser Einbrecher zur selben Bande gehört wie derjenige, der vor sechs Wochen hier war und an allen drei Türen (1 Lagertür, 2 Haustüren) versucht hat, hereinzukommen, es damals aber nicht geschafft hatte.

Der Fall hat wieder etwas Aufregung verursacht, aber ohne das scheint es im Hinterhaus nicht zu gehen. Wir waren natürlich froh, dass die Schreibmaschinen und die Kasse sicher in unserem Kleiderschrank verstaut waren.

Deine Anne

P. S. Landung auf Sizilien. Wieder ein Schritt näher zum ...

Montag, 19. Juli 1943

Liebe Kitty!

Am Sonntag ist Amsterdam-Nord sehr schwer bombardiert worden. Die Zerstörung muss entsetzlich sein, ganze Straßen liegen in Schutt und Asche, und es wird noch lange dauern, bis alle Verschütteten ausgegraben sind. Bis jetzt hat man 200 Tote und unzählige Verwundete gezählt, die Krankenhäuser quellen über. Man hört von Kindern, die verloren in den schwelenden Ruinen herumirren und ihre vermutlich toten Eltern suchen. Es schaudert mich immer noch, wenn ich an das dumpfe, dröhnende Grollen in der Ferne denke, das für uns wie ein Zeichen der nahenden Vernichtung war.

Freitag, 23. Juli 1943

Bep kommt im Moment wieder an Hefte, vor allem Journale und Hauptbücher, nützlich für Margot, meine buchhaltende Schwester. Andere Hefte kann man auch kaufen, aber frage nicht, wie sie aussehen und wie lange man sie noch bekommt. Hefte haben zur Zeit die Aufschrift »Markenfrei erhältlich«. Genau wie alles andere, was noch »markenfrei« ist, sind sie miserabel. So ein Heft besteht aus zwölf Seiten grauem, eng und schief liniertem Papier.

Margot überlegt, ob sie einen Fernkurs in Schönschreiben belegen soll. Ich habe ihr zugeraten. Mutter will aber, dass ich auf keinen Fall mitmache, wegen meiner Augen. Ich finde das töricht. Ob ich nun das mache oder etwas anderes, das bleibt sich doch gleich.

Da du noch nie einen Krieg erlebt hast, Kitty, und du trotz meiner vielen Briefe doch wenig über das Verstecken weißt, will ich dir zum Spaß erzählen, was der erste Wunsch von uns acht ist, wenn wir hier wieder mal rauskommen.

Margot und Herr van Daan wünschen sich am sehnlichsten ein heißes Bad, bis zum Rand gefüllt, und würden mehr als eine halbe Stunde drin bleiben. Frau van Daan will am liebsten sofort Torten essen. Dussel kann an nichts anderes als seine Charlotte denken, und Mutter an ihre Tasse Kaffee. Vater geht zu Voskuijls, Peter in die Stadt und ins Kino, und ich würde vor lauter Glückseligkeit nicht wissen, womit ich beginnen sollte. Am meisten sehne ich mich nach unserer eigenen Wohnung, nach unbeschwerter Bewegung und endlich wieder nach Hilfe bei der Arbeit für die Schule!

Bep hat angeboten, Obst zu bringen, aber es kostet ein kleines Vermögen. Trauben 5 Gulden pro Kilo, Stachelbeeren 1,40 Gulden, ein Pfirsich 40 Cent, ein Kilo Melonen 1,50 Gulden. Und vergeblich steht jeden Tag mit Riesenbuchstaben in der Zeitung: »Preistreiberei ist Wucher!«

Montag, 26. Juli 1943

Beste Kitty!

Gestern war ein turbulenter Tag, und wir sind noch immer aufgeregt. Eigentlich kann man fragen, welcher Tag bei uns ohne Aufregung vorbeigeht.

Als wir beim Frühstück saßen, gab es zum ersten Mal Vor-Alarm, aber das ließ uns kalt, denn es bedeutet, dass die Flugzeuge erst an der Küste sind. Nach dem Frühstück habe ich mich eine Stunde hingelegt weil ich böse Kopfschmerzen hatte, danach ging ich runter ins Büro. Es war etwa zwei Uhr. Um halb beendete Margot ihre Büroarbeit. Sie hatte den Papierkram noch nicht weggeräumt, als die Sirenen heulten, und wir gingen zusammen hinauf. Es war höchste Zeit, denn fünf Minuten später begann das Schießen, so laut, dass wir uns in den Flur stellten. Das Haus schepperte, und die Bomben krachten herunter. Ich drückte meine Fluchttasche an mich, mehr, um mich an etwas zu klammern, als um zu flüchten, denn wir können ja ohnehin nicht weg. Im Ernstfall ist für uns die Straße genauso lebensgefährlich wie eine Bombardierung. Nach einer halben Stunde kamen weniger Flugzeuge, dafür nahm jetzt die Geschäftigkeit im Haus zu. Peter kam von seinem Beobachtungsposten auf dem vorderen Dachboden, Dussel war im vorderen Büro gewesen, Frau van Daan fühlte sich im Privatbüro sicherer, Herr van

Daan hatte vom Oberboden aus zugeschaut. Wir in der Diele zerstreuten uns, um die Rauchwolken zu sehen, die über dem IJ *[Der Hafen von Amsterdam; red.]* aufstiegen. Bald roch es überall nach Feuer, und draußen sah es aus, als würde dichter Nebel über der Stadt hängen.

So ein gewaltiger Brand ist kein schöner Anblick, aber wir waren froh, dass wir es mal wieder glücklich hinter uns gebracht hatten, und machten mit unseren jeweiligen Tätigkeiten weiter.

Beim Abendessen: Luftalarm! Es gab etwas Leckeres, aber mein Appetit war schon weg, als ich das erste Geräusch hörte. Es geschah aber nichts weiter, und eine Dreiviertelstunde später war die Gefahr vorbei. Dann beim Abwasch: Luftalarm, Schießen, fürchterlich viele Flugzeuge. Oje, zweimal an einem Tag, das ist sehr viel, dachten wir. Aber jammern half nichts, wieder regnete es Bomben, diesmal auf der anderen Seite, auf Schiphol *[Der Amsterdamer Flughafen; red.]*, so der Bericht der Engländer. Die Flugzeuge tauchten ab, stiegen auf, es zischte in der Luft, und es war sehr unheimlich. Jeden Augenblick dachte ich, der stürtzt jetzt ab, und das war's dann.

Ich versichere dir, dass ich immer noch weiche Knie hatte, als ich um neun Uhr ins Bett ging. Punkt zwölf schreckte ich hoch: Flugzeuge! Dussel war gerade dabei, sich Schlafen zu legen. Ich kümmerte mich nicht darum, und sprang beim ersten Schuss hellwach aus dem Bett. Bis ein Uhr war ich drüben, um halb zwei wieder im Bett, um zwei wieder bei Vater, und sie flogen immer und immer noch. Dann fiel kein Schuss mehr, und ich konnte zurück. Um halb drei bin ich eingeschlafen.

Sieben Uhr. Mit einem Schlag saß ich aufrecht im Bett. Van Daan war drüben bei Vater. Einbrecher! war mein erster Gedanke. »Alles«, hörte ich van Daan sagen und dachte, es sei ›alles‹ gestohlen worden sei. Aber nein, es war eine großartige Nachricht, so gut, wie wir sie seit Monaten, ja vielleicht noch nie in all den Kriegsjahren, zu hören bekamen: Mussolini ist abgetreten, der Reichskönig von Italien[7] hat die Regierung übernommen. Wir jubelten. Nach all dem Schlimmen von gestern endlich wieder etwas Gutes, und ... Hoffnung! Hoffnung auf das Ende! Hoffnung auf den Frieden!

Kugler ist eben vorbeigekommen und hat erzählt, dass Fokker *[dt. Flugzeugwerke in Amsterdam; red.]* schwer heimgesucht worden sind. Auch heute Morgen hatten wir wieder Luftalarm, mit Flugzeugen, die über uns hinwegbrausten, und dann noch einmal Voralarm. Ich bekomme vor Alarmen keine Luft mehr, bin unausgeschlafen und habe keine Lust zu arbeiten. Aber jetzt hält uns die Aufregung um Italien wach, und die Hoffnung auf das Ende des Jahres ...

Deine Anne

---

[7] Der bis dahin Mussolini unterstützende Viktor Emanuel III. von Savoyen (1869–1947)

Donnerstag, 29. Juli 1943

Liebe Kitty!

Frau van Daan, Dussel und ich machten den Abwasch, und ich war, was selten vorkommt und ihnen auffallen musste, außergewöhnlich still. Um Fragen auszuweichen, suchte ich also schnell nach einem unverbindlichen Thema und hielt das Buch »Henri van de Overkant« für geeignet. Aber ich hatte mich verrechnet. Wenn ich schon einmal von Frau van Daan nichts auf den Deckel kriege, dann ist es Herr Dussel.

Es lief darauf hinaus: Herr Dussel hatte uns dieses Buch als etwas ganz Besonderes empfohlen, Margot und ich fanden es jedoch alles andere als ausgezeichnet. Der Junge war zwar gut beschrieben, aber der Rest ... Darüber möchte ich lieber schweigen. So etwas in der Art brachte ich beim Abwaschen zur Sprache, und dann bekam ich etwas zu hören, aber dicke!

»Wie kannst du den Charakter eines Mannes begreifen? Den von einem Kind, ja das ist nicht so schwierig(!). Du bist viel zu unreif für ein solches Buch. Ein Zwanzigjähriger könnte es kaum begreifen.« (Warum hat er mir und Margot dann dieses Buch so empfohlen?) Nun fuhren Dussel und Frau van Daan gemeinsam fort: »Du weißt jede Menge von Dingen, die für dich nicht geeignet sind, du bist völlig falsch erzogen. Später, wenn du älter bist, wirst du an nichts mehr Vergnügen haben, und sagen: Das habe ich ja schon vor zwanzig Jahren in Büchern gelesen. Du wirst dich schon anstrengen müssen, wenn du noch einen Mann bekommen oder dich verlieben willst, du wirst bestimmt von allem enttäuscht sein. In der Theorie weißt du alles, nur die Praxis fehlt dir!«

Wer kann sich nicht in meine Situation versetzen? Ich wunderte mich, dass ich ruhig erwidern konnte: »Sie meinen vielleicht, ich sei falsch erzogen, aber diese Meinung teilt nicht jeder!« Und ganz sicher ist es ›gute Erziehung‹, wenn Sie meine Eltern gegen mich aufhetzen! Denn das tun Sie oft. Und einem Mädchen in meinem Alter nichts über bestimmte Dinge zu erzählen, ist wohl auch eine glänzende Idee. Die Ergebnisse einer solchen Erziehung sieht man nur allzu deutlich.

Am liebsten hätte ich den beiden, die mich so herunter machten, in diesem Moment ins Gesicht geschlagen. Ich war außer mir vor Wut und würde die Tage zählen (wenn ich wüsste, wie lange noch), bis ich diese Menschen los bin.

Sie ist schon ein Exemplar, diese Frau van Daan! An ihr sollte man sich ein Beispiel nehmen ... aber ein schlechtes Beispiel! Sie ist bekannt als unbescheiden, egoistisch, listig, berechnend und ständig unzufrieden. Eitelkeit und Selbstgefälligkeit kommen noch hinzu. Sie ist, daran ist nichts zu rütteln, eine ausgesprochen unangenehme Person. Ganze Bände könnte ich über sie füllen, wer weiß, vielleicht komme ich noch dazu. Einen schönen Lack auf der Oberfläche kann man sich leicht zulegen. Frau van Daan ist freundlich zu Fremden, insbesondere zu Männern, und deshalb täuscht man sich, wenn man sie noch nicht lange kennt.

Nach Mutters Meinung ist sie zu dumm, um ein Wort darüber zu verschwenden, Margot findet sie zu unbedeutend, Pim zu hässlich (buchstäblich und im übertragenen Sinne), und ich bin nach langer Beobachtung, denn ich habe keine Vorurteile, zu dem Schluss gekommen, dass sie alles davon ist – und noch viel mehr. Sie hat so viele schlechte Eigenschaften, warum sollte ich dann eine herausheben.

Deine Anne

P. S. Die Leser mögen berücksichtigen, dass, als diese Geschichte zu Papier gebracht wurde, die Wut der Schreiberin noch nicht abgekühlt war.

Dienstag, 3. August 1943

Liebe Kitty!

Der Politik macht Fortschritte. In Italien ist die faschistische Partei verboten worden. An vielen Orten kämpft das Volk gegen die Faschisten, auch Soldaten nehmen am Kampf teil. Wie sollte so ein Land noch weiter Krieg gegen England führen?

Unser schönes Radio ist letzte Woche abgeholt worden. Dussel war sehr böse, dass Kugler es zum angeordneten Datum abgeliefert hat. Dussel sinkt in meiner Achtung immer tiefer, er ist schon unter Null. Was immer er sagt, sei es über Politik, Geschichte, Erdkunde oder andere Themen, es ist so ein Unsinn, dass ich es mich fast nicht zu wiederholen traue: Hitler wird in der Geschichte verschwinden. Der Hafen von Rotterdam ist größer als der von Hamburg. Die Engländer sind Idioten, weil sie im Augenblick Italien nicht zu Schutt und Asche bombardieren usw. usw.

Ein dritter Fliegerangriff hat stattgefunden, und ich habe die Zähne zusammengebissen und mich in Tapferkeit geübt.

Frau van Daan, die ständig sagt »Sollen sie nur kommen« oder »Besser ein Ende mit Schrecken als gar kein Ende« ist nun die Feigste von uns allen. Heute Morgen hat sie gezittert wie ein Rohrstängel und fing sogar an zu heulen. Ihr Mann, mit dem sie nach einer Woche Streit gerade wieder Frieden geschlossen hatte, tröstete sie. Mir wurde bei diesem Anblick fast sentimental zumute.

Dass Katzenhaltung nicht nur Vorteile bringt, beweist Mouschi zweifelsfrei. Das ganze Haus ist voller Flöhe, und die Plage steigert sich mit jedem Tag. Herr Kleiman streute gelben Puder in alle Ecken, aber den Flöhen macht das nichts aus. Wir werden schon ganz nervös. Ständig glaubt man, etwas auf Armen, Beinen oder anderen Körperteilen herumkrabbeln zu fühlen, und dauernd verrenkt sich jemand, um etwas auf Bein oder Hals zu entdecken. Nun rächt sich die mangelnde Bewegung: Wir sind viel zu steif geworden, um den Nacken richtig zu drehen. Wirkliche Gymnastik haben wir schon längst aufgegeben.

Deine Anne

Mittwoch, 4. August 1943

Liebe Kitty!

Nachdem wir seit gut einem Jahr Hinterhäusler sind, weißt du nun schon einiges über unser Leben, aber komplett kann ich es dir doch nicht erzählen. Es ist alles so anders als in normalen Zeiten und bei normalen Leuten. Um dir einen besseren Einblick in unser Leben zu ermöglichen, werde ich jetzt ab und zu einen Teil eines normalen Tagesablaufs beschreiben. Heute fange ich mit dem Abend und der Nacht an.

Abends um neun Uhr fängt im Hinterhaus das Theater mit dem Ins-Bett-Gehen an, und es ist tatsächlich immer ein Theater. Stühle werden geschoben, Betten herausgeholt, Decken aufgefaltet, und nichts bleibt da, wo es tagsüber war. Ich schlafe auf dem kleinen Sofa, das noch nicht mal 1,50 Meter lang ist. Also müssen Stühle als Verlängerung dienen. Bettdecke, Laken, Kissen, Decken – alles wird aus Dussels Bett herangeholt, wo es tagsüber verstaut ist.

Von drüben hört man ein schreckliches Knarzen von Margots Auszieh-Bett. Wieder Couchdecken und Kissen darauf, um die hölzernen Latten ein bisschen bequemer zu machen. Oben scheint ein Gewittern zu toben, es ist aber nur das Bett von Frau van Daan. Dieses wird nämlich ans Fenster geschoben, damit Ihre Hoheit im rosa Bettjäckchen etwas Frischluft in die kleinen Nasenlöcher bekommt. Neun Uhr: Nach Peter gehe ich ins Badezimmer, wo dann eine gründliche Wäsche folgt. Nicht selten passiert es (nur in den heißen Monaten, Wochen oder Tagen), dass ein kleiner Floh im Waschwasser treibt. Dann Zähne putzen, Haare locken, Maniküre, der Wattebausch mit Wasserstoff (um schwarze Schnurrbarthaare zu bleichen), und das alles in einer knappen halben Stunde.

Halb zehn: Schnell den Bademantel angezogen. Die Seife in der einen Hand, Nachttopf, Haarnadeln, Hose, Lockenwickler und Watte in der anderen, eile ich aus dem Badezimmer, werde meistens noch zurückgerufen wegen der Haare, die in lieblichen, aber für den nachfolgenden Wäscher nicht angenehmen Strähnen das Waschbecken verunzieren. Zehn Uhr: Verdunklung vor, gute Nacht! Dann noch eine gute Viertelstunde das Knarren von Betten und das Ächzen kaputter Federn, dann ist alles still. Wenigstens dann, wenn die oben sich nicht im Bett herumzanken.

Halb zwölf: Die Zimmertür quietscht. Ein schmaler Lichtstreifen fällt ins Zimmer. Das Knarren von Schuhen, ein ausladender Mantel, noch größer als der Mann, der in ihm steckt ... Dussel kommt von seiner nächtlichen Tätigkeit in Kuglers Büro zurück. Zehn Minuten lang Schlurfen auf dem Boden, das Rascheln von Papier (von den Esswaren, die er versteckt), ein Bett wird gemacht. Dann verschwindet die Gestalt nochmal, und man hört nur hin und wieder aus der Toilette verdächtige Geräusche.

Ungefähr drei Uhr: Ich muss aufstehen, um ein kleines Geschäft in die Blechdose, die unter meinem Bett steht, zu verrichten, unter der vorsichtshalber noch eine Gummimatte liegt, falls das Ding leckt. Ich halte dann immer die Luft an, denn es plätschert in der Dose wie ein Bergbach. Dann kommt die Dose wieder an ihren Platz, und die Gestalt im weißen Nachthemd, das Margot jeden Abend den Spruch entlockt »Oh, dieses unsittliche Nachthemd«, steigt wieder ins Bett. Eine knappe Viertelstunde liegt dann diese gewisse Person und lauscht den nächtlichen Geräuschen. Zuerst, ob unten vielleicht ein Dieb sein könnte, dann auf die Geräusche von den diversen Betten, oben, nebenan und im Zimmer, denen man meistens anhört, ob die verschiedenen Hausgenossen schlafen oder die halbe Nacht wach liegen. Letzteres ist nicht angenehm, vor allem, wenn es sich um einen Mitbewohner namens Dr. D. handelt. Erst höre ich ein Geräusch, als ob ein Fisch nach Luft schnappt. Und das etwa zehnmal hintereinander, dann werden umständlich die Lippen befeuchtet oder man hört leise Schmatzgeräusche, gefolgt von einem ewigen Hin- und Herdrehen im Bett und dem Zurechtrücken von Kissen. Fünf Minuten herrscht vollkommene Ruhe, dann wiederholt sich dieser Ablauf mindestens noch dreimal, bis sich der Doktor wieder für eine Weile in den Schlaf gelullt hat.

Gelegentlich passiert es auch, dass irgendwann nachts zwischen eins und vier geschossen wird. Ich bin mir dessen kaum bewusst, da stehe ich schon aus Gewohnheit neben dem Bett. Manchmal bin ich auch so in Träume vertieft, dass ich an französische unregelmäßige Verben oder auch einen kleinen Streit oben denke und erst dann mitbekomme, dass geschossen wird und ich reglos im Zimmer stehe. Aber meistens passiert, was ich vorhin erzählt habe: Schnell ein Kissen und ein Laken geschnappt, Bademantel und Pantoffeln angezogen und zu Vater gerannt, genau so, wie Margot es in dem Geburtstagsgedicht geschildert hat:

In der Nacht, beim allerersten Lärm,
können wir im Zimmer ein Mädchen hörn.
Klein ist sie, und lieb und nett,
und steht verzweifelt an Vaters Bett.

Im großen Bett angelangt, ist der schlimmste Schreck schon verflogen, außer wenn das Schießen sehr laut wird.

Viertel vor sieben: Rrrrrr ... Der Wecker, der zu jeder Uhrzeit, ob man es braucht oder nicht, loslegen kann. Knirsch ... peng, Frau van Daan hat ihn ausgemacht. Krach ... Herr van Daan hat sich erhoben. Wasser aufstellen, dann flugs ins Badezimmer.

Viertel nach sieben: Die Tür knarrt wieder. Das Badezimmer ist frei für Dussel. Endlich allein, nehme ich die Verdunklung weg, und der neue Tag im Hinterhaus beginnt.

Deine Anne

Donnerstag, 5. August 1943

Heute nehmen wir uns mal die Mittagspause vor.

Es ist halb eins. Der ganze Haufen atmet auf. Nun sind van Maaren, der Mann mit der zwielichtigen Vergangenheit, und de Kok nach Hause gegangen. Von oben hört man das Schnauben des Staubsaugers auf dem schönen und einzigen Teppich von Frau van Daan. Margot klemmt ein paar Bücher unter den Arm und geht zum Unterricht für »lernbehinderte Kinder«, denn diesen Eindruck macht Dussel. Pim setzt sich mit seinem unvermeidlichen Dickens in eine stille Ecke. Mutter eilt eine Etage höher, um der eifrigen Hausfrau zu helfen, und ich gehe ins Badezimmer, um dieses – und nebenbei mich selbst – ein bisschen aufzuhübschen. Viertel vor eins: Nach und nach trudeln alle ein. Erst Herr Gies, dann Kleiman oder Kugler, Bep und manchmal für kurze Zeit auch Miep.

Ein Uhr: Alle haben sich um das kleine Radio versammelt und lauschen angespannt der BBC – und das sind die wenigen Minuten, in denen sich die Mitglieder des Hinterhauses nicht gegenseitig ins Wort fallen, denn da spricht jemand, gegen den sogar Herr van Daan nicht anreden kann. Viertel nach eins: Das große Verteilen. Jeder von unten bekommt eine Schale Suppe, und wenn es mal Nachtisch gibt, auch davon etwas. Zufrieden macht Herr Gies sich jetzt auf dem Sofa bequem oder setzt sich an den Schreibtisch, Zeitung, Tasse und meistens auch die Katze neben sich. Wenn eines von den dreien fehlt, hört er nicht auf zu lamentieren.

Kleiman erzählt die neuesten Nachrichten aus der Stadt, dafür ist er wirklich eine hervorragende Quelle. Kugler kommt holterdipolter die Treppe herauf. Ein kräftiges, kurzes Klopfen an der Tür, und er kommt händereibend herein, gut gelaunt und umtriebig oder schlecht gelaunt und still – je nach Stimmung. Viertel vor zwei: Die Esser stehen auf, und jeder geht wieder seiner Beschäftigung nach. Margot und Mutter machen den Abwasch, Herr und Frau van Daan strecken sich auf der Couch aus, Peter geht auf den Dachboden, Vater auf die Couch, Dussel auch, und Anne macht sich an die Arbeit.

Nun folgt die ruhigste Stunde. Alle schlafen, und niemand wird gestört. Dussel träumt von leckerem Essen, wie man seinem Gesicht ansieht. Aber ich schaue mir das nicht lange an, die Zeit rast, denn um vier Uhr steht der pedantische Doktor schon mit der Uhr in der Hand neben mir, weil ich eine Minute zu spät den Tisch für ihn frei mache.

Deine Anne

Liebe Kitty!

Samstag, 7. August 1943

Vor ein paar Wochen hab ich angefangen, eine Geschichte zu schreiben, etwas, das ganz ausgedacht ist, und es macht mir so viel Freude, dass sich die Figuren, die aus meiner Feder fließen, schon stapeln.
Deine Anne

Montag, 9. August 1943

Liebe Kitty!
Nun die Fortsetzung des Tagesablaufs im Hinterhaus. Nach der Mittagspause gehts ans Mittagessen.

Herr van Daan: Er eröffnet den Reigen. Er wird zuerst bedient, nimmt enorm viel von allem, wenn es ihm schmeckt. Er redet meistens mit, gibt immer seinen Senf dazu, und wenn er das getan hat, gibt es nichts mehr dran zu rütteln. Wenn jemand es doch wagt, dann wird er ungemütlich. Ja, er kann einen anfauchen wie eine Katze! Ich möchte das lieber nicht erleben. Wer das einmal mitmachen musste, hütet sich vor dem zweiten Mal. Er hat ja die einzig richtige Meinung, er weiß über alles am besten Bescheid. Na gut, er hat einen ganz klugen Kopf, aber die Selbstgefälligkeit dieses Herrn ist denn doch zuviel.

Die gnädige Frau: Zu ihr sollte ich eigentlich besser schweigen. An manchen Tagen, vor allem, wenn sie schlecht gelaunt ist, schaut man sich dieses Gesicht lieber nicht an. Wenn man es genau nimmt, ist sie es, die an allen Diskussionen schuld ist. Sie ist dabei nicht das Thema des Streits! Oh nein, jeder hütet sich davor, sie anzugreifen, aber man könnte sie die Anstifterin nennen. Hetzen, das ist ihre Lieblingsbeschäftigung. Hetzen gegen Frau Frank und Anne. Dagegen geht Hetzen gegen Margot und Herrn Frank nicht so leicht.

Aber nun zu Tisch. Frau van Daan kommt nicht zu kurz, auch wenn sie sich das manchmal einbildet. Die süßesten Kartoffeln, die leckersten Häppchen, das Zarteste von allem heraussuchen, das ist Madames Parole. Die anderen werden schon noch drankommen, wenn ich erstmal das Beste habe. (Besonders auf Anne Frank bezogen.) Das zweite ist Reden. Hauptsache, jemand hört zu, ob es denjenigen nun interessiert oder nicht, darauf kommt es offensichtlich nicht an. Sie bildet sich sicher ein, was Frau van Daan interessiert, muss jeden interessieren. Kokett lächeln, sich schlau geben, als wüsste man über alles Bescheid, jedem einen guten Rat geben und jeden betütteln, das muss doch einen guten Eindruck machen. Aber wenn man genauer hinschaut, blättert der Lack ab. Fleißig *zum Ersten*, frohgemut *zum Zweiten*, kokett *zum Dritten*, und manchmal ein hübsche kleine Larve. – Das ist Petronella van Daan.

Der dritte Tischgenosse: Er macht sich kaum bemerkbar. Der junge Herr van Daan ist meistens still und unscheinbar. Was den Appetit betrifft: ein Danaidenfass *[Griechisch: »vergebliche Mühe, nutzloser Aufwand; hier im Sinne von: »ein Fass ohne Boden«; red.]*, das niemals voll wird, und nach der üppigsten Mahlzeit behauptet er seelenruhig, dass er bestimmt nochmal das Doppelte essen könnte.

Nummer 4 ist Margot!: Speist wie ein Mäuschen, spricht überhaupt nicht. Das Einzige, was sie isst, sind Gemüse oder Obst. »Verzärtelt« ist das Urteil von Herrn und Frau van Daan. Unsere Meinung: »Zu wenig frische Luft und Sport«.

Daneben Mama: Appetit ordentlich, redet eifrig. Niemand käme bei ihr, anders als bei Frau van Daan, auf den Gedanken: Das ist die Hausfrau. Was den Unterschied ausmacht? Nun, Frau van Daan kocht, und Mutter spült und putzt.

Nummer 6 und 7: Über Vater und mich werde ich nicht viel sagen. Ersterer ist der Bescheidenste am Tisch. Er kümmert sich immer zuerst, dass die anderen schon haben. Er braucht nichts, die besten Sachen sind für die Kinder. Er ist ein Vorbild an Güte, und neben ihm sitzt die Nervensäge vom Hinterhaus!

Dussel: Nimmt, schaut nicht, isst, redet nicht. Und wenn man sich schon unterhalten muss, dann um Himmels willen nur übers Essen, das führt nicht zu Streit, nur zu Angeberei. Enorme Portionen passen in ihn rein, und ein »Nein, danke« wird man von ihm nicht hören, nicht bei den guten Sachen, und bei den schlechten meist auch nicht.

Die Hose bis zur Brust raufgezogen, rote Jacke, schwarze Lackpantoffeln und Hornbrille. So kann man ihn am Arbeitstisch bewundern, ewig arbeitend, aber nie vorankommend, unterbrochen nur vom Mittagsschläfchen, dem Essen und (seinem Lieblingsort) dem Klo. Drei-, vier-, fünfmal am Tag wartet jemand ungeduldig davor und verkneift es sich, hüpft von einem Bein aufs andere und kann es kaum halten. Stört er sich daran? Keineswegs! Von viertel nach sieben bis halb acht, von halb eins bis eins, von zwei bis viertel nach zwei, von vier bis viertel nach vier, von sechs bis viertel nach sechs und von halb zwölf bis zwölf Uhr in der Nacht, danach kann man die Uhr stellen, das sind seine festen »Sitzungen«. Davon wird nicht abgewichen, und er lässt sich auch nicht durch eine flehende Stimme vor der Tür stören, die ein schnell nahendes Unheil abzuwenden sucht.

Nummer 9 ist kein Hinterhaus-Mitbewohner, aber doch Haus- und Tischgenossin. Bep hat einen gesunden Appetit. Sie lässt nichts über, ist nicht wählerisch. Mit allem kann man ihr etwas Gutes tun, und gerade das tut uns gut. Fröhlich und gut gelaunt, entgegenkommend und gutmütig, das sind ihre Kennzeichen.

Dienstag, 10. August 1943

Liebe Kitty!
Eine neue Idee! Ich rede bei Tisch mehr mit mir selbst als mit den anderen. Das ist aus zwei Gründen vorteilhaft. Erstens sind alle froh, wenn ich nicht ohne Unterlass quatsche, und zweitens brauche ich mich nicht über die Meinungen anderer Leute aufzuregen. Meine eigene Meinung finde ich nicht blöd, die anderen tun das aber, also kann ich sie auch genauso gut für mich behalten. Genauso mache ich es, wenn ich etwas essen soll, was ich ganz und gar nicht ausstehen kann. Ich stelle den Teller vor mich hin und stelle mir vor, es sei etwas sehr Leckeres, schaue möglichst wenig hin, und ehe ich mich versehe, ist es aufgegessen.

Morgens beim Aufstehen – auch etwas, was nicht wohltuend ist – springe ich aus dem Bett, denke mir »gleich legst du dich wieder gemütlich hin«, laufe zum Fenster, tu die Verdunklung zur Seite, schnuppere so lange an dem Spalt, bis ich ein wenig frische Luft fühle, und bin hellwach. Das Bett wird schnellstens zerlegt, dann ist die Verlockung weg. Weißt du, wie Mutter so jemand nennt? Eine ›Lebenskünstlerin‹. Findest du das Wort nicht auch witzig?

Seit einer Woche sind wir alle ein bisschen verwirrt was die Zeit betrifft, denn anscheinend hat jemand unsere liebe und treue Westerturmglocke weggeholt, für irgendeine Fabrik, und wir wissen seitdem weder tags noch nachts, wie spät es eigentlich ist. Ich hoffe, man wird etwas finden, was dem Viertel die Glocke wenigstens halbwegs ersetzt, ein zinnernes, kupfernes oder was weiß ich für ein Ding.

Wo ich auch bin, unten oder oben oder sonst wo, jeder blickt bewundernd auf meine Füße, an denen ein außergewöhnlich schönes Paar Schuhe (für diese Umstände!) prangt. Miep hat sie für 27,50 Gulden ergattert. Weinrot, Peau de Suède *[Wildleder; red.]* und mit einem ziemlich hohen Blockabsatz. Ich gehe wie auf Stelzen und sehe noch größer aus, als ich sowieso schon bin.

Gestern hatte ich eine Pechsträhne. Ich stach mich mit dem hinteren Ende einer großen Nadel in den rechten Daumen. Mit der Folge, dass Margot an meiner Stelle die Kartoffeln schälen musste (Glück im Unglück), und ich krakelig schrieb. Dann krachte ich mit dem Kopf gegen die Schranktür, fiel beinahe rückwärts um, bekam einen Rüffel wegen des Lärms, den ich wieder veranstaltet hatte, durfte den Wasserhahn nicht aufdrehen, um meine Stirn zu kühlen, und laufe nun mit einer Riesenbeule über dem rechten Auge herum. Zu allem Unglück blieb ich mit meinem rechten kleinen Zeh am Rohr vom Staubsauger hängen. Es blutete und tat weh, aber ich war schon so mit meinen anderen Leiden beschäftigt, dass dieses Wehwehchen dagegen ins Nichts verschwand. Dumm genug, denn nun laufe ich mit einem entzündeten Zeh und Zugsalbe *[entzündungshemmende, schmerzlindernde*

Salbe; red.], Verbandmull und Heftpflaster herum und kann meine wunderbaren Schuhe nicht anziehen.

Dussel hat uns zum soundsovielten Mal in Lebensgefahr gebracht. Miep brachte tatsächlich ein verbotenes Buch für ihn mit, eine Schmähschrift über Mussolini. Unterwegs wurde sie von einem SS-Motorrad gestreift. Sie verlor die Nerven, schrie »Elende Schufte!«, und fuhr weiter. Ich will gar nicht daran denken, was passiert wäre, wenn sie sie mit ins Büro genommen hätten!

Deine Anne

Freitag, 10. September 1943

Liebe Kitty!

Immer, wenn ich dir schreibe, ist wieder etwas Besonderes passiert, aber meist sind es mehr schlimme als angenehme Dinge. Diesmal ist es aber etwas Schönes.

Am Mittwochabend, den 8. September, saßen wir um sieben Uhr am Radio, und das Erste, was wir hörten, war: »Here follows the best news of the whole war: Italy has capitulated.« Italien hat bedingungslos kapituliert! Um viertel nach acht begann dann der Sender Oranje: »Hörer, vor eineinviertel Stunden, gerade als ich die Chronik des Tages fertig hatte, traf die großartige Nachricht von der Kapitulation Italiens ein. Ich kann Ihnen sagen, dass ich noch nie meine Notizen mit so viel Freude in den Papierkorb geworfen habe wie heute!«

›God save the King‹, die amerikanische Hymne und die russische Internationale wurden gespielt. Wie immer war der Sender Oranje herzerfrischend und doch nicht zu euphorisch.

Die Engländer sind in Neapel gelandet. Norditalien ist von den Deutschen besetzt. Am Freitag, dem 3. September, war der Waffenstillstand bereits unterzeichnet, genau an dem Tag, als die Engländer in Italien gelandet waren. Die Deutschen fluchen und wettern in allen Zeitungen über den Verrat Badoglios und des italienischen Königs.

Andererseits haben wir auch Sorgen, es geht um Herrn Kleiman. Du weißt, wir alle haben ihn sehr gern. Obwohl er sehr krank ist, viele Schmerzen hat, und weder viel essen noch herumgehen darf, ist er immer fröhlich und bewundernswert tapfer. »Wenn Herr Kleiman hereinkommt, geht die Sonne auf«, sagte Mutter gerade neulich, und sie hat Recht damit.

Nun muss er für eine unangenehme Darmoperation ins Krankenhaus, für mindestens vier Wochen. Du hättest sehen sollen, wie er von uns Abschied genommen hat. Als würde er einkaufen gehen, so normal.

Deine Anne

Donnerstag, 16. September 1943

Liebe Kitty!

Hier wird das Verhältnis untereinander immer schlechter, je länger wir hier sind. Bei Tisch wagt niemand, den Mund aufzumachen (außer, um einen Bissen hineinzuschieben), denn was man sagt, wird entweder übel genommen oder falsch verstanden. Herr Voskuijl kommt manchmal zu Besuch. Leider geht es ihm sehr schlecht. Er macht es seiner Familie auch nicht einfacher, weil er immer mit der Vorstellung herumläuft: Was kann es mir noch ausmachen, ich sterbe sowieso bald! Ich kann mir die Stimmung bei Voskuijls zu Hause gut vorstellen, wenn ich mir überlege, wie gereizt hier schon alle sind.

Ich nehme jeden Tag Baldrianpillen, gegen Angst und Depression, aber das verhindert doch nicht, dass meine Stimmung am nächsten Tag noch miserabler ist. Einmal richtig und schallend zu lachen, das würde mir mehr helfen als zehn Baldriantabletten. Aber das Lachen haben wir fast verlernt. Manchmal fürchte ich, ich werde vor lauter Ernst ein starres Gesicht und Falten um den Mund bekommen. Den anderen geht es auch nicht besser, wir alle erwarten mit bangen Gefühlen den schweren Brocken, der vor uns liegt, den Winter.

Noch eine Sache erheitert uns nicht gerade, der Lagerarbeiter van Maaren ist misstrauisch geworden, was das Hintergebäude betrifft. Es muss jemandem, der ein bisschen Grips hat, wohl auffallen, dass Miep sagt, sie geht ins Laboratorium, Bep ins Archiv, Kleiman in die Vorratsräume. Und Kugler behauptet, das Hinterhaus gehöre nicht zu diesem Gebäude, sondern zum Nachbarhaus. Es könnte uns gleich sein, was Herr van Maaren von der Sache hält, wenn er nicht als unzuverlässig und sehr neugierig bekannt wäre, sodass er sich nicht mit ein paar belanglosen Worten abspeisen lässt.

Einmal wollte Kugler besonders vorsichtig sein, schlüpfte zehn Minuten vor halb eins in seinen Mantel und ging zur Drogerie um die Ecke. Keine fünf Minuten später war er wieder da, schlich wie ein Dieb die Treppe hinauf und kam zu uns. Um viertel nach eins wollte er wieder gehen, traf aber auf dem Treppenabsatz Bep, die ihn warnte, van Maaren säße im Büro. Kugler machte auf der Stelle kehrt und saß bis halb zwei bei uns. Dann nahm er seine Schuhe in die Hand und ging auf Socken (trotz Erkältung) zur Tür des vorderen Dachbodens, balancierte Stufe um Stufe die Treppe hinunter, um jedes Knarzen zu vermeiden, und kam eine Viertelstunde später von der Straßenseite ins Büro.

Bep, die van Maaren inzwischen losgeworden war, kam, um Herrn Kugler bei uns abzuholen, aber der war schon in Strümpfen auf der Treppe unterwegs. Was werden die Leute auf der Straße wohl gedacht haben, als der Direktor seine Schuhe draußen wieder anzog? Sieh an, der Direktor in Socken!

Deine Anne

Liebe Kitty!

Mittwoch, 29. September 1943

Frau van Daan hat Geburtstag. Wir haben ihr außer einer Käse-, Fleisch- und Brotmarke nur noch ein Glas Marmelade geschenkt. Von ihrem Mann, Dussel und vom Büro hat sie auch bloß Blumen oder was zu Essen bekommen. So sind eben die Zeiten!

Bep hatte in dieser Woche einen halben Nervenzusammenbruch, so oft wurde sie losgeschickt. Zehnmal am Tag bekam sie Aufträge, immer wurde darauf gedrängt, dass sie etwas schnell besorgen müsse, dass sie noch einmal gehen müsse oder dass sie das Falsche gebracht habe. Wenn man dann bedenkt, dass sie auch unten im Büro ihre Arbeit erledigen muss, dass Kleiman krank ist, Miep mit einer Erkältung zu Hause ist und sie selbst sich den Knöchel verstaucht hat, Liebeskummer und zu Hause einen grummelnden Vater hat, dann kann man sich vorstellen, dass sie nicht mehr ein noch aus weiß. Wir haben sie getröstet und gesagt, sie müsse öfters mal energisch sagen, dass sie keine Zeit hätte, dann würde die Einkaufsliste sicher von alleine kürzer werden.

Am Samstag spielte sich hier ein Drama ab, das in seiner Heftigkeit bisher nicht seinesgleichen hatte. Es begann mit van Maaren und endete mit einem allgemeinen Streit und Geschluchze. Dussel hatte sich bei Mutter darüber beklagt, dass er wie ein Aussätziger behandelt würde, dass niemand von uns nett zu ihm sei und dass er uns doch gar nichts getan habe und noch eine Reihe süßlicher Jammereien, auf die Mutter diesmal zum Glück nicht reinfiel. Sie sagte ihm, dass er uns alle sehr enttäuscht und mehr als einmal Anlass zu Ärger gegeben habe. Dussel versprach das Blaue vom Himmel herunter, aber wie immer ist daraus bisher nichts geworden. Mit den van Daans wird das nichts, ich sehe es kommen! Vater ist wütend, weil sie uns betrügen, sie unterschlagen Fleisch und Ähnliches. Oh, welch ein Ausbruch braut sich wieder über uns zusammen? Wenn ich nur nicht all diese Scharmützel mitbekommen würde, wenn ich nur weg gehen könnte! Sie machen uns noch irre!

Deine Anne

Sonntag, 17. Oktober 1943

Liebe Kitty!

Kleiman ist wieder zurück, ein Glück! Er sieht noch ein bisschen mitgenommen aus, aber geht doch munter los, um für van Daan Kleidungsstücke zu verkaufen. Es ist sehr unangenehm, dass das Geld der van Daans radikal zu Ende ging. Seine letzten hundert Gulden hat er im Lager liegen lassen, was uns auch Sorgen bereitet hat. Wie können an einem Montagmorgen hundert Gulden im Lager auftauchen?

Wieder Anlass für Argwohn. Inzwischen sind die hundert Gulden weggenommen worden. Wer ist der Dieb?

Aber ich sprach über Geldmangel: Frau van Daan will von ihrem Berg Mäntel, Kleider und Schuhen auf nichts verzichten, der Anzug von Herrn van Daan lässt sich kaum verkaufen, und Peters Fahrrad kam von der Besichtigung zurück, niemand wollte es. Ein Ende dieser Geschichte ist nicht in Sicht. Frau van Daan wird wohl doch ihren Pelzmantel opfern müssen. Ihr Standpunkt, die Firma müsse für unseren Unterhalt aufkommen, ist wohl kaum zu halten. Oben haben hatten sie deswegen wieder einen Mordskrach, aber sind dann in die Versöhnungsphase mit »Ach, lieber Putti« und »Süße Kerli« eingetreten.

Mir ist ganz schwindlig von all den Schimpftiraden, die im letzten Monat durch dieses ehrenwerte Haus geflogen sind. Vater geht mit zusammengepressten Lippen herum, und wenn ihn jemand anspricht, schaut er so verschreckt hoch, als hätte er Angst, wieder eine schwierige Aufgabe lösen zu müssen. Mutter hat vor Anspannung rote Flecken auf den Backen, Margot klagt über Kopfschmerzen, Dussel kann nicht schlafen, Frau van Daan jammert sowieso den ganzen Tag, und ich selbst bin auch ganz aus der Fassung. Tatsächlich vergesse ich manchmal, mit wem wir gerade Streit haben und mit wem man sich bereits wieder ausgesöhnt hat.

Das Einzige, was mich ablenkt, ist Lernen, und das tue ich viel.

Deine Anne

Freitag, 29. Oktober 1943

Liebste Kitty!

Herr Kleiman kam wieder nicht, sein Magen lässt ihm keine Ruhe. Er weiß selbst nicht, ob die Blutung nun aufgehört hat. Als er uns erzählte, dass er sich nicht gut fühle, und nach Hause gehen müsse, war er zum ersten Mal wirklich niedergeschlagen.

Hier gab es wieder lautes Gestreite zwischen Herrn van Daan und seiner Frau. Der Grund: Ihr Geld ist alle. Sie versuchten, einen Wintermantel und einen Anzug von Herrn van Daan zu verkaufen, aber niemand wollte es haben. Er verlangte einen viel zu hohen Preis dafür. Eines Tages, schon vor einer Weile, hatte Kleiman von einem befreundeten Kürschner erzählt. Das brachte Herrn van Daan auf die Idee, den Pelzmantel seiner Frau zu verkaufen. Es ist ein Mantel aus Kaninchenfell, und schon siebzehn Jahre getragen. Frau van Daan bekam 325 Gulden dafür, das ist ganz schön viel. Frau van Daan hatte sich vorgenommen, das Geld zu behalten, um damit nach dem Krieg neue Kleider zu kaufen. Es war eine ganz schön zähe Angelegenheit, bis Herr van Daan ihr klargemacht hatte, dass das Geld dringend für den Haushalt benötigt wurde.

Dieses Gekreische, Geweine, Gestampfe und Geschimpfe kannst du dir kaum vorstellen. Es war furchteinflößend. Meine Familie stand mit angehaltenem Atem am Fuß der Treppe, bereit, die Kämpfenden notfalls voneinander zu trennen. All das Keifen, Weinen und die Angespanntheit sind so nervenzehrend und anstrengend, dass ich abends weinend ins Bett falle und dem Himmel danke, wenn ich mal eine halbe Stunde für mich alleine bin.

Mir selbst geht es recht gut, außer dass ich überhaupt keinen Appetit habe. Immer wieder muss ich mir anhören:»Du siehst aber schlecht aus!«

Es stimmt schon, sie geben sich große Mühe, mich ein bisschen bei Kräften zu halten. Traubenzucker, Lebertran, Hefetabletten und Kalzium sollen helfen. Meine Nerven gehen oft mit mir durch, vor allem an den Sonntagen fühle ich mich miserabel. Dann ist die Stimmung im Haus niederdrückend, träge und bleiern. Man hört draußen keinen Vogel singen, eine tödliche und bedrückende Stille hängt über allem. Diese Schwere hängt sich an mir fest, als wollte sie mich in die Tiefe ziehen.

Mit Vater, Mutter und Margot kann ich dann oft nichts anfangen. Ich irre von einem Zimmer zum anderen, die Treppe runter und wieder rauf, und fühle mich wie ein Singvogel, dem die Flügel brutal ausgerissen wurden, und der in totaler Dunkelheit gegen die Stäbe seines engen Käfigs fliegt.»Nach draußen, Luft und Lachen!«, schreit es in mir. Ich höre nicht mal mehr darauf, lege mich auf die Couch und schlafe, um die Zeit, die Stille und auch die schreckliche Angst zu verkürzen, denn auszulöschen sind sie nicht.

Deine Anne

Samstag, 30. Oktober 1943

[Dieser Eintrag hat in manchen Fassungen des Tagebuchs das Datum 7. November 1942]

Liebe Kitty!

Mutter ist furchtbar nervös, und das ist für mich immer brandgefährlich.

Kann es Zufall sein, dass Vater und Mutter nie mit Margot schimpfen, aber ich immer alles abbekomme? Etwa gestern Abend: Margot las ein Buch, in dem großartige Zeichnungen waren. Sie stand auf und legte das Buch zur Seite, um später weiterzulesen. Ich hatte gerade nichts anderes zu tun, nahm das Buch und schaute die Bilder an. Margot kam zurück, sah »ihr« Buch in meinen Händen, zog die Stirn in Falten und verlangte es böse zurück. Ich wollte es nur noch kurz weiter ansehen. Margot wurde immer wütender. Mutter mischte sich ein und sagte: »Margot liest das Buch, also gib es ihr.«

Vater kam ins Zimmer, wusste gar nicht, worum es ging, aber sah, dass Margot etwas angetan wurde, und blaffte mich an: »Ich möchte dich mal sehen, wenn Margot in deinem Buch herumblättern würde!« Ich gab sofort nach, legte das Buch hin und verließ, ihrer Meinung nach beleidigt, das Zimmer. Aber ich war nicht beleidigt oder böse, nur traurig.

Es war falsch von Vater, zu urteilen ohne die Streitfrage zu kennen. Ich hätte Margot das Buch freiwillig zurückgegeben, und dabei noch viel schneller, wenn sich Vater und Mutter nicht eingemischt und Margot verteidigt hätten, als würde ihr das größte Unheil geschehen.

Dass Mutter sich auf Margots Seite stellt, ist klar, die beiden verteidigen sich immer gegenseitig. Ich habe mich so daran gewöhnt, dass ich schon völlig gleichgültig gegenüber Mutters Standpauken und Margots launischer Gereiztheit bin. Ich liebe sie nur deshalb, weil sie nun mal Mutter und Schwester sind, ansonsten können sie mir gestohlen bleiben. Bei Vater ist das etwas anderes. Wenn er Margot bevorzugt, alles, was sie macht, gutheißt, sie lobt und mit ihr zärtlich ist, dann nagt das in mir. Denn Vater ist mein Ein und Alles, er ist mein großes Vorbild, und ich liebe niemanden auf der Welt außer Vater. Er ist sich nicht bewusst, dass er Margot anders behandelt als mich. Margot ist nun mal die Klügste, die Liebste, die Schönste und die Beste. Aber ich habe doch auch ein bisschen Recht darauf, ernst genommen zu werden. Ich gelte immer als der Clown und Taugenichts der Familie, muss immer für alle Taten doppelt büßen, erst durch die Standpauken und dann durch meine eigene Verzweiflung. Oberflächliche Zärtlichkeiten trösten mich nicht mehr, ebenso wenig wie die sogenannten ernsthaften Gespräche.

Von Vater verlange ich etwas, was er mir nicht geben kann. Ich bin nicht neidisch auf Margot, das war ich nie. Ich will weder ihre Klugheit noch ihre Schönheit. Ich würde nur so gerne Vaters echte Liebe spüren, nicht nur als sein Kind, sondern als Anne-als-sie-selbst.

Ich klammere mich an Vater, weil ich jeden Tag verächtlicher auf Mutter hinunterschaue und er der einzige ist, der in mir noch eine Spur Familiensinn aufrechterhält. Vater kann nicht verstehen, dass ich mich manchmal über Mutter aussprechen muss. Er will das nicht besprechen, vermeidet alles, was sich auf Mutters Fehler beziehen könnte. Und doch drückt mir Mutter mit all ihren Mängeln am schwersten auf der Seele. Ich kann mich kaum beherrschen. Ich darf ihr nicht ihre Schlampigkeit, ihren Sarkasmus und ihre Grobheit unter die Nase reiben, kann jedoch auch nicht immer die Schuld bei mir suchen.

Ich bin das genaue Gegenteil von ihr, und deshalb knallen wir natürlich aufeinander. Ich will nicht über Mutters Charakter urteilen, das kann ich gar nicht, ich versuche, nur die Mutter in ihr zu sehen. Aber für mich ist sie eben keine. Ich muss für mich selbst meine eigene Mutter sein. Ich habe mich von ihr distanziert, schlage mich alleine durch und werde später schon sehen, wo ich lande. Es liegt eben daran, dass ich eine ganz genaue Vorstellung davon habe, wie eine Mutter und eine Frau zu sein hat, und nichts davon finde ich in ihr, die ich ›Mutter‹ nennen muss.

Ich nehme mir ständig vor, nicht mehr auf Mutters falsches Vorbild zu schauen, ich versuche, nur ihre guten Seiten sehen, und was ich bei ihr nicht finde, suche ich bei mir selbst. Aber das gelingt mir nicht. Besonders schlimm ist, dass weder Vater noch Mutter sehen, dass sie ihren Verpflichtungen mir gegenüber nicht nachkommen, und dass ich sie dafür verdamme. Kann eigentlich irgendjemand seine Kinder voll und ganz zufrieden stellen?

Manchmal denke ich, dass Gott mich auf die Probe stellt, jetzt und auch später. Muss ich es schaffen, ein guter Mensch zu werden, ohne gute Vorbilder und guten Rat, damit ich später besonders stark werde? Wer außer mir wird später all diese Briefe lesen? Wer wird mich trösten, außer ich mich selbst? Ich brauche so oft Trost. Ich bin so häufig zu schwach und versage öfter, als dass ich den Anforderungen gerecht werde. Ich weiß es und versuche immer wieder, Tag für Tag, besser zu werden.

Ich werde so wechselhaft behandelt. An einem Tag ist Anne so vernünftig und kann alles verstehen, am anderen höre ich wieder, dass Anne noch ein kleines, dummes Schaf ist, das keine Ahnung hat, und sich nur einbildet, Wunder was aus Büchern gelernt zu haben! Ich bin nicht mehr das Baby und das verhätschelte Kleinkind, das man immer auslachen kann. Ich habe meine eigenen Ideale, Vorstellungen und Ziele, aber ich kann sie noch nicht in Worten ausdrücken. Ach, mir kommt so viel hoch. Wenn ich abends allein bin, oder auch tagsüber, wenn ich die Leute ertragen muss, die mir zum Hals heraushängen oder meine Absichten immer verdrehen. Letztlich komme ich aus diesem Grund immer wieder zu meinem Tagebuch zurück, das ist mein Ein und Alles, denn Kitty ist immer geduldig. Ich verspreche ihr, dass ich es trotz allem durchstehen werde, mir meinen eigenen Weg suchen werde, und meine Tränen hinunterschlucke. Ich würde nur zu gern auch einmal einen Fortschritt sehen und ein einziges Mal von jemandem bestärkt werden, der mich lieb hat.

Urteile nicht schlimm über meine Worte, sieh mich als jemanden, dem es auch einmal zu viel wird!
Deine Anne

Mittwoch, 3. November 1943

Liebe Kitty!

Um uns etwas Abwechslung und Weiterbildung zu verschaffen, hat Vater das Lehrprogramm des Leidener Studieninstituts angefordert. Margot hat das dicke Buch schon dreimal durchgesehen, fand aber nichts nach ihrem Geschmack oder ihrer Geldbörse. Vater war sich schneller im Klaren, er wollte eine Probelektion

»Grundkurs Latein« bestellen. Gesagt, getan. Die Lektion kam, Margot machte sich begeistert daran, und schließlich wurde der Kurs, egal wie teuer, genommen. Für mich ist er viel zu schwer, obwohl ich sehr gerne Latein lernen würde.

Damit ich auch etwas Neues anfangen kann, bat Vater Kleiman um eine Kinderbibel, damit ich endlich auch etwas aus dem Neuen Testament erfahre.

»Willst du Anne zu Chanukka *[auch ›Lichterfest‹, ist ein acht Tage dauerndes, jüdisches Fest; red.]* etwa eine Bibel schenken?«, fragte Margot entgeistert.

»Ja ... ahmm, ich denke, dass Nikolaus eine passendere Gelegenheit wäre«, antwortete Vater.

Jesus zu Chanukka, das passt ja wohl gar nicht.

Weil der Staubsauger kaputt ist, muss ich jeden Abend den Teppich mit einer alten Bürste säubern. Fenster zu, Licht an, Ofen auch, und dann los, mit einem Handbesen über den Boden. Das kann nicht gut gehen, dachte ich mir gleich beim ersten Mal, das muss zu Beschwerden führen. Und genau, Mutter bekam Kopfschmerzen von den dicken Staubwolken, die im Zimmer aufwirbelten, auf Margots neuem lateinischen Wörterbuch lag eine Staubschicht, und Pim murrte, der Boden hätte sich überhaupt nicht verändert. ›Gestank als Dank‹, nennt man das.

Die neue Hinterhaus-Regel ist, dass der Ofen Sonntag morgens um halb acht Uhr angemacht wird statt um halb sechs. Ich finde das gefährlich. Auf welche Gedanken wird der rauchende Schornstein die Nachbarn bringen?

Dasselbe mit den Vorhängen. Seit wir hier untergetaucht sind, sind sie festgezurrt. Manchmal bekommt aber einer der Herren oder Damen eine Anwandlung und muss mal eben hinaus lugen. Ein Sturm von Vorwürfen folgt. Die Rechtfertigung: »Das sieht man doch nicht.« Auf diese Art beginnt und endet jede Unvorsichtigkeit. Das sieht man nicht, das hört man nicht, das fällt niemandem auf. So was sagt sich leicht, aber ob es auch stimmt?

Die Streitereien haben sich derzeit etwas gelegt, nur Dussel hat noch Krach mit van Daans. Wenn er über Frau van Daan spricht, sagt er nur »die dumme Kuh« oder »das alte Kalb«, und sie wiederum betitelt den eingebildeten studierten Herrn als »alte Jungfer« oder »alten Junggesellen, der sich ewig auf den Schlips getreten fühlt«, et cetera.

Der Topf wirft dem Kessel vor, dass er schwarz ist!

Deine Anne

Montagabend, 8. November 1943

Liebe Kitty!

Wenn du meinen Stapel Briefe hintereinander lesen würdest, merktest du sicher, in was für unterschiedlichen Stimmungen ich sie geschrieben habe. Ich finde es selbst schlimm, dass ich hier im Hinterhaus so sehr von Stimmungen geleitet bin. Übrigens nicht nur ich, wir sind es alle. Wenn ich ein Buch lese, das mich mitnimmt, muss ich erst in mir selbst gründlich Ordnung schaffen, bevor ich mich wieder unter die Leute mische, sonst würden die anderen denken, ich wäre ein bisschen verrückt im Kopf. Im Moment habe ich wieder eine Phase, in der ich niedergeschlagen bin, wie du sicher merkst. Ich kann dir wirklich nicht sagen, warum, aber ich glaube, dass es meine Angst ist, die mich immer wieder behindert.

Heute Abend, als Bep noch hier war, klingelte es lang, laut und durchdringend. Sofort wurde ich bleich, bekam Bauchschmerzen und Herzklopfen, und das alles vor Angst!

Wenn ich abends im Bett bin, sehe ich mich alleine in einem Verlies, ohne Vater und Mutter. Manchmal irre ich auf den Straßen herum, oder unser Hinterhaus steht in Flammen, oder sie kommen nachts, um uns zu holen, und ich verstecke mich vor Verzweiflung unterm Bett. Das sehe ich alles so, als würde ich es gerade am eigenen Leib erleben. Und danach das Gefühl, das alles könnte jeden Moment passieren!

Miep sagt oft, sie beneidet uns, weil wir hier Ruhe haben. Das kann schon sein, aber unsere Angst stellt sie sich sicher nicht vor. Ich kann mir überhaupt nicht ausmalen, dass die Welt für uns je wieder eine normale sein wird. Ich spreche zwar von »*nach dem Krieg*«, aber dann kommt es mir vor, als würde ich über ein Luftschloss reden, etwas, das niemals Wirklichkeit werden kann.

Ich sehe uns acht im Hinterhaus, als wären wir ein Fleckchen blauer Himmel, umringt von schwarzen, schwarzen Gewitterwolken. Das runde Fleckchen, auf dem wir stehen, ist noch sicher, aber die Wolken rücken näher und näher, und der uns umgebende Kreis, der uns von der nahenden Gefahr trennt, zieht sich immer enger. Nun sind wir schon so dicht von Gefahr und Düsternis umzingelt, dass wir in der verzweifelten Suche nach einem Ausweg aneinander stoßen. Wir blicken nach unten, wo die Menschen gegeneinander kämpfen, wir blicken nach oben, wo es ruhig und schön ist, aber wir sind abgeschnitten durch das düstere Gebräu, das uns nicht nach unten und nicht nach oben entkommen lässt, sondern vor uns steht wie eine undurchdringliche Mauer, die uns zerschmettern will, aber noch nicht soweit ist. Ich kann nichts anderes tun, als zu rufen und zu flehen: »O, Ring, Ring, weite dich wieder, und öffne dich für uns!«

Deine Anne

Donnerstag, 11. November 1943

Liebe Kitty!

Ich habe einen guten Titel für dieses Kapitel:

»*Ode an meinen Füllhalter*«

»*In memoriam*«

Mein Füllhalter war mir immer ein kostbarer Besitz. Ich schätzte ihn sehr, vor allem wegen seiner dicken Feder, denn nur mit dicken Federn kann ich wirklich schön schreiben. Er hat ein sehr langes und interessantes Füllerleben hinter sich, von dem ich hier kurz erzählen möchte.

Als ich neun Jahre alt war, kam mein Füller in einem Päckchen (in Watte gewickelt) als »Muster ohne Wert« *[hier: günstig zu verschickendes Warenmuster; red.]* den langen Weg von Aachen, dem Wohnort meiner Großmutter, der gütigen Geberin. Ich war mit Grippe im Bett, und der Februarwind heulte ums Haus. Der glorreiche Füller lag in einem roten Lederetui und wurde gleich am ersten Tag allen Freundinnen präsentiert. Ich, Anne Frank, die stolze Besitzerin eines Füllhalters!

Als ich zehn Jahre alt war, durfte der Füller mit zur Schule, und die Lehrerin erlaubte tatsächlich, dass ich damit schrieb. Als ich elf war, musste mein Schatz jedoch wieder weggepackt werden, denn die Lehrerin der sechsten Klasse erlaubte nur Schulfedern und Tintenfass. Als ich mit zwölf ins Jüdische Lyzeum wechselte, bekam mein Füller ein neues Etui, in das auch noch ein Bleistift passte und das außerdem viel ernsthafter aussah, weil es einen Reißverschluss hatte. Mit dreizehn wanderte der Füller mit mir ins Hinterhaus und begleitete mich durch zahllose Tagebücher und Hefte. Als ich vierzehn Jahre alt war, endete das letzte Jahr, das mein Füller mit mir verbrachte ...

Es war am Freitagnachmittag nach fünf Uhr, dass ich aus meinem Zimmer kam und mich an den Tisch setzte, um zu schreiben, als ich grob zur Seite geschoben wurde, um für Margot und Vater Platz zu machen, die Latein übten. Der Füller blieb allein auf dem Tisch zurück, während seine Besitzerin seufzend mit einer kleinen Ecke des Tisches vorlieb nehmen musste und anfing, Bohnen zu reiben. »Bohnen reiben« bedeutet hier, verschimmelte braune Bohnen wieder sauber zu kriegen. Um viertel vor sechs fegte ich den Boden und warf den Schmutz zusammen mit den kaputten Bohnen, gesammelt auf einer Zeitung, in den Ofen. Eine gewaltige Flamme schlug heraus, und ich fand es großartig, dass das Feuer auf diese Art wieder Nahrung bekommen hatte. Ruhe war eingekehrt, die Lateiner waren abgezogen, und ich setzte mich an den Tisch, um meine geplante Schreibarbeit fortzusetzen. Aber wo ich auch suchte, mein Füller war nicht zu finden. Ich suchte noch einmal, Margot suchte, Mutter suchte, Vater suchte, Dussel suchte, aber das Stück war spurlos verschwunden.

»Vielleicht ist er in den Ofen gefallen, zusammen mit den Bohnen!«, meinte Margot.

»Aber nein!«, antwortete ich.

Als jedoch mein Füllhalter abends immer noch nicht auftauchte, nahmen wir alle an, dass er verbrannt war, umso mehr, da Zelluloid so gut brennt. Und tatsächlich, die traurige Annahme wurde zur Gewissheit, als Vater am nächsten Morgen beim Saubermachen des Ofens den Clip, mit dem man den Füller festklemmt, mitten in einem Aschehaufen fand. Die goldene Feder war verschwunden. »Sicher festgebacken an irgendeinem Stein«, meinte Vater.

Ein Trost ist mir geblieben, wenn auch ein kleiner: Mein Füllhalter wurde eingeäschert, genau das, was ich später auch will.

Deine Anne

Mittwoch, 17. November 1943

Liebe Kitty!

Hauserschütternde Ereignisse sind im Gange. Bei Bep zu Hause herrscht Diphtherie, darum darf sie sechs Wochen lang nicht in unsere Nähe kommen. Das ist sehr unangenehm, zum einen wegen des Essens, und auch wegen der Einkäufe – ganz zu schweigen von der mangelnden Geselligkeit. Kleiman liegt noch immer flach, und isst schon seit drei Wochen nichts anderes als Milch und dünnen Brei.

Kugler hat unheimlich viel zu tun.

Margots Lateinübungen werden eingeschickt, von einem Lehrer korrigiert, und zurückgeschickt. Margot schreibt unter Beps Namen. Der Lehrer ist sehr freundlich und obendrein witzig. Er ist sicher froh, dass er eine so gescheite Schülerin bekommen hat.

Dussel ist ganz konfus. Niemand weiß, warum. Es hat damit angefangen, dass er oben den Mund zusammenkniff und weder mit Herrn van Daan noch mit Frau van Daan eine Silbe redete. Das fiel jedem auf, und als es ein paar Tage so weiterging, nutzte Mutter eine Gelegenheit und sagte ihm, er solle sich vor Frau van Daan in acht nehmen, sie könne ihm deshalb viel Ärger bereiten. Dussel sagte, Herr van Daan habe mit dem Stillschweigen begonnen, deshalb habe er auch nicht vor, das seine zu brechen. Nun ist es so, dass gestern der 16. November war, damit ist er genau seit einem Jahr im Hinterhaus. Mutter schenkte er aus diesem Anlass einen Blumentopf, aber Frau van Daan, die schon Wochen zuvor mehrmals auf das Datum angespielt hatte, und meinte, Dussel müsse etwas spendieren, bekam nichts. Und statt sich dankbar für seine uneigennützige Aufnahme zu äußern, sagte er kein Wort. Und als ich ihn am Morgen des Sechzehnten fragte, ob ich ihm gratulieren oder kondolieren solle, antwortete er, dass ihm das egal sei. Mutter, die in der schönen Rolle der Friedensstifterin aktiv werden wollte, kam auch keinen Schritt weiter mit ihm, und der Zustand änderte sich nicht.

Es ist keine Übertreibung, wenn ich sage, dass in Dussels Gehirn ein paar Schrauben fehlen. Wir amüsieren uns oft insgeheim darüber, dass er kein Gedächtnis hat, keine Meinung und kein Urteil, und nicht selten lachen wir darüber, wenn er Geschichten, die er gerade gehört hat, völlig verdreht weitererzählt und alles durcheinander stottert. Für jeden Vorwurf und für jede Anregung, etwas besser zu machen, hat er viele schöne Versprechungen, von denen aber nicht eine in die Tat umgesetzt wird.

»Der Mann hat einen großen Geist – wie klein sind seine Taten!«

Deine Anne

Samstag, 27. November 1943

Liebe Kitty!

Gestern vor dem Einschlafen hatte ich plötzlich Hanneli vor Augen.

Ich sah sie vor mir, in Fetzen gekleidet, mit eingefallenem und abgemagertem Gesicht. Ihre Augen waren riesig, sie sah mich traurig und vorwurfsvoll an, und ich las in ihren Augen: »O Anne, warum hast du mich verlassen? Hilf, o hilf mir, rette mich aus dieser Hölle!«

Doch ich kann ihr nicht helfen. Ich kann nur zusehen, wie andere Menschen leiden und sterben. Ich muss tatenlos dasitzen und kann Gott nur bitten, sie zu uns zurückzubringen. Ausgerechnet Hanneli[8] sah ich, sonst niemanden, und ich verstand, warum. Ich habe sie falsch eingeschätzt, war noch zu unreif, um ihre Probleme zu verstehen. Sie hing an ihrer Freundin, und für sie sah es aus, als wollte ich mich davonstehlen. Wie muss sich die Arme gefühlt haben! Ich kann es mir vorstellen, ich kenne dieses Gefühl selbst so gut!

Gelegentlich, blitzartig, begriff ich etwas über ihr Leben und ging doch, egoistisch, sofort wieder zu meinen eigenen Vergnügungen und Verpflichtungen über.

Es war gemein, wie ich sie behandelt hatte, und nun blickte sie mich mit ihrem blassen Gesicht und den flehenden Augen so hilflos an. Könnte ich ihr bloß helfen! O Gott, ich habe hier alles, was ich mir wünschen kann, doch sie wurde vom Schicksal so hart angefasst! Sie war mindestens so gutherzig wie ich, sie wollte auch das Gute. Aber warum wurde ich ausgewählt, um zu leben, während sie womöglich sterben musste? Welcher Unterschied ist zwischen uns? Warum sind wir jetzt so weit voneinander getrennt?

---

[8] Hannah Goslar war Annes beste Freundin. Im Juni 1943 wurde sie zusammen mit ihrem Vater, ihren Großeltern und ihrer jüngeren Schwester Gabi von der Gestapo verhaftet und nach Bergen-Belsen deportiert. Sie überlebte; *red.*

Ehrlich gesagt, ich hatte sie monatelang, ja fast ein Jahr lang, vergessen. Nicht völlig, aber doch so, dass ich sie in all ihrem Elend nicht vor mir sehen konnte.

Ach, Hanneli, ich hoffe, dass ich dich bei uns aufnehmen kann, wenn du das Ende des Krieges erlebst, um etwas von dem Unrecht, das ich dir angetan habe, wieder gutzumachen.

Aber wenn ich ihr eines Tages helfen kann, wird sie meine Hilfe nicht mehr so dringend brauchen wie jetzt. Ob sie ab und zu an mich denkt? Und was sie dann wohl fühlt?

Lieber Gott, mach, dass sie wenigstens nicht alleine ist. Wenn du ihr nur sagen könntest, dass ich mit Liebe und Mitleid an sie denke, das würde sie vielleicht bestärken, durchzuhalten.

Ich darf nicht weiter grübeln, denn ich komme nicht davon los. Ich sehe immer wieder ihre großen Augen, die mich festhalten. Erwuchs Hannelis Glauben wirklich aus ihrem eigenen Innersten? Hat sie ihn nicht von außen aufgedrängt bekommen? Ich weiß es nicht, nie habe ich mir die Mühe gemacht, sie danach zu fragen.

Hanneli, Hanneli, könnte ich dich bloß wegholen von dem Ort, an dem du jetzt bist, könnte ich dich alles miterleben lassen, was ich erlebe! Es ist zu spät, ich kann nichts mehr ändern und nicht mehr gutmachen, was ich falsch gemacht habe.

Aber ich werde sie niemals vergessen und immer für sie beten!

Deine Anne

Montag, 6. Dezember 1943

Liebe Kitty!

Als Nikolaus nahte, dachten wir alle unweigerlich an den schön hergerichteten Korb des vergangenen Jahres. Vor allem mir kam es öde vor, Nikolaus dieses Jahr auszulassen. Ich dachte lange nach, bis ich etwas gefunden hatte, etwas Lustiges. Pim wurde zu Rate gezogen, und vor einer Woche gingen wir an die Arbeit, um für alle acht ein Gedicht zu schreiben.

Sonntagabend um viertel nach acht tauchten wir oben mit dem großen Wäschekorb auf, den wir zwischen uns hielten, und der mit Figuren und Bändern aus rosa und blauem Durchschlagpapier verziert war. Auf dem Korb lag ein großes Stück braunes Packpapier, auf dem ein Zettel heftete. Alle staunten ziemlich.

Ich nahm den Zettel von dem Packpapier und las:

Prolog:
Auch dieses Jahr ist Nikolaus gekommen,
sogar die Leut' im Hinterhaus haben's vernommen.
Doch können wir's diesmal nicht so schön begehen,

wie es im vergangenen Jahr gescheh'n.
Wenn ich einmal zurückschauen wollt:
Damals war uns allen das Glück noch hold.
Frei und unbeschwert auch in diesem Jahr,
würden wir Nikolaus feiern, das war sonnenklar.
So lasst uns auch heuer dieses Tags gedenken.
wenn's auch leider nichts mehr gibt zum Schenken.
Also müssen wir weiter aufs Glück vertrauen:
D'rum möge nun jeder in seinen Schuh rein schauen.

Schallendes Gelächter folgte, und jeder holte seinen eigenen Schuh aus dem Korb. Darin befand sich jeweils ein kleines Päckchen, in Packpapier gewickelt, mit dem Namen des Besitzers und einem Vers.

Mittwoch, 22. Dezember 1943

Liebe Kitty!

Wegen einer hartnäckige Grippe kann ich dir erst heute schreiben. Es ist eine Qual, wenn man hier krank ist. Wenn ich husten musste, kroch ich flugs unter die Decke und versuchte, so leise wie möglich meinen Hals zu beruhigen, woraufhin das Kribbeln meistens gar nicht mehr aufhören wollte, und mit Milch und Honig, Zucker oder Pastillen bekämpft werden musste. Wenn ich an die Kuren denke, die ich alle ausprobieren musste, wird mir schwindlig. Schwitzen, Umschläge, feuchte Brustwickel, trockene Brustwickel, heiße Getränke, Gurgeln, Pinseln, bewegungslos Daliegen, Heizkissen, Wärmflaschen, Zitronenwasser und dabei alle zwei Stunden das Thermometer. Kann man so eigentlich jemals gesund werden?

Am schlimmsten war für mich aber, dass Herr Dussel angefangen hat, den Doktor zu spielen, und seinen pomadigen Kopf auf meine nackte Brust legte, um die Geräusche da drinnen abzuhören. Nicht nur, dass mich seine Haare schrecklich gekitzelt haben, ich genierte mich auch, obwohl er vor dreißig Jahren studiert und den Doktortitel hat. Was hat sich dieser Kerl an mein Herz zu legen? Er ist doch nicht mein Geliebter! Übrigens, ob da drin etwas gesund ist oder nicht, kann er sowieso nicht hören. Erst mal müssten seine Ohren ausgespült werden, er scheint nämlich beängstigend schwerhörig zu werden. Aber genug mit der Krankheit. Ich fühle mich wieder pudelwohl, bin einen Zentimeter gewachsen, habe zwei Pfund zugelegt und bin blass und lernbegierig.

Ausnahmsweise ist die Harmonie hier gut, niemand streitet. Aber das wird wohl nicht lange anhalten, wir hatten einen solchen Hausfrieden bestimmt seit einem halben Jahr nicht.

Bep ist noch immer von uns getrennt, aber bald wird ihre kleine Schwester wohl bazillenfrei sein.

Zu Weihnachten gibt es extra Öl, Süßigkeiten und Sirup. Zu Chanukka bekamen Frau van Daan und Mutter von Herrn Dussel eine Torte geschenkt. Miep hat sie auf Bitten Dussels gebacken. Bei all der Arbeit musste sie auch das noch erledigen. Margot und ich haben jeweils eine Brosche bekommen, aus einem Centstück gemacht und wunderbar glänzend. Es lässt sich kaum beschreiben, wie prächtig!

Für Miep und Bep habe ich auch etwas zu Weihnachten. Ich habe seit ungefähr einem Monat den Zucker vom Brei gespart und Kleiman hat zu Weihnachten Fondant *[weiche, paste-artige Zuckermasse, Gelee; red.]* davon machen lassen.

Das Wetter ist trüb, der Ofen stinkt, das Essen liegt allen schwer im Magen, was von allen Seiten donnernde Geräusche auslöst. Kriegspause, Miststimmung.

Deine Anne

Freitag, 24. Dezember 1943

Beste Kitty!

Ich habe dir schon öfter erzählt, dass wir hier alle so launisch sind, und ich glaube, dass das besonders bei mir in der letzten Zeit stark zunimmt.

»Himmelhoch jauchzend, zu Tode betrübt« ist da bestimmt der richtige Ausdruck. »Himmelhoch jauchzend« bin ich, wenn ich daran denke, wie gut wir es hier im Vergleich zu all den anderen jüdischen Kindern haben. Und »zu Tode betrübt« macht es mich zum Beispiel, wenn Frau Kleiman hier war und von Jopies Hockeyclub *[Jacqueline van Maarsen, Annes Freundin]*, vom Kanufahren, Theateraufführungen und Teetrinken mit Freunden erzählte.

Ich glaube nicht, dass ich eifersüchtig auf Jopie bin. Aber mich überfällt dann eine so heftige Sehnsucht, auch mal wieder Spaß zu haben und zu lachen, bis ich Bauchweh habe. Vor allem jetzt im Winter, schulfrei, mit den Weihnachts- und Neujahrstagen, da sitzen wir hier wie Ausgestoßene. Und doch sollte ich diese Worte nicht aufschreiben, denn es sieht so aus, als wäre ich undankbar. Aber ich kann nicht alles für mich behalten, und erinnere nochmal an meine Worte am Anfang: »Papier ist geduldig.«

Wenn jemand gerade von draußen reinkommt, mit dem Wind in den Kleidern und der Frische im Gesicht, dann würde ich am liebsten meinen Kopf unter die Decke stecken, um nicht denken zu müssen: »Wann ist es uns wieder einmal vergönnt, Luft zu riechen?« Aber weil ich mich nicht unter der Decke verkriechen darf, sondern mich im Gegenteil aufrecht und stark zeigen will, kommen diese Gedanken doch, und das nicht nur einmal, sondern viele Male, unzählige Male.

Glaub mir, wenn man eineinhalb Jahre eingeschlossen herumsitzt, kann es einem an manchen Tagen schon zu viel werden, ob es nun berechtigt ist, oder undankbar. Gefühle lassen sich nicht unterdrücken. Radfahren, tanzen, pfeifen, die Welt erkunden, mich jung fühlen, wissen, dass ich frei bin – danach sehne ich mich. Und doch kann ich es nicht zeigen. Denn stell dir vor, wir alle acht würden anfangen, uns zu beklagen oder griesgrämige Gesichter zu machen, wohin sollte das führen?

Manchmal denke ich mir: »Kann mich wohl irgendjemand verstehen, die Undankbarkeit übersehen, sich nicht kümmern um Jude oder nicht Jude, und nur den Backfisch in mir sehen, der so ein großes Bedürfnis nach unbeschwertem Vergnügen hat?« Ich weiß es nicht, und ich könnte auch nie, mit niemandem, darüber sprechen, weil ich bestimmt sofort zu weinen anfangen müsste. Weinen kann so eine Erleichterung sein, wenn man nur einen Menschen hat, bei dem man sich ausweinen kann. Trotz allem, trotz aller Versuche und Bemühungen, das zu ersetzen, vermisse ich jeden Tag und jede Stunde eine Mutter, die mich versteht. Und deshalb denke ich bei allem, was ich tue und aufschreibe, dass ich später für meine Kinder die Mutter sein will, wie ich sie mir vorstelle. Die Mams, die nicht alles so ernst nimmt, was geplappert wird, und doch ernst nimmt, was von innen kommt. Ich sehe, ich kann es nicht beschreiben, aber das Wort ›Mams‹ sagt schon alles. Weißt du, was für einen Ausweg ich gefunden habe, um doch so etwas wie Mams zu meiner Mutter zu sagen? Ich nenne sie oft ›Mansa‹, und von diesem Wort kommt Mans. Es ist sozusagen die unvollkommene Mams, die ich so gerne noch mit einem zweiten Bogen am »n« ehren würde. Zum Glück begreift Mans das nicht, denn sie wäre sehr traurig darüber.

Nun ist es genug, mein »zu Tode betrübt« ist beim Schreiben ein bisschen vorbeigegangen!
Deine Anne
In diesen Tagen, an Weihnachten, muss ich immer wieder an Pim denken, und an das, was er mir vergangenes Jahr erzählt hat. Vergangenes Jahr, als ich die Bedeutung seiner Worte noch nicht so begriff, wie ich sie jetzt begreife. Wenn er es doch nochmal sagen würde, vielleicht würde ich ihm dann zeigen können, dass ich ihn verstehe.

Ich glaube, dass Pim darüber gesprochen hat, weil er, der so viele »Herzensgeheimnisse« von anderen kennt, sich auch mal aussprechen musste. Denn Pim erzählt sonst nie etwas von sich selbst, und ich glaube nicht, dass sich Margot vorstellen kann, was Pim durchmachen musste. Der arme Pim! Er kann mir nicht weismachen, dass er diese Dinge vergessen hat. Nie wird er das vergessen. Er ist weicher geworden, denn auch er sieht Mutters Fehler. Ich hoffe, dass ich ihm ein bisschen ähnlich werde, ohne dasselbe durchmachen zu müssen!
Anne

Montag, 27. Dezember 1943

Freitagabend habe ich zum ersten Mal in meinem Leben etwas zu Weihnachten bekommen. Die Mädchen *[Miep und Bep; red.]*, Kleiman und Kugler hatten wieder eine herrliche Überraschung vorbereitet. Miep hatte einen wunderbaren Weihnachtskuchen gebacken, auf dem »*Friede 1944*« stand. Bep besorgte ein Pfund Butterkekse in Vorkriegsqualität. Für Peter, Margot und mich gab es eine Flasche Trinkjoghurt und für die Erwachsenen je eine Flasche Bier. Alles war wieder so hübsch verpackt, mit Bildchen auf den verschiedenen Paketen. Ansonsten sind die Weihnachtstage schnell vorübergegangen.

Anne

Mittwoch, 29. Dezember 1943

Gestern Abend war ich wieder sehr traurig. Ich musste an Oma und Hanneli denken. Oma – die liebe Oma, wie wenig haben wir begriffen, wie sehr sie gelitten hat. Wie lieb war sie immer zu uns, wie viel Anteilname brachte sie allem entgegen, was uns betraf. Und bewahrte dabei stets sorgfältig das schlimme Geheimnis, das sie mit sich trug. *[Annes Großmutter war schwer krank; red.]*

Wie verlässlich und gut war Oma immer, niemals hätte sie einen von uns im Stich gelassen. Was auch war, wie unfolgsam ich auch war, Oma hat mich immer entschuldigt. Oma, hast du mich geliebt, oder konntest du auch nicht in mein Herz sehen? Ich weiß es nicht. Wie einsam muss Oma gewesen sein, wie allein, obwohl wir da waren. Ein Mensch kann einsam sein, trotz der Liebe von vielen, wenn er für niemanden der »*Liebste*« ist.

Und Hanneli? Lebt sie noch? Was tut sie? O Gott, beschütze sie und lass sie zu uns zurückkommen. Hanneli, immer sehe ich an dir, wie mein Schicksal auch hätte verlaufen können, stets sehe ich mich an deiner Stelle.

Warum nur bin ich so oft traurig wegen dem, was hier geschieht? Müsste ich nicht immer froh sein, zufrieden und glücklich, außer wenn ich an sie und ihre Leidensgenossen denke? Ich bin egoistisch und feige. Warum träume und denke ich immer die schrecklichsten Dinge und würde am liebsten vor Angst schreien? Weil ich immer noch, trotz allem, nicht genug auf Gott vertraue. Er hat mir so viel gegeben, und ich habe es sicher nicht verdient, und doch tue ich jeden Tag so viel Falsches!

Man könnte weinen, wenn man an seinen Nächsten denkt, man könnte eigentlich den ganzen Tag lang weinen. Es bleibt nur beten, dass Gott ein Wunder geschehen lässt und einige von ihnen rettet. Ich hoffe, dass ich das ausreichend tue!

Anne

Donnerstag, 30. Dezember 1943

Liebe Kitty!

Hier hat sich nach den letzten heftigen Streitereien alles wieder eingerenkt, sowohl zwischen uns, Dussel und oben [van Daans; red.], als auch zwischen Herrn und Frau van Daan. Aber jetzt dräuen wieder dicke Unwetterwolken, und zwar wegen des Essens. Frau van Daan kam auf die ungute Idee, morgens weniger Bratkartoffeln zu machen und sie lieber zu horten. Mutter und Dussel, und auch wir, waren damit nicht einverstanden. Dann haben wir auch diese Kartoffeln aufgeteilt.

Aber dafür wird jetzt mit dem Fett ungerecht umgegangen, und Mutter musste wieder einen Riegel vorschieben. Wenn das alles ein einigermaßen interessantes Ende nimmt, werde ich dir darüber bestimmt noch berichten. So haben wir bisher geteilt: das Fleisch (sie mit, wir ohne Fett); die Suppe, sie ja, wir nein; die Kartoffeln (sie geschält, wir gepellt). Getrennt einkaufen. Und jetzt gehts auch noch um die Bratkartoffeln.

Wenn wir nur schon wieder richtig getrennt wären!

Deine Anne

P. S.: Bep hat mir eine Postkarte, auf der die ganze Königliche Familie abgebildet ist, kopieren lassen. Juliane sieht sehr jung darauf aus, genau wie die Königin. Die drei Mädchen sind zuckersüß. Ich fand das total nett von Bep, meinst du nicht?

Das Jahr 1944

Sonntag, 2. Januar 1944

Liebe Kitty!

Als ich heute Morgen nichts zu tun hatte, blätterte ich in meinem Tagebuch und stolperte mehrmals über Briefe, die das Thema »Mutter« in so heftigen Worten abhandelten, dass ich selbst erschrak und mich fragte: »Anne, bist du das, die das Wort ›Hass‹ in den Mund nimmt? O Anne, wie konntest du nur?«

Ich saß mit dem offenen Buch in der Hand da und dachte darüber nach, wie es kam, dass ich so übervoll mit Wut und tatsächlich so voller Hass war, dass ich dir das alles anvertrauen musste. Ich versuchte, die Anne von vor einem Jahr zu verstehen und zu entschuldigen, denn mein Gewissen ist schwer, solange ich diese Beschuldigungen einfach so stehen lasse, ohne dir nun hinterher zu erklären, wodurch ich so wurde. Ich habe (und hatte) Stimmungsschwankungen, die mich (bildlich) mit dem Kopf unter Wasser drückten und mich die Dinge nur einseitig sehen ließen. Nie habe ich versucht, besonnen über die Worte der anderen nachzudenken und bei allem was ich tat, auch zu bedenken, dass ich mit meinem aufbrausenden Temperament jemanden beleidigen oder traurig machen würde.

Mein wirkliches Ich habe ich versteckt, bin nur um mich selbst gekreist und hab dabei alle meine Freude, meinen Spott und meine Traurigkeit ungestört in mein Tagebuch geschrieben. Dieses Tagebuch hat für mich jetzt schon einen großen Wert, weil es oft ein Memoirenbuch geworden ist. Und über viele Seiten könnte ich auch das Wort »Vorbei« setzen.

Ich war wütend auf Mutter (und bin es noch oft). Sie verstand mich nicht, das stimmt, aber ich verstand sie auch nicht. Da sie mich liebte, war sie zärtlich. Aber ich habe sie in viele unangenehme Situationen gebracht, und sie wurde dadurch und durch viele andere widrige Umstände nervös und gereizt. Es ist nachzuvollziehen, dass sie mich anschnauzte.

Ich nahm das viel zu ernst, war beleidigt, frech und aufsässig, was sie ihrerseits wieder bekümmerte. Es war also eigentlich ein Hin und Her von Unzumutbarkeiten und Verdruss. Angenehm war es sicher für uns beide nicht, aber es geht vorbei. Dass ich dies nicht einsehen wollte und viel Mitleid nur mit mir selbst hatte, kann man auch verstehen.

Diese zu heftigen Sätze sind Ausbrüche von Wut, die ich im normalen Leben mit ein paar Mal Aufstampfen hinter verschlossener Tür in meinem Zimmer, oder mit Schimpfen hinter Mutters Rücken ausgelebt hätte.

Die Zeiten, in denen ich Mutter unter Tränen verflucht habe, sind vorbei. Ich bin reifer geworden, und Mutters Nerven haben sich etwas beruhigt. Wenn ich mich ärgere, halte ich meistens den Mund, und sie tut das auch. Deshalb geht es uns offensichtlich viel besser. Denn Mutter so richtig zu lieben, mit der anhänglichen Liebe eines Kindes, das kann ich nicht.

Ich beruhige mich jetzt einfach mit dem Gedanken, dass Schimpfworte besser auf dem Papier stehen, als dass Mutter sie in ihrer Seele tragen muss.
Deine Anne

Donnerstag, 6. Januar 1944

Liebe Kitty!
Heute muss ich dir zwei Dinge beichten, die ziemlich viel Zeit in Anspruch nehmen werden, die ich aber unbedingt loswerden muss. Das tue ich natürlich am besten bei dir, denn ich bin sicher, dass du immer und unter allen Umständen darüber schweigen wirst. Das Erste dreht sich um Mutter. Du weißt, dass ich häufig über sie geklagt habe und mich dann doch immer wieder bemühte, nett zu ihr zu sein. Auf einmal wurde mir klar, was ihr fehlt. Mutter hat uns selbst gesagt, dass sie uns mehr als Freundinnen sieht, denn als Töchter. Das ist natürlich schön, aber trotzdem kann eine Freundin nicht die Mutter ersetzen. Ich sehne mich danach, dass meine Mutter mein Vorbild ist, und ich sie achten kann. Meistens ist sie auch wirklich ein Beispiel für mich, aber eben in einer Art und Weise, wie ich es *nicht* machen möchte. Ich glaube, dass Margot das alles ganz anders sieht, und mich nie begreifen würde. Und Vater geht allen Gesprächen aus dem Weg, bei denen es um Mutter gehen könnte.

Eine Mutter stelle ich mir als Frau vor, die vor allem viel Mitgefühl zeigt, besonders für Kinder in unserem Alter. Nicht wie Mansa, die mich schallend auslacht, wenn ich wegen etwas weine, nicht wegen Schmerzen, sondern wegen anderer Dinge.

Eine Sache, auch wenn sie vielleicht unbedeutend erscheint, habe ich ihr nie verziehen. Es war an einem Tag, an dem ich zum Zahnarzt musste. Mutter und Margot gingen mit und waren einverstanden, dass ich mein Fahrrad mitnahm. Als wir beim Zahnarzt fertig waren und wieder draußen standen, sagten Margot und Mutter ganz heiter, sie wollten nun in die Stadt gehen, um etwas anzuschauen oder zu kaufen, ich weiß es nicht mehr ganz genau. Ich wollte natürlich mitkommen, aber das durfte ich nicht, weil ich mein Fahrrad dabeihatte. Vor Wut sprangen mir Tränen in die Augen, und Margot und Mutter fingen laut an zu lachen. Ich wurde so zornig, dass ich ihnen auf der Straße die Zunge rausstreckte – als zufällig gerade ein kleines Muttchen vorbeikam und mich ganz erschrocken anschaute. Ich fuhr mit dem Fahrrad nach Hause und habe noch lange geweint. Merkwürdig, dass bei den unzähligen Wunden, die Mutter mir zugefügt hat, ausgerechnet diese immer noch anfängt zu schmerzen, wenn ich daran denke, wie verletzt ich damals war.

Das Zweite fällt mir sehr schwer, dir zu erzählen, denn es dreht sich um mich selbst. Ich bin nicht zimperlich Kitty, aber wenn die anderen oft detailliert über ihr Geschäft auf der Toilette erzählen, fühlt es sich an, als würde mein ganzer Körper dagegen allergisch reagieren.

Gestern habe ich nun einen Artikel von Sis Heyster gelesen, über das Erröten. Sie schreibt darin so, als würde sie mich persönlich ansprechen. Ich werde zwar nicht so schnell rot, aber die anderen Dinge passen genau. Sie sagt so ungefähr, dass sich ein Mädchen in der Zeit der Pubertät nach innen kehrt, und anfängt, über die Wunder nachzudenken, die in ihrem Körper passieren. Auch mir geht es so, und deshalb ist es in der letzten Zeit so, dass ich mich geniere. Vor Margot, Mutter und Vater. Margot dagegen, die sonst viel schüchterner ist als ich, geniert sich überhaupt nicht.

Ich finde es so sonderbar, was da mit mir geschieht – nicht nur das, was äußerlich an meinem Körper zu sehen ist, sondern das, was sich innen abspielt. Und weil ich über mich und vor allem über so etwas Privates nie mit anderen spreche, spreche ich mit mir selbst darüber. Immer, wenn ich meine Periode habe (das war erst dreimal), fühle ich, dass ich trotz der Schmerzen, des Unangenehmen und Ekligen ein süßes Geheimnis in mir trage. Darum, auch wenn es mir nur Beschwerden verursacht, freue ich mich in gewisser Hinsicht immer wieder auf diese Zeit, in der ich es wieder fühle.

Sis Heyster erklärt auch noch, dass junge Mädchen in diesen Jahren nicht besonders selbstsicher sind und erst herausfinden müssen, dass sie ein eigenständiger Mensch mit Ideen, Meinungen und Vorlieben sind. Weil ich schon mit kaum dreizehn Jahren hierher gekommen bin, habe ich schon früher damit angefangen, über mich nachzudenken, und früher gewusst, dass ich ein eigenständiger Mensch bin. Manchmal, abends im Bett, habe ich das heftige Bedürfnis, meine Brüste zu befühlen und zu hören, wie ruhig und sicher mein Herz schlägt.

Unbewusst hatte ich solche Gefühle schon, bevor ich hierher kam. Ich weiß, dass ich einmal, als ich bei Jacque übernachtete, mich nicht mehr halten konnte vor Neugierde auf ihren Körper, den sie immer vor mir verbarg, und den ich nie gesehen hatte. Ich fragte sie, ob wir uns als Beweis unserer Freundschaft gegenseitig die Brüste befühlen könnten. Jacque wollte das nicht. Ich hatte auch ein unbändiges Bedürfnis, sie zu küssen, und tat das auch. Ich gerate jedes Mal in Ekstase, wenn ich eine nackte Frauengestalt sehe, zum Beispiel eine Venus in dem Buch über Kunstgeschichte. Manchmal finde ich das so wunderbar und schön, dass ich mich zusammenreißen muss, damit mir nicht die Tränen herablaufen.

Hätte ich nur eine Freundin!

Donnerstag, 6. Januar 1944

Liebe Kitty!

Mein Bedürfnis, mit jemandem zu sprechen, wurde so groß, dass es mir irgendwie in den Sinn kam, Peter dafür auszuwählen. Wenn ich manchmal in Peters Zimmerchen kam, tagsüber, kam es mir dort immer sehr gemütlich vor, aber weil er so zurückhaltend ist und nie jemanden, der lästig wird, vor die Tür setzt, getraute ich mich nie, länger zu bleiben. Ich fürchtete, er könne mich schrecklich langweilig finden. So suchte ich nach einer Gelegenheit, unauffällig in seinem Zimmer zu bleiben und ihn in ein Gespräch zu verwickeln; und diese Gelegenheit ergab sich gestern. Peter hat nämlich plötzlich seine Leidenschaft für Kreuzworträtsel entdeckt und tut nichts anderes mehr, als den ganzen Tag zu tüfteln. Ich half dabei, und bald saßen wir uns an seinem Tisch gegenüber, er auf dem Stuhl, ich auf der Couch.

Mir wurde ganz komisch zumute, als ich in seine dunkelblauen Augen schaute und sah, wie verlegen er bei meinem ungewohnten Besuch wurde. An dem ganzen Verhalten konnte ich sein Inneres ablesen, in seinem Gesicht sah ich einerseits noch die Hilflosigkeit und Unsicherheit darüber, wie er sich verhalten sollte, und gleichzeitig eine Spur vom Bewusstsein seiner Männlichkeit. Ich bemerkte seine Verlegenheit und wurde ganz weich von innen. Ich hätte gerne gesagt: Erzähl mir was von dir. Sieh doch über die unselige Schwatzhaftigkeit hinweg! Ich merkte aber, dass man sich solche Fragen leichter ausdenken kann, als sie zu stellen.

Der Abend ging vorbei, und nichts passierte, außer dass ich ihm von dem Erröten erzählte. Natürlich nicht das, was ich hier aufgeschrieben habe, sondern dass er mit den Jahren bestimmt sicherer werden würde. Abends im Bett musste ich weinen, weinen, aber niemand durfte es hören. Ich fand die Vorstellung, dass ich um Peters Gunst flehen sollte, einfach erniedrigend. Man tut eine Menge Dinge, um seine Wünsche zu befriedigen, wie du an mir siehst. Denn ich hatte mir vorgenommen, mich öfters zu Peter zu setzen und ihn auf irgendeine Art zum Sprechen zu bringen.

Du brauchst nicht zu glauben, dass ich in Peter verliebt bin, keine Rede davon. Wenn die van Daans statt eines Sohnes eine Tochter hier gehabt hätten, hätte ich auch versucht, mit ihr Freundschaft zu schließen.

Um fünf vor sieben erwachte ich heute Morgen und sah sofort vor mir, was ich geträumt hatte. Ich saß auf einem Stuhl, und mir gegenüber Peter ... Schiff[9]. Wir blätterten in einem Buch mit Zeichnungen von Mary Bos. So präzise war mein Traum, dass ich mich zum Teil noch an die Zeichnungen erinnern kann. Aber das

---

[9] früherer Mitschüler, nicht zu verwechseln mit Annes Mitbewohner Peter van Daan; *red.*

war noch nicht alles, der Traum setzte sich fort. Mit einem Mal trafen Peters Augen die meinen, und ich blickte lange in diese schönen, samtbraunen Augen. Dann sagte er sehr leise: »Hätte ich das gewusst, dann wäre ich schon viel früher zu dir gekommen.« Schnell drehte ich mich weg, denn ich war heftig gerührt. Und dann fühlte ich eine weiche, kühlende und ach, so wohltuende Wange an der meinen, und alles war gut, so gut ...

An dieser Stelle wachte ich auf, während ich noch seine Wange an der meinen fühlte und seine braunen Augen tief in mein Herz blickten, so tief, dass er darin lesen konnte, wie sehr ich ihn geliebt habe und immer noch liebe. Wieder kamen mir Tränen in die Augen, und ich war so traurig, weil ich ihn wieder verloren hatte, aber gleichzeitig doch froh, weil ich wusste, dass Peter noch immer mein Auserwählter ist.

Seltsam, dass ich hier oft so deutliche Traumbilder habe. Zuerst sah ich eines Nachts Omi so deutlich, dass mir ihre Haut wie aus dickem, weichem Faltensamt vorkam. Dann erschien mir Oma als Schutzengel *[Omi ist die Großmutter mütterlicherseits, Oma die Mutter des Vaters; red..]*, danach Hanneli, die für mich das Sinnbild des Elends meiner Freunde und aller Juden ist. Wenn ich also für sie bete, bete ich für alle Juden und alle armen Menschen. Und nun Peter, mein lieber Peter. Nie zuvor habe ich ihn so deutlich gesehen. Ich brauche kein Foto von ihm, ich sehe ihn so gut, so gut.

Freitag, 7. Januar 1944

Liebe Kitty!

Dummkopf, der ich bin! Ich habe gar nicht daran gedacht, dass ich dir die Geschichte meiner großen Lieben noch nie erzählt habe. Als ich noch sehr klein war, noch im Kindergarten, hatte Sally Kimmel mein Interesse geweckt. Er hatte keinen Vater mehr und wohnte mit seiner Mutter bei einer Tante. Ein Cousin von Sally, Appy, war ein hübscher, schlanker, dunkler Junge, der später aussah wie ein Filmstar und der meine Bewunderung immer mehr weckte als der kleine humorvolle Moppel Sally. Eine Weile machten wir viel gemeinsam, aber ansonsten blieb meine Liebe unerwidert, bis mir Peter über den Weg lief und ich von einer heftigen Kinderverliebtheit gepackt wurde. Er mochte mich genauso gern, und einen Sommer lang waren wir unzertrennlich. Ich sehe uns noch träumend Hand in Hand auf der Straße flanieren, er in einem weißen Baumwollanzug, ich in einem kurzen Sommerkleid. Am Ende der großen Ferien kam er in die erste Klasse der Oberschule, ich in die sechste Klasse der Primarschule. So holte er mich von der Schule ab, und umgekehrt holte ich ihn ab.

Peter war ein Bild von einem Jungen, groß, hübsch, schlank, mit einem ernsten, ruhigen und intelligenten Gesicht. Er hatte dunkles Haar und wunderschöne braune Augen, rotbraune Backen und eine spitze Nase. Besonders verrückt war ich nach seinem Lachen, das machte ihn so lausbubenhaft und frech. In den großen Ferien war ich weg, und als ich zurückkam, fand ich Peter nicht mehr an seiner alten Adresse. Er war inzwischen umgezogen und wohnte mit einem sehr viel älteren Jungen zusammen. Der wies ihn anscheinend darauf hin, dass ich noch ein kindischer Knirps war, und Peter verließ mich. Ich liebte ihn so sehr, dass ich das nicht wahrhaben wollte, bis mir schließlich bewusst wurde, dass ich als mannstoll gelten würde, wenn ich ihm noch länger hinterher liefe.

Die Jahre vergingen, Peter verkehrte mit Mädchen seines eigenen Alters und dachte nicht mehr daran, mich zu grüßen. Ich kam ins Jüdische Lyzeum, und viele Jungs aus meiner Klasse verliebten sich in mich. Ich fand das schön, fühlte mich geschmeichelt, aber es kümmerte mich nicht weiter. Noch später war Hello ganz verrückt nach mir, aber wie gesagt, verliebt habe ich mich nie mehr

Es gibt ein Sprichwort: »Die Zeit heilt alle Wunden.« So war das auch bei mir. Ich bildete mir ein, ich hätte Peter vergessen und würde ihn überhaupt nicht mehr nett finden. Die Erinnerung an ihn lebte aber so deutlich fort, dass ich mir manchmal eingestehen musste, dass ich eifersüchtig auf die anderen Mädchen war und dass dies der Grund war, warum ich ihn nicht mehr nett fand.

Heute Morgen war mir klar, dass sich nichts geändert hat. Im Gegenteil, während ich älter und reifer wurde, wuchs meine Liebe weiter in mir. Heute kann ich verstehen, dass Peter mich damals zu kindisch fand, und doch schmerzte es, dass er mich so schnell vergessen hatte. Ich habe sein Gesicht so klar vor mir gesehen und weiß jetzt, dass niemand anderes so fest in mir verhaftet bleiben kann.

Den ganzen Tag über bin ich völlig verwirrt. Als mir Vater morgens einen Kuss gab, hätte ich am liebsten gerufen: »Oh, wärst du bloß Peter!« Ständig denke ich an ihn und wiederhole den ganzen Tag heimlich für mich: »O Petel, lieber, lieber Petel ...«

Was kann mir helfen? Ich muss einfach weiterleben und Gott bitten, dass er mir, wenn ich hier rauskomme, Peter meinen Weg kreuzen lässt und er in meinen Augen meine Gefühle liest und sagt: »O Anne, hätte ich das gewusst, wäre ich schon längst zu dir gekommen.«

Vater sagte einmal, als wir über Sexualität sprachen, zu mir, ich könne dieses Verlangen noch nicht verstehen. Mir war aber immer klar, dass ich es verstand, und nun verstehe ich es ganz. Nichts ist mir so teuer wie er, mein Petel.

Ich sah im Spiegel mein Gesicht, und es sieht so anders aus als sonst. Meine Augen sind klar und tief, meine Wangen sind rosig gefärbt wie seit Wochen nicht, mein Mund ist viel weicher. Es sieht aus, als wäre ich glücklich, und doch ist so etwas Trauriges in meinem Ausdruck, das Lächeln verschwindet gleich wieder von den Lippen. Glücklich bin ich nicht, denn ich kann mir denken, dass Petels

Gedanken nicht bei mir sind. Und doch, ich fühle immer wieder seine Augen auf mich gerichtet und seine kühle, weiche Wange an meiner ...

O Petel, Petel, wie reiße ich mich nur wieder von deinem Bild los? Ist jeder andere an deiner Stelle nicht ein armseliger Ersatz? Ich liebe dich so sehr, dass sich die Liebe nicht länger in meinem Herzen verbergen kann, sondern zum Vorschein kommt und sich mir plötzlich in so gewaltigem Umfang offenbart.

Noch vor einer Woche, noch vor einem Tag, hätte ich, wenn mir jemand die Frage gestellt hätte: ›Welchen von deinen Bekannten findest du am besten geeignet, um ihn zu heiraten?‹, geantwortet: »Sally, denn bei ihm fühle ich mich gut, ruhig und sicher.« Jetzt würde ich ausrufen: »Petel, denn er ist es, den ich mit meinem ganzen Herzen, mit meiner ganzen Seele in vollkommener Hingabe liebe!« Bloß eins: Er darf mich nur im Gesicht berühren, weiter nichts.

In Gedanken saß ich heute Morgen mit Petel auf dem vorderen Dachboden, auf dem Holzstapel vor dem Fenster, und nachdem wir uns ein wenig unterhalten hatten, fingen wir beide an zu weinen. Und später fühlte ich seinen Mund und seine herrliche Wange! O Petel, komm zu mir, sei in Gedanken bei mir, mein lieber Petel!

Mittwoch, 12. Januar 1944

Liebe Kitty!

Seit vierzehn Tagen ist Bep nun wieder bei uns, obwohl ihre Schwester erst nächste Woche wieder zur Schule darf. Sie selbst lag zwei Tage mit einer starken Erkältung im Bett. Auch Miep und Jan waren zwei Tage nicht hier, sie hatten sich den Magen verdorben.

Ich habe zur Zeit Tanz- und Ballettanwandlungen und übe jeden Abend eifrig. Aus einem blasslila Spitzenunterrock von Mansa habe ich mir ein supermodernes Tanzkleid gemacht. Oben ist ein Band durchgezogen, das über der Brust schließt, und eine Schleife aus rosa gerippter Seide vollendet das Ganze. Allerdings habe ich vergeblich versucht, meine Turnschuhe in Ballettschuhe zu verwandeln. Meine starren Gliedmaßen sind auf gutem Weg, wieder so geschmeidig zu werden wie ehedem. Eine prima Übung ist: Auf dem Boden sitzen, mit jeder Hand eine Ferse greifen und dann die Beine hochziehen. Ich brauche aber ein Kissen als Unterlage, sonst wird mein armes Steißbein arg gequält.

Die anderen lesen hier ein Buch, das »Wolkenloser Morgen« heißt. Mutter fand es über die Maßen gut, weil es viele Probleme Jugendlicher beschreibt. Ich konnte mir dabei nur ironisch denken: »Kümmere du dich erst mal um deine eigenen Jugendlichen!«

Ich glaube, Mutter meint, Margot und ich würden das beste Verhältnis zu unseren Eltern haben, das man sich nur vorstellen kann, und dass sich kein

Mensch intensiver mit dem Leben seiner Kinder beschäftigen würde, als sie das tut. Dabei hat sie bestimmt nur Margot im Auge, denn vermutlich hat die solche Probleme und Gedanken wie ich überhaupt nicht. Ich will Mutter gar nicht ahnen lassen, dass es in einem ihrer Sprösslinge ganz anders aussieht, als sie sich das einbildet. Sie wäre völlig baff und hätte doch keine Ahnung, wie sie die Sache anders anpacken sollte. Den Kummer, der für sie daraus erwachsen würde, will ich ihr ersparen, vor allem weil ich weiß, dass es für mich überhaupt nichts ändern würde. Mutter spürt wohl, dass Margot sie viel lieber hat als ich, aber sie denkt, das wäre nur vorübergehend.

Margot ist so lieb geworden, sie kommt mir jetzt ganz anders vor als früher. Sie ist bei weitem nicht mehr so schnippisch und wird nun zu einer richtigen Freundin. Sie sieht nicht mehr den kleinen Knirps in mir, den man links liegen lassen kann.

Es ist ein merkwürdiges Phänomen, dass ich mich manchmal wie mit den Augen eines anderen betrachte. Ich inspiziere die Angelegenheiten einer gewissen Anne Frank, und blättere seelenruhig in meinem eigenen Lebensbuch, als würde es einer Fremden gehören.

Früher, zu Hause, als ich noch nicht so viel grübelte, hatte ich manchmal das Gefühl, ich würde gar nicht zu Mansa, Pim und Margot gehören und für immer eine Außenseiterin bleiben. Dann spielte ich vielleicht manchmal für ein halbes Jahr die Rolle eines Waisenkindes, bis ich mich selbst beschuldigte, nur durch eigene Schuld die Leidende zu spielen, obwohl ich es doch immer so gut hatte. Darauf folgte eine Phase, in der ich mich zwang, freundlich zu sein. Jeden Morgen, wenn jemand die Treppe herunterkam, hoffte ich, dass es Mutter sein würde, um mir Guten Morgen zu sagen. Ich begrüßte sie ganz lieb, weil ich mich ehrlich darüber freute, dass sie mich so lieb anschaute. Dann schnauzte sie mich wegen irgendeiner Sache an, und ich ging ganz entmutigt zur Schule. Auf dem Heimweg verzieh ich ihr dann, dachte, dass sie Sorgen hatte, kam fröhlich zu Hause an und redete drauflos, bis das Gleiche wie morgens passierte und ich mit einem zerknirschten Gesicht wieder ging. Ab und zu nahm ich mir auch vor, böse zu bleiben. Aber aus der Schule heimgekommen, hatte ich so viel zu erzählen, dass ich meinen Vorsatz schon längst vergessen hatte und Mutter auf jeden Fall ein offenes Ohr für meine Erlebnisse haben musste. Das alles, bis die Zeit kam, wo ich morgens nicht mehr auf ihre Schritte auf der Treppe lauschte, mich einsam fühlte und abends mein Kissen mit Tränen füllte.

Hier ist alles noch viel übler geworden, das weißt du ja. Aber jetzt hat Gott mir einen Trost geschickt: Peter *[Peter Schiff; red.]* Ich greife schnell zu meinem Anhänger, drücke einen Kuss darauf und denke: »Was geht mich der ganze Kram an! Petel gehört zu mir, und niemand weiß davon!« Auf diese Art kann ich jedes Anschnauzen verkraften. Wer hier wohl ahnt, was alles in einer Backfischseele vorgehen kann?

Samstag, 15. Januar 1944

Liebste Kitty!
Es hat keinen Sinn, dass ich dir immer aufs Neue unsere Streitereien und Auseinandersetzungen bis in die kleinsten Einzelheiten beschreibe.

Es reicht, wenn ich dir erzähle, dass wir jetzt viele Dinge wie Fett und Fleisch aufgeteilt haben und unsere eigenen Bratkartoffeln machen. Seit einiger Zeit essen wir etwas Roggenbrot zwischendurch, weil wir um vier Uhr schon sehnsüchtig auf das Essen warten und unsere knurrenden Mägen es kaum aushalten.

Mutters Geburtstag naht. Sie hat von Kugler außer der Reihe Zucker bekommen, ein guter Grund zur Eifersucht, weil es zu Frau van Daans Geburtstag keine solche Ration gegeben hatte. Aber was bringt es, dich weiter mit harschen Worten, Heul-Eruptionen und giftigen Auseinandersetzungen zu langweilen. Du kannst dir ja denken, dass uns das alles noch mehr auf die Nerven geht!

Mutter hat den bis auf weiteres unstillbaren Wunsch geäußert, Herrn van Daans Gesicht einmal vierzehn Tage lang nicht sehen zu müssen. Ich überlege, ob man mit allen Menschen, mit denen man so lange zusammengepfercht ist, auf die Dauer Streit bekommt. Oder haben wir vielleicht nur großes Pech? Wenn sich Dussel am Tisch von einer halben Schüssel Soße ein Viertel für sich nimmt und ungerührt alle anderen ihr Essen ohne Soße verspeisen lässt, dann wird mir übel. Dann würde ich am liebsten aufspringen, ihn vom Stuhl schmeißen und aus der Tür kicken.

Sind denn die Menschen so egoistisch und knauserig? Es ist wohl ganz gut, dass ich hier ein bisschen Menschenkenntnis bekommen habe, aber nun reicht es! Peter sagt das auch.

Dem Krieg sind unsere Streitereien egal, und unsere Sehnsucht nach Luft und Freiheit, also müssen wir versuchen, das Beste aus der Zeit hier zu machen.

Ich lamentiere, aber ich glaube, wenn wir noch lange hier bleiben, werde ich zur ausgedörrten Bohnenstange. Dabei wäre ich so gerne noch ein richtiger Backfisch!

Deine Anne

Mittwochabend, 19. Januar 1944

Liebe Kitty!
Ich (ich zuerst – schon wieder dieser Fehler!) weiß nicht, was genau es ist, aber ich spüre immer wieder, dass ich nach meinem Traum verändert bin. Übrigens, heute Nacht habe ich wieder von Peter geträumt und sah seine tiefgründigen Augen, aber dieser Traum war nicht so beglückend und auch nicht so deutlich wie der vorige.

Du weißt, dass ich früher, was Vater betraf, immer eifersüchtig auf Margot war. Das ist passé. Es schmerzt zwar noch, wenn Vater nervös ist und mich ungerecht behandelt, aber ich denke: »Eigentlich kann ich es euch nicht verdenken, dass ihr so seid. Ihr redet zwar viel über die Gedanken von Kindern und Heranwachsenden, aber ihr habt gar keine Ahnung.« Ich brauche mehr als Vaters Küsse, mehr als seine Liebkosungen. – Bin ich nicht schlimm, dass ich mich immer mit mir selbst beschäftige? Muss ich, die ich nett und brav sein will, ihnen nicht zuerst einmal verzeihen? Ich habe Nachsicht mit Mutter, ja; aber ich kann mich kaum beherrschen, wenn sie immer so sarkastisch ist und mich auslacht.

Ich weiß, ich bin noch lange nicht so, wie ich sein will. Werde ich jemals so werden?

Anne Frank

P. S. Vater fragte, ob ich dir von der Torte erzählt habe. Mutter hat nämlich an ihrem Geburtstag eine echte ›Vorkriegstorte‹ vom Büro bekommen, mit Mokkafüllung. Sie war wirklich einmalig. Aber ich habe im Augenblick für solche Sachen so wenig Platz in meinen Gedanken.

Samstag, 22. Januar 1944

Liebe Kitty!

Bitte erkläre mir doch, wie es kommt, dass alle Menschen ihr Inneres so gut verstecken? Wie kommt es, dass ich mich in Gesellschaft immer völlig anders verhalte, als ich eigentlich sollte? Warum vertraut der eine dem anderen so wenig? Ich weiß, es wird Gründe dafür geben, aber manchmal finde ich es sehr schlimm, dass man nirgends, selbst nicht bei den Menschen, die einem am nächsten stehen, ein wenig Vertrautheit findet.

Es kommt mir so vor, als wäre ich seit meinem Traum reifer geworden, eine eigenständigere Person. Du wirst dich auch wundern, wenn ich dir sage, dass jetzt sogar die van Daans bei mir eine andere Stellung einnehmen. Ich sehe auf einmal all die Diskussionen und das alles nicht mehr von unserem subjektiven Standpunkt aus.

Warum bin ich jetzt so anders? Ja, siehst du, ich dachte plötzlich darüber nach, dass die Beziehung zwischen mir und Mutter ganz anders laufen würde, wenn sie eine richtige Mams wäre. Natürlich stimmt es, dass Frau van Daan das Gegenteil eines feinen Menschen ist. Trotzdem glaube ich, dass die Hälfte aller Streitereien gar nicht passieren würde, wenn Mutter im Umgang und bei jeder Diskussion nicht so unmöglich wäre. Frau van Daan hat nämlich eine Sonnenseite, und zwar, dass man mit ihr reden kann. Trotz allem Egoismus, aller Raffgier und Rückständigkeit kann man sie doch leicht zum Nachgeben bringen, wenn man sie nicht reizt und dadurch erst widerborstig macht. Auf Dauer funktioniert dieses Mittel zwar nicht, aber mit Geduld kann man immer wieder probieren, wie weit man damit kommt.

All die Diskussionen über unsere Erziehung, das Kinder-Verwöhnen, das Essen, alles, alles, alles hätte anders verlaufen können, wenn man offen und freundschaftlich geblieben wäre und nicht immer nur die schlechten Seiten gesehen hätte. Ich weiß genau, was du jetzt sagen willst, Kitty: »Aber Anne, kommen diese Worte wirklich von dir? Von dir, die sich so viele rüde Beschimpfungen von oben *[gemeint ist das obere Stockwerk, wo die van Daans wohnten; red.]* anhören musste? Von dir, die all das Unrecht ausbaden muss, das geschehen ist?«

Ja, sie kommen von mir. Ich möchte alles neu ordnen und dabei nicht nach dem Sprichwort handeln: »Wie die Alten sungen, so zwitschern auch die Jungen.« Ich will die van Daans beobachten und herausfinden, was wahr und was übertrieben ist. Wenn ich dann enttäuscht werde, kann ich ja wieder mit Vater und Mutter an einem Strick ziehen. Und wenn nicht, ja, dann werde ich versuchen, sie von ihren Vorurteilen abzubringen. Wenn mir das nicht gelingt, werde ich trotzdem an meiner eigenen Meinung und meinem Urteil festhalten. Ich werde jetzt jede Gelegenheit nutzen, um offen mit Frau van Daan über viele Streitpunkte zu sprechen, und keine Angst haben, unvoreingenommen meine Meinung zu sagen, auch wenn sie mich für siebengescheit hält.

Was meine eigene Familie in Mitleidenschaft zieht, das muss ich wohl raushalten, aber ab heute gehört Tratschen, von meiner Seite aus der Vergangenheit an; obwohl das nicht bedeutet, dass ich aufhöre sie zu verteidigen, gegen wen auch immer.

Bisher glaubte ich felsenfest, dass alle Streitereien auf die Rechnung der van Daans gehen, aber vieles lag sicher auch an uns. Wir hatten schon Recht was die Gesprächsthemen anging, aber von vernünftigen Menschen (zu denen wir uns rechnen!) sollte man doch etwas mehr Einfühlungsvermögen beim Umgang mit anderen Menschen erwarten.

Ich hoffe, dass ich ein Tüpfelchen von dieser Einsicht bekommen habe und die Gelegenheit finden werde, sie gut anzuwenden.

Deine Anne

Montag, 24. Januar 1944

Liebe Kitty!

Mir ist etwas passiert (oder eigentlich kann man von passieren nicht sprechen), was mir selbst ganz verrückt vorkommt. Früher wurde zu Hause und in der Schule über Geschlechtsfragen entweder geheimnisvoll oder unappetitlich gesprochen. Worte, die damit zu tun haben, wurden geflüstert, und wenn jemand unwissend war, wurde er ausgelacht. Ich fand das merkwürdig und dachte oft: »Warum macht man um diese Dinge immer so ein Geheimnis, oder spricht hässlich darüber?« Aber weil ich doch nichts dagegen tun konnte, hielt ich so gut es ging den Mund oder bat meine Freundinnen um Auskunft. Als ich über so einiges Bescheid wusste, sagte Mutter einmal: »Anne, ich gebe dir einen guten Rat: Rede über dieses Thema nie mit Jungs, und wenn sie damit anfangen, antworte ihnen nicht.«

Ich erinnere mich an meine Antwort noch ganz genau, ich sagte: »Nein, natürlich nicht, was denkst du!« Und dabei ist es geblieben. In der ersten Zeit im Versteck sprach Vater häufig von Dingen, die ich lieber von Mutter gehört hätte, und den Rest holte ich mir aus Büchern oder Gesprächen.

Peter van Daan war in dieser Hinsicht nie so unangenehm wie die Jungs in der Schule, zu Beginn vielleicht schon mal, aber nie, um mich zu reizen. Frau van Daan hat einmal erwähnt, dass sie mit Peter nie über diese Dinge gesprochen habe und ihr Mann auch nicht. Offensichtlich wusste sie nicht einmal, was Peter schon wusste, und was nicht..

Gestern nun, als Margot, Peter und ich Kartoffeln schälten, kam das Gespräch auf Moffi, die Katze. »Wir wissen noch immer nicht, welches Geschlecht Moffi hat, gell?«, fragte ich. »Doch, schon«, antwortete Peter. »Es ist ein Kater.« Ich lachte los. »Ein schöner Kater, der in anderen Umständen ist.«

Peter und Margot lachten mit. Vor zwei Monaten hatte Peter nämlich gemeint, es würde nicht mehr lange dauern und Moffi bekäme Junge, ihr Bauch wäre so erstaunlich dick. Der dicke Bauch kam aber, wie sich zeigte, von den vielen stibitzten Leckerbissen, denn die Kinderchen wuchsen nicht heran, geschweige denn, dass sie geboren wurden.

Peter musste sich nun rechtfertigen. »Du kannst selbst mitkommen und ihn begutachten. Als ich einmal mit ihm gebalgt habe, habe ich ganz genau gesehen, dass er ein Kater ist.«

Ich konnte meine Neugierde nicht zurückhalten und ging mit in den Lagerraum. Moffi hatte jedoch keine Sprechstunde und war nirgends zu finden. Wir warteten eine Weile, fingen an zu frieren und stiegen wieder die Treppe hinauf.

Später am Nachmittag hörte ich, dass Peter wieder hinunterging. Ich sammelte meinen Mut und ging allein durch das stille Haus hinunter ins Lager. Peter spielte mit Moffi auf dem Packtisch und wollte ihn gerade auf die Waage setzen, um sein Gewicht zu kontrollieren.

»Na, willst du mal sehen?« Er machte keine großen Umstände, hob das Tier hoch, drehte es auf den Rücken, hielt geschickt Kopf und Pfoten fest, und begann mit dem Unterricht. »Das ist das männliche Geschlechtsteil, das sind ein paar einzelne Härchen, und das ist der Hintern.«

Die Katze machte schnell eine halbe Umdrehung und stand wieder auf ihren weißen Söckchen.

Von jedem anderen Jungen, der mir so »das männliche Geschlechtsteil« gezeigt hätte, hätte ich nichts mehr wissen wollen. Aber Peter sprach ganz nüchtern über das sonst so peinliche Thema und hatte gar keine Hintergedanken, sodass ich schließlich auch ruhig und ganz sachlich wurde. Wir spielten mit Moffi, amüsierten uns, tratschten miteinander und gingen schließlich durch das Lager zur Tür.

»Warst du dabei, als Mouschi kastriert wurde?«, fragte ich.

»Ja, sicher, das geht ganz schnell. Dabei wird das Tier natürlich betäubt.«

»Holen sie da was raus?«

»Nein, der Doktor knipst einfach den Samenleiter durch. Von außen ist da nichts zu sehen.«

Ich sammelte Mut, denn so einfach bin ich nicht zufrieden zu stellen. »Peter, Geschlechtsteile haben doch bei Männchen und Weibchen unterschiedliche Namen.«

»Ja, weiß ich.«

»Bei Weibchen heißt es Vagina, soviel ich weiß, bei Männchen hab ich es vergessen.«

»Ja.«

»Ach ja«, sagte ich wieder. »Woher soll man diese Worte auch kennen, meist stößt man durch Zufall darauf.«

»Wieso? Ich kann oben fragen. Meine Eltern wissen das besser als ich und haben auch mehr Erfahrung.«

Wir standen schon auf der Treppe, und ich hörte auf zu reden. Ja, wirklich, mit einem Mädchen hatte ich noch nie so unbefangen darüber gesprochen. Ich bin mir auch sicher, dass Mutter nicht so ein Gespräch gemeint hat, als sie mich vor den Jungs warnte.

Trotzdem war ich den ganzen Tag lang ein bisschen verwirrt, wenn ich an unser Gespräch zurückdachte, es erschien mir doch seltsam. Aber in einem Punkt bin ich wenigstens schlauer geworden: Es gibt auch Teenager, sogar vom anderen Geschlecht, die ungezwungen und ohne Witzchen darüber reden können.

Ob Peter tatsächlich seine Eltern befragt? Ist er wirklich so, wie er sich gestern gezeigt hat? Ach – was weiß ich davon?!!!

Deine Anne

Freitag, 28. Januar 1944

Liebe Kitty!

In der letzten Zeit habe ich ein großes Interesse für Stammbäume und genealogische Tabellen von königlichen Häusern. Hat man einmal mit dem Suchen angefangen, muss man immer weiter in der Vergangenheit graben und macht immer interessantere Entdeckungen.

Obwohl ich ganz besonders eifrig bin, was meine Lernfächer angeht, und schon ziemlich gut den Home-Service vom englischen Sender verstehen kann, verbringe ich doch viele Sonntage mit dem Ausschneiden und Sortieren meiner großen Filmstar-Sammlung, die einen respektablen Umfang angenommen hat. Herr Kugler macht mir jeden Montag die Freude, mir die »Cinema & Theater« mitzubringen. Obwohl das von den weniger mondänen Hausgenossen oft als Geldverschwendung gebrandmarkt wird, sind sie dann jedes Mal wieder erstaunt über die Genauigkeit, mit der ich nach einem Jahr noch präzise Auskunft über die Mitwirkenden eines bestimmten Films geben kann. Bep, die häufig an ihren freien Tagen mit ihrem Freund ins Kino geht, sagt mir samstags den Titel des geplanten Films, und ich rassle ihr sowohl die Hauptdarsteller als auch die Kritiken herunter. Es ist gar nicht lange her, da sagte Mans, ich bräuchte später überhaupt nicht ins Kino zu gehen, weil ich Inhalt, Besetzung und Kritiken bereits im Kopf hätte.

Wenn ich ab und zu mit einer neuen Frisur angeflogen komme, schauen mich alle missbilligend an, und sicher fragt dann einer, den Kopf welchen Filmstars denn diese Frisur wohl zieren würde. Wenn ich antworte, dass sie eine eigene Kreation ist, glauben sie mir nicht so wirklich. Was die Frisur betrifft, die habe ich dann nicht länger als eine halbe Stunde, dann bin ich die negativen Kommentare so leid, dass ich ins Badezimmer renne und schnell meine normale Lockenfrisur wieder herstelle.

Deine Anne

Freitag, 28. Januar 1944

Liebe Kitty!

Heute Morgen habe ich mich gefragt, ob du dich nicht fühlen musst wie eine Kuh, die alle alten Geschichten immer wiederkauen muss und, von dem monotonen Futter gelangweilt, zu gähnen beginnt und sich heimlich wünscht, Anne würde mal was Neues erzählen. Leider, ich weiß es, ist das Alte langweilig für dich, aber denk dir, wie gelangweilt ich von den alten, immer wieder aufgewärmten Geschichten schon bin. Geht es bei einem Tischgespräch mal nicht um Politik oder herrliche Mahlzeiten, dann kommen Mutter oder Frau van Daan nur wieder mit längst schon erzählten Geschichten aus ihrer Jugendzeit daher. Oder Dussel schwafelt über den prall gefüllten Kleiderschrank seiner Frau, über schöne Rennpferde, undichte Ruderboote, von Jungs, die mit vier Jahren schon schwimmen können, von Muskelkater und von furchtsamen Patienten. Beginnt einer der acht zu erzählen, können die anderen sieben seine angefangene Geschichte schon fertig machen. Die Pointe eines jeden Witzes wissen wir im Voraus, und der Erzähler lacht alleine darüber. Die diversen Milchmänner, Lebensmittelhändler und Metzger der Ex-Hausfrauen sehen wir im Geiste schon mit einem Bart vor uns stehen, so oft sind sie bei Tisch in den Himmel gehoben oder fertig gemacht worden. Es ist unmöglich, dass etwas noch jung und frisch ist, wenn es im Hinterhaus zur Sprache kommt.

Das könnte man ja noch ertragen, wenn die Erwachsenen nicht die Marotte hätten, Geschichten, die Kleiman, Jan oder Miep zum Besten gaben, zehnmal nachzuerzählen und sie jedes Mal mit eigenen Erfindungen auszumalen, sodass ich mich oft unterm Tisch in den Arm kneifen muss, um mich davon abzuhalten, dem begeisterten Erzähler den richtigen Weg zu weisen. Kleine Kinder wie Anne dürfen Erwachsene ja keinesfalls verbessern, egal, welche Schnitzer sie auch machen oder welche Unwahrheiten oder Erfindungen sie sich aus den Fingern saugen.

Ein Thema, das Kleiman und Jan oft besprechen, ist Verstecken oder Untertauchen. Sie wissen, dass wir mitleiden, wenn Versteckte gefangen werden, ebenso wie wir uns mitfreuen, wenn Gefangene befreit werden.

Untertauchen und Verstecken sind jetzt so normale Begriffe wie früher Papas Pantoffeln, die vor dem Ofen zu stehen hatten. Es gibt viele Organisationen wie »Freie Niederlande«. Sie fälschen Personalausweise, helfen Untergetauchten mit Geld, organisieren Verstecke, beschaffen untergetauchten christlichen jungen Männern Arbeit, und es ist bewundernswert, wie oft, wie nobel und wie uneigennützig solche Arbeit verrichtet wird und wie diese Leute unter Einsatz ihres Lebens anderen helfen und andere retten.

Das beste Beispiel dafür sind ja auch unsere Helfer, die uns bis jetzt durchgebracht haben und uns hoffentlich noch ans rettende Ufer bringen werden. Sonst müssen auch sie das Schicksal all derer teilen, die verfolgt werden. Nie haben wir ein einziges Wort von ihnen gehört, das darauf hinweist, welche Last wir doch sicher für sie sind. Niemals klagt einer, dass wir ihnen zu viel zumuten. Jeden Tag kommen sie herauf, sprechen mit den Herren über Politik und Geschäft, mit den Damen über Essen und die Beschwerden der Kriegszeit, mit den Kindern über Bücher und Zeitungen. Sie machen, so gut es geht, ein fröhliches Gesicht, bringen Blumen und Geschenke zu Geburts- und Festtagen, und stehen uns immer und überall zur Seite. Das ist etwas, was wir nie vergessen dürfen. Andere zeigen Heldenmut im Krieg oder gegenüber den Deutschen, aber unsere Helfer beweisen ihren Heldenmut in ihrer Fröhlichkeit und Zuwendung.

Die verrücktesten Geschichten machen die Runde, und die meisten sind wirklich geschehen. Kleiman erzählte zum Beispiel diese Woche, in Gelderland hätten zwei Fußballmannschaften gegeneinander gespielt, von denen die eine ausschließlich aus Untergetauchten bestand, die andere aus Feldjägern. In Hilversum werden neue Stammkarten[10] ausgeteilt. Damit die vielen Versteckten auch welche erhalten (denn Lebensmittelkarten kann man ausschließlich auf Stammkarten oder für 60 Gulden je Stück bekommen), haben Beamte der Zuteilungsstelle alle Untergetauchten aus der Umgebung zu einer bestimmten Zeit einbestellt, um ihre Ausweise abzuholen.

Man muss aber sehr vorsichtig sein, dass die Moffen *[Mof, plural Moffen: abwertender Name für Deutsche; red.]* von solchen Kunststückchen nicht mitbekommen.

Deine Anne

Sonntag, 30. Januar 1944

Liebste Kit!

Wir sind wieder an einem Sonntag angelangt. Sonntage erscheinen mir zwar nicht mehr so schlimm wie früher, aber immer noch langweilig genug.

Im Lagerraum bin ich noch nicht gewesen, vielleicht klappt es später.

Ganz im Dunkeln bin ich gestern allein hinuntergegangen. Ich stand oben an der Treppe, deutsche Flugzeuge zogen ihre Kreise, und ich wusste, dass ich ein Mensch-für-mich-selbst bin, der nicht mit der Hilfe anderer rechnen kann. Meine Angst war weg. Ich blickte hinauf zum Himmel und vertraute auf Gott.

Ich habe ein schreckliches Bedürfnis, alleine zu sein. Vater merkt, dass ich verändert bin, aber ich kann ihm auch nichts erzählen. Am liebsten würde ich immer nur sagen: »Lass mich in Ruhe, lass mich allein!«

Wer weiß, vielleicht werde ich irgendwann mehr allein gelassen, als mir lieb sein kann!

Anne Frank

Donnerstag, 3. Februar 1944

Liebe Kitty!

Die Invasionsstimmung im Land steigt mit jedem Tag. Wenn du hier wärst, würden all diesen Vorbereitungen dich sicher genauso beeindrucken wie mich, aber andererseits würdest du uns auch auslachen, weil wir so aufgeregt sind, und vielleicht vergebens!

---

[10] Gegen Vorlage einer personengebundenen ›Stammkarte‹ erhielten Niederländer im Krieg Marken für Lebensmittel und Kleidung; *red.*

Alle Zeitungen sind voll mit dem Thema Invasion. Sie machen die Leute ganz kirre, weil sie schreiben: »Falls die Engländer in den Niederlanden anlanden, werden die deutschen Besatzer alle Mittel einsetzen, das Land zu verteidigen, es notfalls sogar unter Wasser setzen.« Dazu druckte man Karten ab, in denen die Teile der Niederlande, die unter Wasser gesetzt werden können, schraffiert sind. Auch große Teile von Amsterdam gehören dazu, darum war die erste Frage, was zu tun ist, wenn das Wasser einen Meter hoch in den Straßen steht. Die unterschiedlichsten Antworten kamen von allen Seiten auf diese schwierige Frage.

»Weil Radfahren oder zu Fuß gehen unmöglich sind, werden wir eben durch das Wasser waten müssen, wenn es sich beruhigt hat.«

»Aber nein, man muss versuchen zu schwimmen. Wir ziehen uns alle eine Bademütze und einen Badeanzug an und schwimmen so weit wie möglich unter Wasser, dann kann niemand sehen, dass wir Juden sind.«

»Was für ein Geschwätz! Ich sehe die Damen schon schwimmen, während die Ratten sie in die Beine beißen!« (Das sagt natürlich ein Mann! Aber mal sehen, wer am lautesten schreit!)

»Wir werden gar nicht aus dem Haus kommen. Die Lagerräume sind so wacklig, die fallen bestimmt gleich zusammen, wenn das Wasser flutet.«

»Hört mal, Leute, Spaß beiseite. Wir müssen versuchen, ein kleines Boot aufzutreiben.«

»Das ist doch nicht nötig. Ich weiß was viel Besseres. Wir nehmen jeder eine Milchzuckerkiste vom vorderen Dachboden und rudern mit einem Kochlöffel.«

»Ich laufe auf Stelzen, das konnte ich in meiner Jugend primissima.«

»Jan Gies hat das nicht nötig. Der nimmt seine Frau auf den Rücken, das sind dann die Stelzen von Miep.«

Nun kannst du es dir ja schon so in etwa vorstellen, nicht wahr, Kitty? Dieses Gerede ist ja ganz lustig, aber die Wahrheit wird anders aussehen.

Die zweite Invasionsfrage konnte nicht ausbleiben: Was tun, wenn die Deutschen Amsterdam evakuieren?

»Mitgehen, uns so gut wie möglich vermummen.«

»Auf keinen Fall rausgehen! Das Einzige was wir tun können, ist hier bleiben. Die Deutschen sind im Stande, die ganze Bevölkerung immer weiterzutreiben, bis sie in Deutschland sterben.«

»Ja, natürlich, wir bleiben hier. Hier ist es am sichersten. Wir werden versuchen, Kleiman zu überreden, dass er seine Familie herbringt und auch hier wohnt. Wir werden uns einen Sack Holzwolle besorgen, dann können wir auf dem Fußboden schlafen. Miep und Kleiman sollen jetzt schon Decken besorgen. Wir werden zu unseren 60 Pfund noch Korn dazu bestellen. Jan soll versuchen, Hülsenfrüchte aufzutreiben. Wir haben jetzt ungefähr 60 Pfund Bohnen und 10 Pfund Erbsen im

Haus. Und vergesst die 50 Dosen Gemüse nicht.« »Mutter, zähl mal die anderen Dosen auf.«

»10 Dosen Fisch, 40 Dosen Milch, 10 Kilo Milchpulver, 3 Flaschen Öl, 4 Weckgläser Butter, 4 Weckgläser Fleisch, 2 Korbflaschen Erdbeeren, 2 Flaschen Himbeeren-Johannisbeeren, 20 Flaschen Tomaten, 10 Pfund Haferflocken, 8 Pfund Reis. Das ist alles.«

Unser Vorrat ist ganz erfreulich. Aber wenn man einrechnet, dass wir dann zusätzlich Besuch füttern müssen und es jede Woche weniger wird, dann scheint es mehr zu sein, als es ist. Kohlen und Brennholz sind genug im Haus, auch Kerzen.

»Wir wollen uns Brustbeutel nähen, um, wenn nötig, all unser Geld mitzunehmen.«

»Wir werden Listen schreiben, was bei einer Flucht mitgenommen werden muss, und schon jetzt Rucksäcke packen.«

»Wenn es soweit ist, stellen wir zwei Wachtposten auf, einen auf den vorderen und einen auf den hinteren Oberboden.«

»Sagt, was fangen wir mit so viel Nahrungsmitteln an, wenn wir kein Wasser, kein Gas und keinen Strom haben?«

»Dann müssen wir auf dem Ofen kochen. Wasser filtern und abkochen. Wir können große Korbflaschen säubern und Wasser darin aufheben. Außerdem haben wir als Wasserspeicher noch drei Weckkessel und eine Waschschüssel.«

»Es sind außerdem noch eineinhalb Zentner Winterkartoffeln im Gewürzraum.«

Dieses Gerede höre ich die ganze Zeit. Invasion vorne, Invasion hinten. Diskussionen über Hungern, Sterben, Bomben, Feuerlöscher, Schlafsäcke, Judenausweise, Giftgase und so weiter. Alles nicht gerade aufheiternd. Ein Beispiel für diese unumwundenen Warnungen unserer Herren ist das folgende Gespräch mit Jan:

Hinterhaus: »Wir fürchten, dass die Deutschen bei einem Rückzug die ganze Bevölkerung mitnehmen.«

Jan: »Das geht doch gar nicht. Dafür haben sie keine Züge.«

Hinterhaus: »Züge? Meinen Sie, dass sie die Zivilisten auch noch in Zügen befördern? Keine Rede! Schusters Rappen können sie benutzen.« (›Per pedes apostolorum‹, sagt Dussel immer.)

Jan: »Das denke ich nicht. Sie sehen alles durch eine viel zu düstere Brille. Was sollten die für ein Interesse daran haben, alle Zivilisten wegzutreiben?«

Hinterhaus: »Wissen Sie nicht, dass Goebbels sagte: Wenn wir abtreten müssen, schlagen wir in allen besetzten Gebieten die Tür hinter uns zu.«

Jan: »Die haben schon so viel gesagt.«

Hinterhaus: »Glauben Sie, dass die Deutschen für so eine Tat zu edel oder zu mitfühlend sind? Die überlegen sich: Wenn wir untergehen müssen, dann nehmen wir alle Menschen innerhalb unseres Machtbereichs mit in den Untergang.«

Jan: »Sie können viel erzählen, ich glaube kein Wort davon!«

Hinterhaus: »Es ist immer dasselbe Lied. Niemand will die Gefahr wahrhaben, bevor er sie nicht am eigenen Leib fühlt.«

Jan: »Sie wissen es doch auch nicht mit Bestimmtheit. Sie vermuten es auch nur.«

Hinterhaus: »Wir haben das alles doch selbst miterlebt, zuerst in Deutschland und jetzt hier. Und was geschieht in Russland?«

Jan: »Die Juden müssen Sie mal außen vor lassen. Ich bin der Meinung, dass kein Mensch weiß, was in Russland vor sich geht. Die Engländer und die Russen übertreiben vermutlich aus Propagandagründen, genau wie die Deutschen es tun.«

Hinterhaus: »Davon kann keine Rede sein. Der englische Sender hat immer die Wahrheit gesagt. Und selbst wenn die Berichte um zehn Prozent übertrieben sind, dann sind die Tatsachen noch schrecklich genug. Sie können nicht abstreiten, dass in Polen viele Millionen Menschen mir nichts, dir nichts hingemordet und vergast werden.«

Die weiteren Dispute erspare ich dir. Ich bin ruhig und lasse die ganze Aufregung links liegen. Ich bin jetzt so weit, dass es für mich keinen großen Unterschied mehr machen kann, ob ich sterbe oder am Leben bleibe. Die Welt wird sich auch ohne mich weiterdrehen, und ich kann mich doch nicht gegen die Ereignisse stemmen. Ich lasse es drauf ankommen und tue nichts weiter als lernen und auf ein glückliches Ende hoffen.

Deine Anne

Dienstag, 8. Februar 1944

Beste Kitty!

Wie ich mich fühle, kann ich dir gar nicht sagen. Im einen Augenblick sehne ich mich nach Ruhe, im anderen wieder nach etwas Fröhlichkeit. Lachen, so richtig lachen, bis man nicht mehr kann, sind wir hier nicht mehr gewöhnt. Aber heute Morgen hatte ich einen »Lachanfall«, du weißt schon, wie man ihn manchmal in der Schule hat. Margot und ich kicherten wie richtige Backfische.

Gestern Abend gab es wieder etwas mit Mutter. Margot rollte sich in ihre Wolldecke, sprang aber plötzlich wieder aus dem Bett und inspizierte die Decke. Da war eine Stecknadel drin. Mutter hatte einen Flicken in die Decke eingenäht. Vater schüttelte den Kopf und sprach über Mutters Schlampigkeit. Schon bald kam Mutter aus dem Badezimmer, und ich sagte spaßeshalber: »Du bist eine echte Rabenmutter!«

Natürlich fragte sie, warum, und wir sagten ihr das von der Stecknadel. Sie machte gleich ein hochmütiges Gesicht und meinte zu mir: »Ausgerechnet du musst über Schlamperei reden! Wenn du mal nähst, ist der ganze Boden mit Stecknadeln übersät. Und hier, sieh her, hier liegt wieder das Nageletui. Das räumst du auch nie auf.« Ich sagte, ich hätte es nicht benutzt, und Margot sprang mir zur Seite, denn sie war die Schuldige.

Mutter redete noch eine Zeit lang über Schlampigkeit auf mich ein, bis es mir wieder bis zum Kragen stand und ich ziemlich kurz angebunden sagte: »Ich habe doch gar nichts zum Thema Schlampigkeit gesagt! Immer muss ich es ausbaden, wenn ein anderer was macht.« Mutter schwieg. Und ich war gezwungen, ihr keine Minute später den Gutenacht-Kuss geben zu müssen. Der Vorfall ist vielleicht unwichtig, aber mich ärgert einfach alles.
Deine Anne

Samstag, 12. Februar 1944

Liebe Kitty!

Die Sonne strahlt, der Himmel ist tiefblau, es weht ein erfrischender Wind, und ich sehne mich so, sehne mich nach allem ... nach Reden, nach Freiheit, nach Freunden, nach Alleinsein. Ich sehne mich so ... nach Weinen! Ich fühle mich, als würde ich zerspringen, und ich weiß, dass es mit Weinen besser würde. Ich kann nicht. Ich bin unruhig, wandere von einem Zimmer ins andere, atme durch die Ritze eines geschlossenen Fensters, fühle mein Herz klopfen, als würde es flehen: »Erfülle doch endlich meine Sehnsucht.«

Ich glaube, dass ich den Frühling in mir fühle. Ich fühle das Frühlingserwachen, fühle es in Körper und Seele. Ich muss mich zwingen, mich normal zu verhalten. Ich bin völlig durcheinander, weiß nicht, was ich lesen, schreiben, tun soll, weiß nur, dass ich mich sehne ...
Deine Anne

Montag, 14. Februar 1944

Liebe Kitty!

Es hat sich viel verändert für mich. Das kam so: Ich sehnte mich (und ich sehne mich noch), doch ... ein klein wenig ist mir schon geholfen. Am Sonntagmorgen bemerkte ich schon (ehrlich gesagt, zu meiner großen Freude), dass Peter mich immerzu ansah. So ganz anders als sonst. Ich weiß nicht wieso, ich kann es nicht erklären, aber ich hatte plötzlich das Gefühl, dass er doch nicht so in Margot verliebt ist, wie ich dachte. Ich blickte ihn bewusst den ganzen Tag lang kaum an, denn immer wenn ich das doch tat, blickte er immer zurück. Und dann – ja dann, dann bekam ich so ein wohliges Gefühl, das ich wohl besser nicht zu oft bekommen sollte.

Sonntagabend saßen außer Pim und mir alle beim Radio, und lauschten der »unsterblichen Musik deutscher Meister«. Dussel drehte dauernd am Sender, Peter ärgerte sich darüber, die anderen auch. Nach einer halben Stunde unterdrückter Nervosität sagte ihm Peter einigermaßen gereizt, er möge mit dem Gedrehe aufhören. Dussel antwortete in seinem arroganten Ton: »Ich mache das schon richtig.« Peter wurde böse, wurde frech, Herr van Daan stimmte ihm zu, und Dussel musste klein beigeben. Das war alles.

Der Anlass war eigentlich nicht besonders wichtig, aber Peter hat sich die Sache scheinbar sehr zu Herzen genommen. Jedenfalls kam er heute Morgen – ich wühlte gerade in der Bücherkiste auf dem Dachboden herum –, zu mir und erzählte mir die Geschichte. Ich hatte noch nichts davon gewusst. Peter merkte, dass er eine aufmerksame Zuhörerin gefunden hatte, und kam in Schwung.

»Ja, siehst du«, sagte er, »ich sage nicht überstürzt etwas, denn ich weiß schon vorher, dass ich nichts richtig rauskriege. Ich stottere, laufe rot an und verdrehe die Worte, die ich sagen wollte, so lange, bis ich aufhören muss, weil ich die Worte nicht mehr finde.

Gestern war das auch so. Ich hatte etwas ganz anderes sagen wollen, aber als ich mal angefangen hatte, bin ich konfus geworden, und das ist schrecklich. Früher hatte ich eine schlechte Angewohnheit, und ich wünschte fast, ich hätte sie jetzt noch: Wenn ich wütend auf jemanden war, dann habe ich ihn lieber mit den Fäusten bearbeitet, als mit Worten mit ihm zu streiten. Aber es ist mir klar, dass ich mit dieser Methode nicht weit komme. Deshalb bewundere ich dich so. Du kannst dich wenigstens vernünftig ausdrücken, sagst den Leuten, was du zu sagen hast, und bist nicht im Geringsten schüchtern.«

»Da täuschst du dich sehr«, antwortete ich. »Meistens sage ich was ganz anderes, als ich mir vorgenommen hatte. Und dann rede ich viel zu viel und ohne Ende, das ist ein genauso schlimmer Fehler.«

»Kann sein. Aber dein Vorteil ist, dass man es dir nie ansieht, wenn du verlegen bist. Du bleibst in Farbe und Form gleich.« Im Stillen musste ich über diesen letzten Satz lachen. Ich wollte ihn jedoch ruhig weiter von sich selbst erzählen lassen, ließ mir nicht anmerken, dass ich amüsiert war, setzte mich auf ein Kissen am Boden, schlug die Arme um die angezogenen Beine und schaute ihn aufmerksam an.

Ich bin unheimlich froh, dass noch jemand im Haus ist, der genau solche Wutanfälle haben kann, wie ich. Peter tat es sichtbar gut, Dussel mit den schlimmsten Ausdrücken zu kritisieren, ohne Angst vorm Petzen haben zu müssen. Und ich, ich fand es auch schön, denn ich empfand ein starkes Gefühl von Gemeinschaft, so, wie ich es früher nur mit meinen Freundinnen hatte.

Deine Anne

Dienstag, 15. Februar 1944

Diese kleine Episode mit Dussel hatte noch ein Nachspiel, und zwar nur durch seine eigene Schuld: Am Montagabend war Dussel triumphierend zu Mutter gekommen und erzählte, dass Peter ihn am Morgen gefragt habe, ob er gut geschlafen hätte. Und er habe noch angemerkt, dass ihm die Angelegenheit vom Sonntag Leid tue und er seinen Ausbruch nicht bös gemeint habe. Daraufhin beruhigte ihn Dussel mit der Versicherung, er habe es auch nicht böse aufgefasst. Alles schien also in bester Ordnung. Mutter erzählte mir diese Geschichte, und ich war insgeheim verblüfft, dass Peter sich trotz seiner Erzählungen *[auf dem Dachboden; red.]* so erniedrigt hatte.

Ich konnte es dann auch nicht bleiben lassen, fragte Peter danach und erfuhr postwendend, dass Dussel gelogen hatte. Du hättest Peters Gesicht sehen sollen, man hätte es fotografieren müssen. Empörung wegen der Lüge, Zorn, Nachdenken, was er tun könnte, Unruhe und noch viel mehr erschienen mit kleinen Zwischenpausen nacheinander auf seinem Gesicht.

Abends hielten Herr van Daan und Peter dem Dussel eine gepfefferte Standpauke. Aber so schlimm scheint es nicht gewesen zu sein, denn Peter war heute in zahnärztlicher Behandlung *[bei Dussel; red.]*.

Eigentlich hatten sie nicht mehr miteinander sprechen wollen.

Mittwoch, 16. Februar 1944

Wir sprachen den ganzen Tag nicht miteinander, wechselten nur ein paar belanglose Worte. Es war zu kalt, um auf den Dachboden zu gehen, und außerdem hatte Margot Geburtstag. Um halb eins kam er, um die Geschenke anzuschauen, und blieb viel länger, als nötig gewesen wäre und als er es sonst je getan hätte. Aber nachmittags kam die Chance. Ich ging den Kaffee holen, weil ich Margot einmal im Jahr besonders verwöhnen wollte, und holte danach die Kartoffeln. Als ich in Peters Zimmer kam, räumte er sofort seine Papiere von der Treppe. Ich fragte, ob ich die Luke zum Dachboden zumachen solle.

»Ja«, antwortete er, »mach das. Wenn du zurückkommst, klopfst du einfach, und ich mach dir dann wieder auf.«

Ich sagte danke, ging hinauf und suchte ungefähr zehn Minuten lang die kleinsten Kartoffeln aus der großen Tonne. Dann tat mir der Rücken weh, und mir wurde kalt. Natürlich klopfte ich nicht, sondern öffnete selbst die Luke, aber er kam mir doch sehr eilfertig entgegen und nahm mir den Topf ab.

»Ich habe lange gekramt, aber kleinere konnte ich nicht finden.«
»Hast du in der großen Tonne nachgesehen?«
»Ja, ich habe alles mit den Händen umgewühlt.«

Inzwischen stand ich unten an der Treppe, und er lugte prüfend in den Topf, den er noch in Händen hielt. »Aber die sind doch prima«, sagte er und als ich den Topf wieder nahm, fügte er hinzu: »Mein Kompliment!« Dabei sah er mich mit einem so warmen, sanften Blick an, dass mir auch ganz warm und weich von innen wurde. Ich spürte richtig, dass er mir eine Freude machen wollte, und weil große Lobreden nicht seine Sache sind, legte er seine Gedanken in seinen Blick. Ich verstand ihn gut und war ihm schrecklich dankbar. Ich bin jetzt immer noch froh, wenn ich an seine Worte und den Blick denke!

Als ich runterkam, sagte Mutter, dass man noch mehr Kartoffeln holen müsse, diesmal für das Abendessen. Ich bot bereitwillig an, noch einmal nach oben zu gehen. Als ich in Peters Zimmer kam, entschuldigte ich mich für die neuerliche Störung. Er stand auf, stellte sich zwischen Treppe und Wand, hielt meinen Arm fest, als ich schon auf der Treppe stand, und wollte mich zurückhalten.

»Ich gehe schon«, sagte er, »ich muss sowieso hinauf.«

Aber ich antwortete, das sei wirklich nicht nötig, und diesmal bräuchte ich keine kleinen Kartoffeln zu holen. Damit fand er sich ab und ließ meinen Arm los. Als ich zurückkam, öffnete er die Luke für mich und nahm mir wieder den Topf ab. An der Tür fragte ich noch: »Was machst du gerade?«

»Französisch«, war die Antwort.

Ich fragte, ob ich mir die Aufgaben mal anschauen dürfe, wusch mir die Hände und setzte mich ihm gegenüber auf die Couch. Nachdem ich ihm einiges in Französisch erklärt hatte, fingen wir bald an, uns zu unterhalten. Er sagte mir, dass er später nach Niederländisch-Indien gehen und dort auf einer Plantage leben wolle. Er erzählte über sein Leben zu Hause, über den Schwarzhandel und dass er so ein Taugenichts wäre. Ich sagte ihm, dass er wohl sehr starke Minderwertigkeitsgefühle habe. Er redete über den Krieg, dass die Russen und die Engländer sicher auch wieder Krieg miteinander anfangen würden, und er sprach über die Juden. Er hätte es einfacher gefunden, wenn er Christ wäre oder wenn er es nach dem Krieg sein könnte.

Ich fragte, ob er sich taufen lassen würde, aber dazu meinte er dann Nein. Er könnte ja doch nicht fühlen wie ein Christ, sagte er, aber nach dem Krieg würde niemand wissen, ob er nun Christ oder Jude sei. Das schmerzte mich, ich finde es so schade, dass er immer noch einen Rest Unaufrichtigkeit in sich hat.

Er sagte noch: »Die Juden sind immer das auserwählte Volk gewesen und werden es wohl immer bleiben!«

Ich gab zurück: »Ich hoffe nur, dass sie einmal zum Guten auserwählt sein werden.«

Ansonsten sprachen wir ganz gemütlich über Vater und über Menschenkenntnis und über alle möglichen Sachen, ich weiß selbst nicht mehr, über was.

Ich ging erst um viertel nach fünf wieder, weil Bep kam.

Abends sagte er noch was Schönes. Wir redeten über Filmschauspieler, deren Bilder ich ihm mal gegeben hatte. Die hängen nun schon seit anderthalb Jahren in seinem Zimmer. Er fand sie so schön, und ich bot ihm an, ihm mal ein paar neue Bilder zu geben.

»Nein«, antwortete er, »ich bleibe lieber bei diesen hier, die schaue ich jeden Tag an, das sind meine Freunde geworden.«

Ich verstehe jetzt auch viel besser, warum er Mouschi immer so an sich drückt. Er hat natürlich auch ein Bedürfnis nach Zärtlichkeit. Etwas, worüber er sprach, habe ich noch vergessen zu erwähnen: Er sagte: »Nein, Angst kenne ich nicht, nur wenn ich etwas vermisse. Aber das gewöhne ich mir auch noch ab.«

Peters Minderwertigkeitskomplex ist richtig schlimm. Er denkt zum Beispiel immer, dass er so dumm wäre und wir so klug. Wenn ich ihm mit Französisch helfe, bedankt er sich tausendmal. Ich werde ihm bestimmt einmal sagen: »Hör auf mit diesen Sprüchen. Du bist dafür viel besser in Englisch und Geographie!«

Anne Frank

Donnerstag, 17. Februar 1944

Beste Kitty!

Heute Morgen war ich oben, denn ich hatte Frau van Daan versprochen, ein paar Geschichten vorzulesen. Ich begann mit ›Evas Traum‹, was sie sehr schön fand. Anschließend las ich ein paar Sachen aus dem Hinterhaus vor, über die sie schallend lachten. Peter hörte auch zeitweise zu (nur bei dem letzten) und fragte mich, ob ich mal zu ihm kommen könne, um noch mehr vorzulesen. Ich dachte, jetzt wäre die Zeit, um mal mein Glück zu versuchen, holte mein Tagebuch und ließ ihn das Stück von Cady und Hans über Gott lesen. Ich kann gar nicht sagen, was das für einen Eindruck auf ihn gemacht hat. Er sagte etwas – ich weiß nicht mehr genau was –, nicht, ob es gut war, sondern etwas über den Gedanken selbst. Ich sagte, dass ich nur mal hatte zeigen wollen, dass ich nicht nur witzige Sachen schrieb. Er nickte mit dem Kopf, und ich ging aus dem Zimmer. Mal sehen, ob er nochmal darauf zurückkommt!

Deine Anne M. Frank

Freitag, 18. Februar 1944

Liebste Kitty!

Wann immer ich auch nach oben gehe, dann mit dem Ziel, »ihn« zu sehen. Mein Leben ist also hier viel besser geworden, denn es hat nun wieder einen Sinn, und ich kann mich auf etwas freuen.

Der Gegenstand meiner Freundschaft ist wenigstens immer greifbar, und ich brauche mir (außer wegen Margot) keine Sorgen um Rivalinnen zu machen. Denke nicht, dass ich verliebt bin! Das stimmt nicht. Aber ich habe doch immer das Gefühl, dass zwischen Peter und mir noch einmal etwas sehr Schönes wachsen wird, etwas, das Freundschaft und Zutrauen gibt. Wann immer sich die Gelegenheit ergibt, gehe ich zu ihm, und es ist nicht mehr so wie früher, dass er nicht weiß, was er mit mir anfangen soll. Im Gegenteil, er redet immer noch weiter, wenn ich schon fast wieder zur Tür hinaus bin.

Mutter mag es nicht, dass ich nach oben gehe. Sie sagt immer, ich würde Peter lästig fallen und solle ihn in Ruhe lassen. Kapiert sie denn nicht, dass ich genug Intuition habe, um das zu wissen? Immer wenn ich hinaufgehe, schaut sie mich so merkwürdig an. Komme ich von oben herunter, fragt sie, wo ich gewesen bin. Das finde ich übel, und langsam kann ich sie nicht ausstehen!

Deine Anne M. Frank

Samstag, 19. Februar 1944

Liebe Kitty!

Wieder ein Samstag, und das sagt eigentlich schon alles. Der Morgen war ereignislos. Ich war fast eine Stunde oben, aber mit »ihm« habe ich nur flüchtig gesprochen. Als um halb drei alle entweder lasen oder ruhten, zog ich mit Decken und allem hinunter, um am Schreibtisch zu lesen oder zu schreiben. Es dauerte nicht lange, da hielt ich es nicht mehr aus, mein Kopf fiel auf meinen Arm, und ich brach in Schluchzen aus. Die Tränen liefen, und ich fühlte mich zutiefst unglücklich. Wäre nur »er« gekommen, um mich zu trösten!

Es war schon vier Uhr, als ich wieder hinaufging. Um fünf ging ich Kartoffeln holen, noch einmal mit einer Hoffnung im Herzen, ihn zu treffen. Aber gerade als ich noch im Badezimmer war, um meine Haare zurechtzumachen, ging er zu Moffi ins Lager.

Ich wollte Frau van Daan helfen und setzte mich mit einem Buch oben hin. Aber plötzlich fühlte ich wieder die Tränen aufsteigen und lief hinunter zur Toilette, unterwegs griff ich schnell noch nach dem Handspiegel. Da saß ich dann, auch nachdem ich schon längst fertig war, völlig angezogen auf dem Klo, meine Tränen breiteten dunkle Flecken auf dem Rot meiner Schürze aus, und ich war sehr traurig.

Ich dachte ungefähr dies: »So komme ich Peter nie nahe. Wer weiß, vielleicht findet er mich überhaupt nicht nett und hat gar kein Bedürfnis nach Zutrauen. Vielleicht denkt er nur beiläufig an mich? Ich muss wieder allein weitermachen, ohne Vertrauen und ohne Peter. Vielleicht bald wieder gänzlich ohne Hoffnung,

Trost und Erwartung. Ach, könnte ich jetzt nur meinen Kopf an seine Schulter legen, um mich nicht so unendlich allein und verlassen zu fühlen. Wer weiß, vielleicht macht er sich überhaupt nichts aus mir und schaut alle anderen genauso freundlich an. Vielleicht habe ich mir nur vorgemacht, dass es mir gilt. O Peter, würdest du mich nur hören oder sehen! Aber die vielleicht enttäuschende Wahrheit, die könnte ich nicht aushalten.«

Später war ich dann doch wieder zuversichtlich und voller Erwartung, während innerlich die Tränen noch liefen.

Deine Anne

Sonntag, 20. Februar 1944

Was bei anderen Leuten in der Woche passiert, passiert im Hinterhaus sonntags. Wenn andere Leute schöne Kleider anziehen, um in der Sonne spazieren zu gehen, sind wir hier am Schrubben, Fegen und Putzen.

Acht Uhr: Ohne Rücksicht auf die Schlafenden steht Dussel schon um acht Uhr auf, geht zum Badezimmer, anschließend runter, wieder nach oben, dann folgt im Badezimmer eine ausführliche Wäsche, die eine volle Stunde dauert.

Halb zehn: Die Öfen werden angemacht, die Verdunklung beseitigt, und van Daan geht ins Badezimmer. Eine der sonntäglichen Heimsuchungen ist, dass ich von meinem Bett aus Dussel genau auf den Rücken schauen muss, wenn er betet. Sicher wird man sich wundern, wenn ich sage, dass ein betender Dussel ein quälender Anblick ist. Nein, er ist nicht gefühlsduselig oder heult, o nein, aber er hat die Angewohnheit, eine Viertelstunde lang, tatsächlich eine Viertelstunde, von den Fersen auf die Zehen zu wippen. Hin und her, her und hin, ewig geht das so, und wenn ich meine Augen nicht zukneife, wird mir fast schwindlig davon.

Viertel nach zehn: Die van Daans lassen einen Pfiff hören, das Badezimmer ist leer. Bei uns tauchen die ersten verschlafenen Gesichter aus den Kissen auf. Dann geht alles schnell, schnell, schnell. Nacheinander gehen Margot und ich hinunter zum Waschen. Da es dort ordentlich kalt ist, sind lange Hosen und ein Kopftuch zu empfehlen. Nun ist Vater im Badezimmer. Um elf Uhr gehen Margot oder ich, dann ist jeder wieder frischgeputzt.

Halb zwölf: Frühstück. Hierauf werde ich nicht weiter eingehen, denn das Essen machen schon die anderen oft genug zum Thema. Viertel nach zwölf: Jeder geht seiner Wege. Vater liegt schon kurz darauf im Overall auf den Knien und bürstet den Teppich so heftig, dass das Zimmer in einer dicken Staubwolke untergeht. Herr Dussel macht die Betten (natürlich falsch) und pfeift dabei pausenlos dasselbe Violinkonzert von Beethoven. Mutter hört man auf dem Dachboden schlurfen, während sie Wäsche aufhängt. Herr van Daan setzt seinen Hut auf und verschwindet ins untere Stockwerk, auf seinen Fersen meistens Peter und Mouschi. Frau van Daan kleidet sich in eine lange Schürze, eine schwarze Wollweste und zieht Überschuhe an, windet sich einen dicken roten Wollschal um den Kopf, nimmt ein Bündel schmutzige Wäsche unter den Arm und begibt sich, nach einem gut einstudierten Waschfrauenknicks, zum Waschen. Margot und ich spülen und räumen die Zimmer auf.

Mittwoch, 23. Februar 1944

Liebste Kitty!

Seit gestern ist draußen wunderbares Wetter, und ich bin total aufgekratzt. Mein Schreiben, das Schönste, was ich habe, geht gut voran.

Fast jeden Morgen gehe ich auf den Dachboden, um mir die stickige Stubenluft aus den Lungen wehen zu lassen. Heute Morgen, als ich wieder zum Dachboden ging, räumte Peter gerade auf. Er war bald fertig, und als ich mich auf meinen Lieblingsplatz auf den Boden setzte, kam er auch. Wir schauten den blauen Himmel an, den kahlen Kastanienbaum, an dessen Zweigen kleine Tropfen funkelten, die Möwen und die anderen Vögel, die im Tiefflug silbrig glänzten. Das alles rührte und bewegte uns beide so, dass wir kaum mehr sprechen konnten. Er stand da und lehnte seinen Kopf an einen dicken Balken, ich saß. Wir atmeten die Luft, blickten hinaus und fühlten, dass man dies nicht mit Worten stören durfte. So schauten wir sehr lange nach draußen, und als er dann anfangen musste, Holz zu hacken, wusste ich, dass er ein feiner Kerl ist. Er stieg die Treppe zum Oberboden hinauf, und ich ging hinterher. Als er Holz hackte, sprachen wir wieder eine viertel Stunde lang kein Wort. Ich schaute ihm von meinem Stehplatz aus zu, wie er sichtlich sein Bestes tat, das Holzhacken gut zu machen und mir seine Kraft zu zeigen. Aber ich schaute auch aus dem geöffneten Fenster über ein großes Stück Amsterdam, über die Dächer, bis an einen Horizont, der so hellblau war, dass man ihn kaum mehr sehen konnte. »Solange es das noch gibt«, dachte ich, »und ich es erleben darf, diesen Sonnenschein, diesen wolkenlosen Himmel, so lange brauche ich nicht traurig zu sein.«

Für jeden, der Angst hat, der einsam oder unglücklich ist, ist es sicher das beste Mittel, hinauszugehen, irgendwohin, wo er ganz für sich ist, allein mit dem Himmel, der Natur und Gott. Erst dann, nur dann, fühlt man, dass alles genau so ist, wie es sein soll, und dass Gott die Menschen in der schlichten und schönen Natur glücklich sehen will.

Solange es das noch gibt, und das wird wohl immer so sein, weiß ich, dass es ganz sicher auch einen Trost für jeden Kummer gibt. Und ich glaube fest, dass die Natur viel Schlimmes gutmachen kann. Wer weiß, vielleicht dauert es nicht mehr lange, bis ich dieses unglaubliche Glücksgefühl mit jemandem teilen kann, der es genauso fühlt wie ich.

Deine Anne

P. S. Gedanken: An Peter
Wir vermissen hier viel, sehr viel, und auch schon sehr lange. Genau wie du vermisse ich es auch. Nein, ich spreche nicht von äußerlichen Dingen, daran mangelt es hier nicht. Ich meine die inneren Dinge. Ich sehne mich, genau wie du, nach Freiheit und Luft, aber ich glaube, dass wir für diese Entbehrungen auch reichlich entschädigt werden. Innere Entschädigung, meine ich. Als ich heute Morgen vor dem Fenster saß und Gott und die Natur genau und intensiv betrachtete, war ich glücklich, einfach nur glücklich. Und, Peter, solange es dieses innere Glück gibt, das Glück über Natur, Gesundheit und noch sehr viel mehr, solange man das in sich hat, wird man immer wieder glücklich werden können. Reichtum, Ansehen, das kann man alles verlieren, aber das Glück im Herzen kann nur verschleiert werden und wird dich, solange du lebst, immer wieder glücklich machen.

Wenn du einsam und unglücklich bist, dann versuche mal, bei schönem Wetter vom Oberboden aus in den Himmel zu schauen. Solange du ohne Furcht den Himmel anschauen kannst, so lange weißt du, dass du innerlich im Reinen bist und dass das Glück dir wieder offen steht.

Sonntag, 27. Februar 1944

Liebste Kitty!

Von früh morgens bis spät abends denke ich eigentlich an nichts anderes als an Peter. Ich schlafe mit seinem Bild vor meinen Augen ein, träume von ihm und erwache wieder, wenn er mich anschaut. Ich denke, dass Peter und ich gar nicht so verschieden sind, wie es scheint, und ich erkläre dir, warum: Peter und ich sehnen uns beide nach einer Mutter. Seine ist oberflächlich, flirtet gern und kümmert sich nicht viel darum, was in Peter vorgeht. Meine bemüht sich zwar um mich, hat aber keinen Takt, kein Feingefühl, keine mütterliche Zuwendung.

Peter und ich führen beide einen innerlichen Kampf. Wir sind beide noch ungefestigt und eigentlich zu zerbrechlich und innerlich zu weich, um so hart angepackt zu werden. Dann will ich weg oder will mein Inneres verstecken. Ich werfe mit Töpfen und schütte Wasser aus und bin laut und aufbrausend, so dass sich jeder wünscht, ich möge weit weg sein. Er dagegen zieht sich dann zurück, sagt fast nichts mehr, ist still, grübelt und verbirgt sich ängstlich.

Aber wie und wann werden wir uns endlich finden? Ich weiß nicht, wie lange ich dieses Verlangen noch mit meinem Verstand ausschalten kann.

Deine Anne M. Frank

Montag, 28. Februar 1944

Liebste Kitty!
Es ist ein Nacht- und Tag-Albtraum. Fast jede Stunde sehe ich ihn, kann aber nicht zu ihm. Ich darf mir nichts anmerken lassen, von niemandem, muss fröhlich sein, während alles in mir verzweifelt ist.

Peter Schiff und Peter van Daan sind zusammengeflossen zu einem Peter, der gut und liebenswert ist, und nach dem ich mich schrecklich sehne. Mutter ist furchtbar, Vater fürsorglich und dadurch noch anstrengender. Margot ist am lästigsten, denn sie denkt, sie hätte Anspruch auf ein freundliches Gesicht, doch ich will meine Ruhe haben.

Peter kam nicht zu mir auf den Dachboden, er ging zum Oberboden und schreinerte dort etwas. Mit jedem Krachen und jedem Klopfen bröckelte ein Stück von meinem Mut, und ich wurde noch trauriger. Und in der Ferne hörte ich eine Spieluhr:»Aufrecht der Körper, aufrecht die Seele!«

Ich weiß, ich bin sentimental. Ich bin verzweifelt und albern, das weiß ich auch. O hilf mir!

Deine Anne M. Frank

Mittwoch, 1. März 1944

Liebe Kitty!
Meine eigenen Angelegenheiten sind in den Hintergrund getreten, und zwar durch ... einen Einbruch. Es wird mir langweilig mit den Einbrüchen, aber was kann ich machen, wenn die Einbrecher so große Lust darauf haben, Opekta einen Besuch abzustatten? Aber dieser Einbruch ist viel komplizierter als der vorige vom Juli 43.

Als Herr van Daan wie gewöhnlich gestern Abend um halb acht in Kuglers Büro ging, sah er, dass die gläserne Zwischentür und die Bürotür offen standen. Das wunderte ihn. Er ging weiter und wunderte sich immer mehr, als die Kabinettstüren ebenfalls auf waren und im vorderen Büro ein fürchterliches Durcheinander herrschte. Hier ist ein Dieb gewesen! schoss es ihm durch den Kopf. Um sofort Gewissheit zu bekommen, ging er die Treppe hinunter, kontrollierte die Vordertür und das Sicherheitsschloss. Alles war zu.»Dann waren Bep und Peter wohl heute sehr schlampig gewesen«, beruhigte er sich. Er blieb eine Weile in Kuglers Zimmer sitzen, drehte dann die Lampe aus, ging nach oben und machte sich weder wegen der offenen Türen noch wegen des unordentliche Büros weitere Gedanken.

Heute Morgen klopfte Peter schon früh an unsere Zimmertür und brachte die wenig erfreuliche Nachricht, dass die Vordertür weit offen stand und der Projektor und Kuglers neue Aktentasche aus dem Wandschrank verschwunden seien. Peter bekam die Anweisung, die Tür zu verschließen, van Daan erzählte nun seine Beobachtungen vom vergangenen Abend, und wir waren ziemlich beunruhigt. Die ganze Sache lässt sich nur so erklären, dass der Dieb einen Nachschlüssel von der Tür besitzt, denn sie ist nicht aufgebrochen worden. Er muss schon sehr früh am Abend hereingekommen sein, schloss die Tür hinter sich, wurde von van Daan gestört, versteckte sich, bis dieser wieder gegangen war, machte sich dann mit seiner Beute davon und ließ in der Eile die Tür offen stehen.

Wer könnte unseren Schlüssel haben? Warum ist der Dieb nicht ins Lager gegangen? War es vielleicht einer unserer eigenen Lagerarbeiter? Wird er uns nun verraten, nachdem er van Daan gehört und vielleicht sogar gesehen hat?

Es ist sehr unheimlich, weil wir keine Ahnung haben, ob es dem betreffenden Einbrecher vielleicht nochmal einfällt, unsere Tür zu öffnen. Oder war er selbst erschrocken über den Mann, der da herumlief?

Deine Anne

P. S. Wenn du vielleicht einen guten Detektiv für uns auftreiben könntest, wäre das sehr hilfreich. Erste Anforderung muss natürlich Verschwiegenheit in Punkto Leben im Untergrund sein.

Donnerstag, 2. März 1944

Liebe Kitty!

Heute waren Margot und ich zusammen auf dem Dachboden. Aber mit ihr ist es für mich nicht so schön, wie ich es mir mit Peter vorstelle (oder mit einem anderen), obwohl ich weiß, dass sie die meisten Dinge genauso empfindet wie ich!

Beim Abwaschen fing Bep an, mit Mutter und Frau van Daan über ihre Niedergeschlagenheit zu sprechen. Aber was können ihr die beiden helfen?

Vor allem unsere taktlose Mutter zieht einen Menschen nur noch tiefer herunter. Weißt du, welchen Rat sie Bep gab? Sie sollte mal an all die Menschen denken, die in dieser Welt zugrunde gehen! Wie soll der Gedanke an Elend helfen, wenn man sich selbst schon elend fühlt? Das sagte ich auch. Die Antwort war natürlich, ich könnte bei solchen Dingen nicht mitreden!

Was sind die Erwachsenen doch idiotisch und dumm! Als würden Peter, Margot, Bep und ich nicht alle dasselbe fühlen! Dagegen hilft nur Mutterliebe oder die Liebe von sehr, sehr guten Freunden. Aber die beiden Mütter hier verstehen nicht die kleinste Kleinigkeit von uns! Frau van Daan vielleicht noch mehr als Mutter. Ach, ich hätte gern mit der armen Bep geredet, etwas gesagt, von dem ich aus Erfahrung weiß, dass es hilft. Aber Vater kam dazwischen und schob mich unwirsch zur Seite. Wie blöd sind sie doch alle!

Ich sprach auch mit Margot über Vater und Mutter. Wie angenehm könnten wir es hier haben, wenn die nicht so fürchterlich langweilig wären. Wir könnten

Abende planen, an denen jeder der Reihe nach über ein Thema spricht. Aber das ist ja schon der springenden Punkt. Ich darf hier nicht sprechen. Herr van Daan redet immer dagegen, Mutter wird scharf und kann über gar nichts normal sprechen, Vater hat keine Lust dazu, ebenso wenig Herr Dussel, und Frau van Daan wird immer klein gemacht, sodass sie mit rotem Kopf dasitzt und sich kaum mehr wehren kann. Und wir? Uns ist kein Urteil gestattet! Oh, sie sind so schrecklich modern! Kein Urteil haben! Einfach jemandem sagen, er soll den Mund halten.

Aber kein Urteil haben, das gibt es nicht. Keiner kann einem anderen sein Urteil verbieten, auch wenn der andere noch so jung ist! Bep, Margot, Peter und mir hilft nur eine große, selbstlose Liebe, die wir hier nicht finden. Und niemand hier kann uns verstehen, vor allem diese idiotischen Besserwisser nicht. Denn wir sind empfindsamer und viel weiter mit unsrem Denken, als es einer von ihnen auch nur im Entferntesten vermuten würde.

Liebe, was ist das? Ich glaube, dass Liebe etwas ist, was sich gar nicht in Worte fassen lässt. Liebe ist, jemanden zu erkennen, ihn gern zu haben. Glück und Unglück zu teilen. Und auf die Dauer gehört dazu auch die körperliche Liebe. Du teilst etwas, gibst etwas her und empfängst etwas dafür. Und ob du nun verheiratet bist oder unverheiratet, ob du ein Kind bekommst oder nicht, ob die Ehre weg ist, all das ist nicht wichtig, wenn du nur weißt, dass für dein weiteres Leben immer jemand an deiner Seite ist, der dich versteht und den du mit niemandem teilen musst!

Zur Zeit blafft Mutter wieder. Sie ist erkennbar eifersüchtig, weil ich mehr mit Frau van Daan rede als mit ihr. Das ist mir egal!

Heute Nachmittag habe ich Peter erwischt, wir haben uns mindestens eine dreiviertel Stunde lang unterhalten. Er tat sich schwer damit, etwas von sich zu erzählen, aber so ganz langsam taute er dann doch auf. Ich war mir wirklich unsicher, ob es besser wäre, hinunterzugehen oder bei ihm zu bleiben. Aber ich hätte ihm so gern geholfen. Ich erzählte von Bep und schilderte, wie taktlos die beiden Mütter sind. Er erzählte, dass seine Eltern immer streiten, über Politik, über Zigaretten und alles Mögliche. Wie gesagt, Peter war sehr zurückhaltend, aber dann gestand er doch, dass er seine Eltern gerne mal zwei Jahre lang nicht sehen würde. »Mein Vater ist wirklich nicht so toll, wie es scheint«, sagte er, »und in der Zigarettenfrage hat Mutter absolut Recht!«

Ich erzählte ihm auch von meiner Mutter. Meinen Vater verteidigte er, er findet, er ist ein »Mordskerl«.

Abends, ich hängte gerade nach dem Abspülen meine Schürze auf, rief er mich und bat mich, unten nichts davon zu erzählen, dass sie wieder Streit hatten und nicht miteinander reden. Ich versprach es ihm, obwohl ich es Margot schon erzählt hatte. Aber ich bin sicher, dass sie den Mund hält.

»Nein, Peter«, sagte ich, »du brauchst dir meinetwegen keine Sorgen zu machen. Ich habe es mir abgewöhnt, alles weiterzuerzählen. Ich rede nie darüber, was du mir sagst.«

Das fand er toll. Ich erzählte ihm auch von den schlimmen Tratschereien bei uns und sagte: »Da hat Margot natürlich Recht, wenn sie sagt, dass ich nicht ganz ehrlich bin. Denn obwohl ich aufhören will, zu tratschen, über Herrn Dussel tue ich es noch viel zu gern.«

»Es ist schön von dir, dass du es versuchst«, sagte er. Er wurde rot, und mich machte dieses aufrichtige Kompliment auch fast verlegen. Dann redeten wir noch über die oben und uns. Peter war wirklich ein bisschen erstaunt, dass wir seine Eltern immer noch nicht leiden können.

»Peter«, sagte ich, »du weißt, ich bin ehrlich. Warum sollte ich es dir nicht sagen? Wir kennen ihre Fehler doch auch.«

Ich sagte auch noch: »Peter, ich würde dir so gern helfen, glaubst du mir? Du sitzt hier so zwischen den Stühlen, und ich weiß, dass dir das was ausmacht, auch wenn du es nicht zugibst.«

»Ich werde immer über deine Hilfe froh sein.«

»Vielleicht gehst du lieber zu Vater. Der erzählt auch nie etwas weiter, mit ihm kannst du ruhig über alles reden.«

»Ja, er ist ein echter Kamerad.«

»Du magst ihn sehr, nicht wahr?«

Peter nickte, und ich ergänzte: »Ja, er dich auch!«

Er wurde rot. Es rührte mich wirklich, wie froh er über diese paar Worte war. »Glaubst du?«, fragte er.

»Ja«, sagte ich, »das merkt man doch daran, wie er ab und zu über dich spricht.«

Nun kam Herr van Daan zum Diktieren.

Peter ist sicher auch ein »Mordskerl«, genau wie Vater.

Deine Anne M. Frank

Freitag, 3. März 1944

Liebste Kitty!

Als heute Abend die Kerzen angezündet wurden, war ich wieder froh und gelassen. Oma leuchtet für mich in dieser Kerze, und Oma ist es auch, die mich beschirmt und beschützt und mich wieder froh macht. Aber ... noch jemand beeinflusst meine Stimmung, und das ist Peter. Heute, als ich die Kartoffeln holte und noch mit dem vollen Topf auf der Treppe stand, fragte er schon: »Was hast du heute Mittag gemacht?« Ich setzte mich auf die Treppe, und wir redeten. Um viertel nach fünf (eine Stunde, nachdem ich hoch gegangen war) kamen die Kartoffeln erst im Zimmer an. Peter sprach mit keiner Silbe mehr über seine Eltern, wir redeten nur über Bücher und über früher. Welch warmen Blick hat dieser Junge! Es fehlt, glaube ich, nicht mehr viel, und ich verliebe mich in ihn.

Das erwähnte er heute Abend. Ich ging zu ihm, nach dem Kartoffelschälen, und sagte, mir wäre so heiß. »An Margot und mir kann man direkt die Temperatur ablesen. Wenn es kalt ist, sind wir weiß, und wenn es warm ist, rot«, sagte ich.

»Verliebt?«, fragte er.

»Warum sollte ich verliebt sein?« Meine Antwort (oder eigentlich Frage) war ziemlich albern.

»Warum nicht!«, sagte er. Dann mussten wir zum Essen.

Ob er mit dieser Frage etwas bezweckt hat? Heute war ich endlich dazugekommen, ihn zu fragen, ob er mein Gerede nicht lästig fände. Er sagte bloß: »Mir gefällt's gut!« Inwieweit diese Antwort nur Ausdruck von Schüchternheit war, weiß ich nicht.

Kitty, ich bin wie eine Verliebte, die von nichts weiter erzählen kann als von ihrem Schatz. Peter ist aber auch wirklich ein Schatz. Wann werde ich ihm das einmal sagen können? Natürlich nur, falls er mich auch für einen Schatz hält. Aber ich bin kein Kätzchen, das man ohne Handschuhe anfassen kann, das weiß ich schon. Und er liebt seine Ruhe, also habe ich keine Ahnung, wie sehr er mich nett findet. Auf alle Fälle lernen wir uns ein bisschen besser kennen. Ich wünsche mir nur, dass wir uns viel mehr Dinge zu sagen getrauen. Aber wer weiß, vielleicht kommt das ja schneller, als gedacht. Ein paar Mal am Tag fange ich einen Blick der Verbundenheit von ihm auf, dann zwinkere ich zurück, und wir sind beide froh. Ich bin nicht ganz bei Trost, wenn ich auch von seinem Hochgefühl spreche, aber ich habe das felsenfeste Gefühl, dass er genauso denkt wie ich.

Deine Anne M. Frank

Samstag, 4. März 1944

Beste Kitty!

Dieser Samstag ist seit Monaten und Monaten mal nicht so langweilig, freudlos und trist wie alle voran gegangenen. Niemand anders als Peter ist der Grund dafür. Heute Morgen ging ich hoch zum Dachboden, um meine Schürze aufzuhängen, da fragte Vater, ob ich nicht bleiben wolle, um ein bisschen Französisch zu sprechen. Ich fand das prima. Wir redeten zuerst Französisch, und ich erklärte etwas, danach Englisch. Vater las aus Dickens vor, und ich war selig, denn ich saß auf Vaters Stuhl, ganz nah bei Peter.

Um viertel vor elf ging ich nach unten. Als ich um halb zwölf wieder hinaufkam, stand er schon auf der Treppe und erwartete mich. Wir unterhielten uns bis viertel vor eins. Wann immer es möglich ist, zum Beispiel nach dem Essen, wenn niemand zuhört, sagt er: »Tschüs, Anne, bis später!«

Ach, ich bin so froh! Ob er jetzt doch anfängt, mich zu mögen? Jedenfalls ist er ein prima Kerl, und wer weiß, was für tolle Gespräche wir noch miteinander haben werden.

Frau van Daan gefällt es, wenn wir zusammen sind, aber heute fragte sie neckisch: »Kann ich euch beiden denn trauen, da oben?« »Natürlich« sagte ich empört. »Sie brüskieren mich!«

Ich freue mich von morgens bis abends darauf, Peter wieder zu sehen.

Deine Anne M. Frank

P. S. Fast hätt' ich's vergessen: Heute Nacht ist massenweise Schnee gefallen. Jetzt kann man ihn schon fast nicht mehr sehen, alles ist weggetaut.

Montag, 6. März 1944

Liebe Kitty!

Findest du es nicht verrückt, dass es mir vorkommt, als wäre ich ein bisschen für Peter verantwortlich, nachdem er mir das von seinen Eltern erzählt hat? Es ist, als würden mich die Streitereien ebenso berühren wie ihn. Doch ich getraue mich nicht, nochmals mit ihm darüber zu sprechen, ich habe Angst, dass er das nicht mag. Auf keinen Fall möchte ich so unsensibel sein.

Ich kann Peters Gesicht ansehen, dass er genauso viel grübelt wie ich, und gestern Abend habe ich mich dann auch sehr geärgert, als Frau van Daan spöttisch sagte: »Der Denker!« Peter wurde rot und verlegen, und ich bin fast geplatzt.

Die Leute sollen doch ihren Mund halten! Es ist schlimm, untätig mit ansehen zu müssen, wie einsam er ist. So als würde ich es selbst erleben, kann ich fühlen, wie verzweifelt er manchmal bei Streitereien sein muss. Armer Peter, wie er doch Liebe braucht! Wie bitter klang es in meinen Ohren, als er sagte, dass er keine Freunde nötig hätte. Er irrt sich so! Ich denke auch, dass er diese Worte nicht ernst gemeint hat. Er klammert sich an seine Männlichkeit, seine Einsamkeit und seine gespielte Unempfindlichkeit, nur um nicht zu straucheln, um nie, nie zu zeigen, wie er sich fühlt.

Armer Peter, wie lange kann er diese Rolle durchhalten? Wird dieser übermenschlichen Anstrengung kein schrecklicher Zusammenbruch folgen?

O Peter, könnte und dürfte ich dir nur helfen! Wir zusammen würden unser beider Einsamkeit schon abschütteln!

Ich denke viel, aber ich sage nicht viel darüber. Ich bin froh, wenn ich ihn sehe, und wenn dazu auch noch die Sonne scheint. Gestern war ich beim Haarewaschen sehr fröhlich und wusste die ganze Zeit, dass er im Zimmer nebenan war. Ich konnte es nicht vermeiden. Je stiller und ernster ich von innen bin, desto lärmender bin ich von außen. Wer wird der Erste sein, der diesen Panzer erkennt und ihn durchbricht?

Es ist doch gut, dass van Daans kein Mädchen haben. Nie wäre die Eroberung so vertrackt, so schön und so toll, wenn einen nicht ausgerechnet das andere Geschlecht so anziehen würde!

Deine Anne M. Frank

P. S. Du weißt, dass ich dir alles ehrlich berichte. Darum muss ich dir auch sagen, dass ich eigentlich von einem Treffen zum nächsten lebe. Immer möchte ich entdecken, dass er genauso auf mich wartet, und ich bin innerlich ganz entzückt, wenn ich seine unscheinbaren, schüchternen Versuche bemerke. Er würde sich, glaube ich, gern genauso offenbaren wie ich, und er weiß nicht, dass gerade seine Unbeholfenheit mich so rührt.

Dienstag, 7. März 1944

Liebe Kitty!

Denke ich über mein Leben von 1942 nach, kommt es mir so surreal vor. Dieses Götterleben führte eine ganz andere Anne Frank als die, die hier jetzt nüchtern geworden ist. Ein Götterleben, ja, das war es. An jedem Finger fünf Verehrer, rund zwanzig Freundinnen und Bekannte, Liebling der meisten Lehrer, verwöhnt von Vater und Mutter, viele Süßigkeiten, genug Geld – was kann man mehr haben?

Du wirst mich sicher fragen, wie ich denn all die Leute so um den Finger wickeln konnte. Die Lehrer fanden meine schlauen Antworten, mein fröhliches Gesicht und meinen kritischen Blick nett, amüsant und witzig. Mehr war es auch nicht, ich war nur kokett und amüsant. Ein paar Eigenschaften hatte ich, durch die ich ziemlich in der Gunst blieb, nämlich Fleiß, Aufrichtigkeit und Großzügigkeit. Nie hätte ich mich geweigert, jemanden, egal wen, abschreiben zu lassen; Süßigkeiten habe ich mit offenen Händen verteilt, und ich war nie hochnäsig. Ob ich bei all der Bewunderung nicht übermütig geworden bin? Es ist ein Glück, dass ich mittendrin, sozusagen auf dem Höhepunkt der Party, plötzlich in der Wirklichkeit ankam, und es hat ein gutes Jahr gedauert, ehe ich mich daran gewöhnt hatte, dass von keiner Seite mehr Bewunderung kam.

Wie haben sie mich in der Schule gesehen? Die Anführerin von Schalk und Späßchen, immer vorn dabei und niemals schlechter Laune oder weinerlich. Kann es ein Wunder sein, dass jeder gern mit mir radelte oder mir eine Aufmerksamkeit erwies?

Ich sehe diese Anne Frank jetzt als ein nettes, witziges, aber seichtes Mädchen, das nichts mehr mit mir gemein hat. Was sagte Peter *[Peter Schiff; red.]* über mich? »Immer wenn ich dich sah, warst du umringt von zwei oder mehr Jungs und einem Haufen Mädchen. Immer hast du gestrahlt und warst der Mittelpunkt!« Das stimmt.

Was ist von dieser Anne Frank geblieben? Ja sicher, ich habe mein Lachen und meine Schlagfertigkeit nicht verlernt, ich kann noch genauso gut, oder sogar besser die Menschen kritisieren, ich kann noch genauso flirten und reizend sein, wenn ich nur will ...

Das meine ich. Ich möchte gerne nochmal für einen Abend, für ein paar Tage, für eine Woche so leben, so scheinbar unbekümmert und aufgedreht. Am Ende der Woche wäre ich dann ausgelaugt und würde bestimmt dem Erstbesten, der ernsthaft mit mir redet, dankbar sein. Ich will keine Anbeter mehr, sondern Freunde, keine Bewunderung für ein reizendes Lächeln, sondern für mein Verhalten und meinen Charakter. Ich weiß genau, dass dann der Kreis um mich viel kleiner würde. Aber was macht das schon, wenn mir nur ein paar Menschen, wahrhafte Menschen übrig bleiben.

Trotz allem war ich 1942 auch nicht gänzlich glücklich. Ich kam mir oft verlassen vor, aber weil ich von morgens bis abends zu tun hatte, dachte ich nicht daran und machte Albernheiten. Bewusst oder unbewusst versuchte ich, die Leere mit Späßchen zu verscheuchen.

Nun schaue ich auf mein Leben und sehe, dass eine Phase davon schon unwiderruflich zu Ende gegangen ist. Die sorglose, unbeschwerte Schulzeit kommt nicht zurück. Ich vermisse sie noch nicht einmal, ich bin darüber hinausgewachsen. Bloß Unsinn machen, das kann ich nicht mehr, ein Teil von mir bleibt immer ernst.

Ich betrachte mein Leben bis Neujahr 1944 wie unter einer genauen Lupe. Daheim das Leben mit viel Sonnenschein, dann 1942 hierher, der plötzliche Bruch, die Streitereien, die Vorwürfe. Ich konnte es nicht begreifen, ich war überrumpelt und konnte meine Haltung nur durch Frechheit bewahren.

Dann das erste Halbjahr 1943: Meine Heulanfälle, die Einsamkeit, das langsame Anerkennen der Fehler und Mängel, die groß sind und doppelt so groß erscheinen. Ich plapperte tagsüber über alles hinweg und versuchte, Pim auf meine Seite zu ziehen. Das schaffte ich nicht. Ganz alleine hatte ich die schwierige Aufgabe, mich so zu verändern, dass ich keine Maßregelungen mehr hören musste, denn die drückten mich nieder bis zur absoluten Mutlosigkeit.

In der zweiten Jahreshälfte besserte es sich etwas. Ich wurde ein Teenager, galt als erwachsener. Ich fing an, mehr nachzudenken, begann Geschichten zu schreiben, und kam zu dem Schluss, dass die anderen mit meinem Leben nichts mehr zu schaffen hatten. Es war nicht ihr Recht, mich hin und her zu zerren. Ich wollte mich selbst umformen, nach meinem eigenen Willen. Mir wurde klar, dass ich auf Mutter verzichten kann, total und vollständig. Die Erkenntnis schmerzte. Aber eines traf mich noch härter, nämlich die Einsicht, dass Vater nie mein Vertrauter sein könnte. Ich vertraute niemandem mehr, nur noch mir selbst.

Nach Neujahr dann die nächste große Veränderung: mein Traum ... Durch ihn entdeckte ich meine Sehnsucht nach einem Jungen. Nicht nur nach einer Mädchenfreundschaft, sondern nach einem Jungenfreund. Entdeckte auch das Glück in mir selbst, und sah meinen Schutzmantel aus Gleichgültigkeit und Fröhlichkeit. Aber ab und zu wurde ich still. Nun lebe ich nur noch durch Peter, denn wie es mit mir weitergeht wird sehr von ihm abhängen.

Abends, wenn ich im Bett bin und mein Gebet mit den Worten schließe: »Ich danke dir für all das Gute und Liebe und Schöne«, dann jubiliert es in mir. Dann denke ich an »das Gute«: das In-Sicherheit-Sein, meine Gesundheit, mein ganzes Ich. Die Liebe, die Zukunft, das Glück. »Das Schöne«: Das, was die Welt ausmacht, die Welt, die Natur und die weite Schönheit von allem, allem Wunderbaren zusammen.

Dann denke ich nicht an das Schlimme, sondern an das Schöne, das noch immer übrig ist. Das macht einem großen Teil des Unterschieds zwischen Mutter und mir aus. Ihr Rat bei Schwermut ist: »Überleg doch nur, wie viel Elend es auf der Welt gibt, und sei froh, dass du das nicht erlebst.« Mein Rat ist: »Geh hinaus in die Wiesen, die Natur und die Sonne. Geh hinaus und versuche, das Glück in dir selbst wieder zu entdecken. Denke an all das Schöne, das noch in dir und um dich herum ist, und sei glücklich!«

Meiner Meinung nach kann Mutters Satz nicht stimmen, denn was kannst du tun, falls du das Elend doch erlebst? Dann bist du verloren. Ich dagegen meine, dass man bei jedem Kummer noch etwas Schönes finden kann. Wenn man es so sieht, entdeckt man immer mehr Freude, und man wird wieder ausgeglichen. Und wer glücklich sein kann, wird auch andere glücklich machen. Wer Mut und Vertrauen hat, wird das Unglück überstehen![11]

Deine Anne M. Frank

---

[11] »In Fassung B ihres Rückblicks vom 7. März, in dem sie sich innerlich von ihren Eltern löst und tapfer ihre Selbstständigkeit bejaht, kommt Peter [van Daan] nicht mehr vor. All das hat Vater Otto Frank in der Fassung C wieder zurückgenommen. Offensichtlich wollte er für sich und den Leser das Bild der geliebten, kleinen, ungestümen Anne aufrechterhalten und wusste mit der mehr sachlichen und geistig unabhängigen jungen Schriftstellerin nichts anzufangen.« Zitat Prof. Laureen Nussbaum; Link zum dokumentierten Artikel: https://web.archive.org/web/20180710165900/http://www.annefrank.org/de/Anne-Frank/Ein-Tagebuch-als-beste-Freundin/Endlich-als-Schriftstellerin-ernst-genommen/
– Der Eingriff Otto Franks ist hier revidiert; *red.*

Mittwoch, 8. März 1944

Margot und ich haben uns Briefchen geschrieben, natürlich nur zum Spaß.

Anne: »Komisch, nicht wahr, ich kann mich an nächtliche Begebenheiten immer erst viel später wieder erinnern. Jetzt fällt mir plötzlich ein, dass Herr Dussel heute Nacht dröhnend geschnarcht hat (jetzt ist es Mittwoch nachmittags, viertel vor drei, und er schnarcht aufs Neue, aus diesem Grund ist es mir natürlich wieder eingefallen). Ich habe, als ich aufs Klo musste, absichtlich viel Lärm gemacht, damit er damit aufhört.«

Margot: »Was ist leichter zu ertragen, das Schnappen nach Luft oder Schnarchen?«

Anne: »Das Schnarchen, denn wenn ich Lärm mache, hört es zwar kurz auf, aber er wird nicht wach und macht gleich weiter.«

Etwas habe ich Margot nicht verraten, aber dir will ich es erzählen, Kitty: Ich träume sehr viel von Peter. Vorgestern Nacht sah ich mich im Traum hier, in unserem Wohnzimmer, mit einem Boden aus Eis. Dieser kleine Junge von der Kunsteisbahn, der immer mit seinem storchenbeinigen Schwesterchen in dem altbekannten blauen Kleid seine Bahnen dreht, war bei mir. Ich stellte mich ihm kokett vor und fragte nach seinem Namen. Er hieß Peter. Noch während ich träumte, fragte ich mich, wie viele Peters ich nun wohl kenne.

Dann träumte ich, dass ich in Peters Zimmer stand, ihm gegenüber. Ich sage etwas zu ihm, er gibt mir einen Kuss. Aber dann sagt er, dass er mich doch nicht so gern hätte und ich aufhören solle, mit ihm zu flirten. Mit einer verzweifelten und beschwörenden Stimme sage ich: »Ich flirte nicht, Peter!«

Als ich wach wurde, war ich erleichtert, dass Peter das nicht wirklich gesagt hatte. Wir küssten uns heut Nacht. Aber Peters Wangen waren sehr enttäuschend. Sie waren nicht so weich, wie sie scheinen, sondern so wie Vaters Wangen, also die eines Mannes, dem schon der Bart wächst.

Freitag, 10. März 1944

Liebste Kitty!

Heute passt der Ausspruch »Ein Unglück kommt selten allein«, der gerade von Peter zu hören war. Ich erzähle dir, was für Schwierigkeiten wir haben und was vielleicht noch auf uns zukommt.

Erstens: Miep ist krank. Sie war bei einer Trauung in der Westerkirche und hat sich erkältet. Zweitens ist Kleiman noch immer nicht genesen von seiner letzten Magenblutung, also ist Bep allein im Büro. Drittens ist ein Mann, dessen Namen ich nicht nennen will, verhaftet worden. Das ist nicht nur für ihn selbst sehr schlimm, sondern auch für uns, denn wir warten auf Kartoffeln, Butter und Marmelade. Herr M., nennen wir ihn mal so, hat fünf Kinder unter 13 Jahren, und eins ist unterwegs.

Gestern Abend erlebten wir mal wieder einen kleinen Schreck, denn plötzlich klopfte jemand nebenan an die Wand. Wir saßen gerade beim Essen. Der weitere Abend verlief bedrückt und angespannt.

In letzter Zeit habe ich gar keine Lust, die Ereignisse hier niederzuschreiben, meine eigenen Angelegenheiten gehen mir mehr zu Herzen. Missversteh' mich nicht, ich finde das Schicksal des armen Herrn M. furchtbar, aber dennoch ist in meinem Tagebuch nicht viel Platz für ihn.

Dienstag, Mittwoch und Donnerstag war ich zwischen halb fünf und viertel nach fünf bei Peter. Wir haben Französisch gemacht und noch über allerhand getratscht. Ich freue mich sehr auf dieses kleine Stündchen am Nachmittag, und am schönsten ist, dass Peter, glaube ich, mein Kommen auch genießt.

Deine Anne M. Frank

Samstag, 11. März 1944

Liebe Kitty!
In letzter Zeit kann ich mich nicht mehr ruhig halten. Ich gehe von oben nach unten und von unten wieder nach oben. Ich finde es wunderbar, mit Peter zu reden, aber ich habe immer Angst, ich könnte ihm lästig fallen. Er hat mir einiges von früher erzählt, von seinen Eltern und sich selbst, aber ich finde doch, das ist zu wenig und frage mich gleichzeitig alle fünf Minuten, wie ich dazu komme, mehr zu wollen. Früher fand er mich unausstehlich, und ich ihn auch. Jetzt habe ich meine Meinung geändert – muss er deshalb seine auch geändert haben? Ich denke schon. Aber das heißt ja noch nicht, dass wir dicke Freunde werden müssen, obwohl ich das ganze Untergetaucht-Sein dann leichter ertragen könnte. Aber ich will mich nicht verrückt machen, ich beschäftige mich genug mit ihm und muss dich nicht auch noch langweilen, weil ich so eintönig bin!

Sonntag, 12. März 1944

Liebe Kitty!
Alles wird immer verdrehter, je länger es dauert. Seit gestern schaut Peter mich nicht an, so als wäre er böse auf mich. Ich bemühe mich dann, ihm nicht nachzulaufen und möglichst wenig mit ihm zu reden, aber es fällt mir schwer. Was kann es denn sein, das ihn oft von mir abhält und dann oft wieder zu mir hinzieht? Vielleicht bilde ich mir auch nur ein, dass alles so schlimm ist. Kann sein, dass er auch Launen hat, kann sein, dass morgen wieder alles gut ist.

Am schwersten fällt es mir, nach außen immer normal zu tun, auch wenn ich so traurig bin. Ich muss mithelfen, muss mit den anderen reden und zusammensitzen, und vor allem fröhlich sein! Ganz besonders fehlt mir die Natur und ein Platz, wo ich alleine sein kann, solange ich will. Ich bringe, glaube ich, alles durcheinander, aber ich bin auch völlig verwirrt. Einerseits bin ich verrückt vor Sehnsucht nach ihm, kann kaum im Zimmer sein, ohne ihn anzuschauen, andererseits frage ich mich, warum es mich eigentlich so berührt, warum ich nicht wieder ruhig werden kann!

Tag und Nacht, immer wenn ich wach bin, frage ich mich ständig: »Hast du dich zu sehr aufgedrängt?? Bist du zu oft oben? Sprichst du zu oft über ernste Themen, über die er noch nicht reden kann? Vielleicht findet er dich gar nicht sympathisch? War die ganze Aufregung vielleicht nur Einbildung? Aber warum hat er dir dann so viel von sich selbst erzählt? Bereut er das vielleicht?« Und noch viel mehr.

Gestern Nachmittag war ich nach einer Reihe schlimmer Neuigkeiten von draußen so benebelt, dass ich mich auf meine Couch legte. Ich wollte nur noch schlafen, um nicht nachzudenken. Ich schlief bis vier Uhr, dann musste ich hinüber. Es war schwierig, Mutters Fragen vernünftig zu beantworten und mir für Vater eine Erklärung dafür auszudenken, warum ich ständig geschlafen hatte. Ich schob Kopfschmerzen vor, was nicht unrichtig war, da ich tatsächlich auch Kopfschmerzen hatte ... aus der Seele!

Normale Leute, normale Mädchen, Backfische wie ich, werden mich wohl für überspannt halten mit meinem Selbstmitleid. Aber ich sage das alles, was mir auf dem Herzen liegt, ja nur dir; den übrigen Tag gebe ich mich so vorwitzig, fröhlich und selbstbewusst wie möglich, um Fragen aus dem Weg zu gehen, aber innerlich ärgere ich mich über mich selbst.

Margot ist sehr lieb und möchte gern meine Vertraute sein, aber ich kann ihr doch nicht alles erzählen. Ihr fehlt es an der Leichtigkeit. Sie nimmt mich ernst, allzu ernst, und grübelt lange über ihre verrückte Schwester nach. Sie blickt mich bei allem, was ich sage, kritisch an und denkt: Ist das jetzt Schauspielerei, oder meint sie es wirklich?

Wir sind auch dauernd beieinander, und meine Vertraute immer um mich herum zu haben, das geht nicht

Wann tauche ich wieder aus diesem Wirrwarr von Gedanken auf? Wann wird wieder Ruhe und Frieden in mir einkehren?

Deine Anne

Dienstag, 14. März 1944

Liebe Kitty!

Für dich ist es vielleicht amüsant zu hören, was wir heute essen werden (für mich weniger). Da die Putzfrau unten ist, bin ich im Augenblick bei van Daans, sitze am Wachstuchtisch und drücke mir ein Taschentuch – getränkt mit wohlriechendem Parfüm, das noch aus der Vorversteckzeit stammt –, gegen Mund und Nase. Das wirst du so natürlich nicht verstehen, also »mit dem Anfang beginnen«.

Unsere Markenlieferanten sind festgenommen worden, und wir haben nun außer unseren fünf schwarzen Lebensmittelkarten keine Marken und kein Fett mehr. Und weil Miep und Kleiman wieder krank sind, kann Bep auch nichts besorgen. So trübselig wie die Stimmung ist, ist auch das Essen. Morgens haben wir kein Stückchen Fett, Butter oder Margarine mehr. Zum Frühstück gibt es nun nicht mehr Bratkartoffeln (aus Brotersparnis), sondern Brei, und da Frau van Daan meint, dass wir verhungern, haben wir extra Vollmilch gekauft. Unser Mittagessen heute wird Grünkohleintopf aus dem Fass sein. Darum auch die Schutzmaßnahme mit dem Taschentuch. Nicht zu fassen, wie Grünkohl, der wahrscheinlich ein paar Jahre alt ist, stinken kann! Es riecht hier im Zimmer nach einer Mischung aus vergammelten Pflaumen, Konservierungsmittel und faulen Eiern. Bah, mir wird schon schlecht bei dem Gedanken, dass ich dieses Zeug essen muss!

Dazu kommt noch, dass sich unsere Kartoffeln sonderbare Krankheiten eingehandelt haben, und von je zwei Eimern »pommes de terre« einer im Herd verheizt wird. Wir machen uns den Spaß, die verschiedenen Krankheiten zu diagnostizieren, und sind zu dem Schluss gekommen, dass Krebs, Pocken und Masern einander abwechseln. Ja, es ist kein Vergnügen, im vierten Kriegsjahr versteckt zu leben. Wäre der ganze Mist nur schon vorbei!

Aber ehrlich gesagt würde mir das Essen nicht so viel ausmachen, wenn es sonst hier etwas vergnüglicher wäre. Das Schlimme ist, dass dieses langweilige Leben anfängt, uns unausstehlich zu machen. Hier folgen die Meinungen von fünf erwachsenen Untergetauchten über den aktuellen Zustand (Kinder dürfen keine Meinung haben, ich habe mich für diesmal dran gehalten).

Frau van Daan: »Die Beschäftigung als Küchenfee gefällt mir schon lange nicht mehr, aber tatenlos herumzusitzen ist langweilig. Also koche ich doch wieder und jammere: ›Kochen ohne Fett ist unmöglich. Mir wird schlecht von all den ekelhaften Gerüchen. Aber nur Undankbarkeit und Geschimpfe ist der Lohn für meine Mühe. Ich bin immer der Buhmann, an allem gibt man mir die Schuld.‹ Außerdem stelle ich fest, dass der Krieg nicht viele Fortschritte macht, die Deutschen werden am Ende doch noch gewinnen. Ich habe fürchterliche Angst, dass wir verhungern, und schimpfe auf jeden, wenn ich schlechte Laune habe.«

Herr van Daan: »Ich muss rauchen, rauchen, rauchen, nur so sind Essen, Politik und Kerlis Launen auszuhalten, und Kerli *[Frau von Daan; red.]* ist eine liebe Frau. Wenn ich nichts zu rauchen habe, dann werde ich krank, dann brauche ich Fleisch. Dann leben wir zu schlecht, und nichts ist gut genug; es folgt sicher ein heftiger Streit, und meine Kerli ist dann eine schrecklich dumme Frau.«

Frau Frank: »Das Essen ist nicht so wichtig, aber gerade im Moment hätte ich gern eine Scheibe Roggenbrot, denn ich habe schrecklichen Hunger. An der Stelle von Frau van Daan hätte ich dem pausenlosen Rauchen meines Mannes schon

längst einen Riegel vorgeschoben. Aber jetzt brauche ich dringend eine Zigarette, denn ich habe schon einen ganz tumben Kopf. Die van Daans sind schwer zu ertragende Leute, die Engländer machen viele Fehler, und der Krieg geht voran. Aber warum rede ich, ich sollte froh sein, dass ich nicht in Polen bin.«
Herr Frank: »Alles in Ordnung, ich brauche nichts. Immer ruhig, wir haben Zeit. Gib mir meine Kartoffeln, und ich halte den Mund. Schnell noch was von meiner Portion zur Seite legen, für Bep. Politisch gibt es Fortschritte, ich bin optimistisch.«
Herr Dussel: »Ich muss mein Pensum schaffen, alles zur rechten Zeit fertig machen. Mit der Politik geht es bestens, dass wir geschnappt werden, ist unmöglich. Ich, ich, ich ...!«
Deine Anne

Mittwoch, 15. März 1944

Liebe Kitty!

Puh, ein Weilchen befreit von den düsteren Szenarien!

Heute hörte ich nichts anderes als: »Wenn dies oder jenes passiert, dann kommen wir in Schwierigkeiten, wenn der noch krank wird, sind wir ganz allein auf der Welt ... , wenn – dann ... «

Nun ja, den Rest kennst du schon. Ich nehme zumindest an, dass du die Hinterhäusler inzwischen gut genug kennst, um ihre Gespräche zu erraten.

Der Grund für dieses »wenn, wenn« ist, dass Kugler zu sechs Tagen Arbeitsdienst einberufen worden ist, Bep mehr als nur einen zähen Schnupfen hat und wie's aussieht Morgen zu Hause bleiben muss, Miep noch immer an ihrer Grippe leidet und Kleiman eine Magenblutung mit Ohnmacht hatte. Eine wahre Trübsinns-Liste für uns.

Kugler sollte unserer Meinung nach zu einem vertrauenswürdigen Arzt gehen, sich ein Attest holen und es auf dem Rathaus in Hilversum vorlegen. Für Morgen haben die Arbeiter vom Lager einen Tag Urlaub bekommen, Bep wird dann allein im Büro sein. Wenn (schon wieder ein ›Wenn‹) sie zu Hause bleibt, dann wird die Tür verschlossen bleiben und wir müssen mäuschenstill sein, damit die Leute im Nachbarhaus nichts hören. Jan *[Jan Gies; red.]* will um ein Uhr kommen und die Alleingelassenen für eine halbe Stunde besuchen, er macht dann sozusagen den Zoowärter. Jan hat heute Mittag zum ersten Mal seit langer Zeit mal wieder etwas von der Welt da draußen erzählt. Du hättest sehen sollen, wie wir uns alle um ihn scharten, genau wie auf einem Bild »Wenn Großmutter erzählt«.

Er kam vor seinem dankbaren Publikum vom Hundertsten ins Tausendste und redete natürlich in erster Linie übers Essen. Eine von Mieps Bekannten kocht für ihn. Vorgestern bekam er Karotten mit grünen Erbsen, gestern musste er das übrig Gebliebene essen, heute kocht sie Ackererbsen, und morgen gibt's einen Eintopf aus den restlichen Karotten.

Wir fragten nach Mieps Doktor.

»Doktor?«, fragte Jan. »Wie kommen Sie auf Doktor? Ich rief heute Morgen bei ihm an, hatte so ein Assistentchen am Telefon, bat um ein Rezept gegen Grippe und bekam zur Antwort, ich könne es zwischen acht und neun Uhr abholen. Wenn man eine mörderische Grippe hat, kommt der Doktor selbst kurz an den Apparat und sagt: ›Strecken Sie mal Ihre Zunge raus! Sagen Sie Aah! – Ich höre schon, Sie haben einen roten Hals. Ich schreibe Ihnen ein Rezept aus, damit können Sie zur Apotheke gehen. Guten Tag, mein Herr.‹ Und damit basta. Eine bequeme Praxis ist das, wenn man ausschließlich übers Telefon versorgt wird. Aber ich sollte den Ärzten nichts vorhalten, schließlich hat jeder Mensch nur zwei Hände, und heute gibt es Patienten bis zum Überfluss und nur eine minimale Zahl an Ärzten.«

Trotzdem mussten wir lachen, als Jan das Telefongespräch wiedergab. Ich kann mir gut ausmalen, wie zur Zeit ein Wartezimmer aussieht. Man blickt jetzt nicht mehr auf Kassenpatienten hinab, sondern auf Leute, denen nichts Besonderes fehlt, und denkt sich: Mensch, was willst du denn hier? Hinten anstellen, wirklich Kranke kommen zuerst dran!

Deine Anne M. Frank

Donnerstag, 16. März 1944

Liebe Kitty!

Das Wetter ist herrlich, kaum zu beschreiben wie schön. Ich werde sicher gleich zum Dachboden gehen.

Mir ist jetzt klar, warum ich so viel unruhiger bin als Peter. Er hat sein eigenes Zimmer, in dem er arbeitet, vor sich hin träumt, denkt und schläft. Ich werde von der einen Ecke in die andere geschoben. Allein bin ich nie in dem geteilten Zimmer, und doch sehne ich mich so sehr danach. Aus diesem Grund flüchte ich auch zum Dachboden. Dort, und bei dir kann ich mal kurz, ganz kurz, ich selber sein. Aber ich will nicht über meine Sehnsüchte jammern, im Gegenteil, ich möchte mutig sein!

Zum Glück bekommt niemand etwas von meinen Gefühlen mit, außer dass ich mit jedem Tag kühler und verächtlicher zu Mutter werde, mit Vater weniger schmuse und auch Margot nichts mehr anvertraue, ich bin völlig zugeknöpft. Ich will vor allem nach außen sicher wirken, niemand darf wissen, dass in mir noch immer gekämpft wird. Krieg zwischen meinen Sehnsüchten und meinem Verstand. Bis jetzt hat letzterer den Sieg errungen, aber wird sich das Gefühl nicht doch durchsetzen? Manchmal befürchte ich es, und oft ersehne ich es.

Es ist so schwer, Peter davon nichts zu zeigen, aber ich weiß, dass er den ersten Schritt tun muss. Es ist kaum möglich, all die Gespräche und Handlungen, die ich in meinen Träumen mit ihm erlebe, tagsüber wieder als nicht geschehen anzusehen. Ja, Kitty, Anne ist verrückt, aber ich lebe auch in einer verrückten Zeit und unter noch verrückteren Umständen.

Das einzige was mir gut tut, ist, dass ich das, was ich denke und fühle, wenigstens aufschreiben kann, sonst würde ich komplett ersticken. Was Peter wohl über all das denkt? Immer wieder rede ich mir ein, dass ich eines Tages mit ihm darüber sprechen kann. Es muss doch etwas an mir geben, das er in mir gesehen hat, denn die äußere Anne, die er bisher kennt, die kann man doch nicht gern haben! Wie kann er, der so sehr Ruhe und Frieden braucht, Sympathie für mein lärmendes und aufgezogenes Benehmen fühlen? Ist er vielleicht der Erste und Einzige, der hinter meine Betonmaske blicken kann? Wird er mir vielleicht bald nach dahin folgen? Gibt es nicht den alten Spruch, dass auf Mitleid oft Liebe folgt oder dass beides Hand in Hand geht? Ist das nicht auch bei mir so? Ich habe ebenso viel Mitleid mit ihm, wie ich es oft mit mir selbst habe!

Ich weiß einfach nicht, wie ich die ersten Worte finden sollte. Wie könnte er es dann, dem es noch viel schwerer fällt zu sprechen? Könnte ich ihm nur schreiben! Dann hätte ich wenigstens Gewissheit, dass er versteht, was ich sagen wollte, mit Worten ist es so entsetzlich schwer.

Deine Anne M. Frank

Freitag, 17. März 1944

Allerliebster Schatz!

Nochmal Glück gehabt, Beps Erkältung ist keine Grippe geworden, sondern nur ein rauer Hals, und Herr Kugler konnte vom Arbeitsdienst durch das Attest eines Arztes befreit werden. Durch das Hinterhaus weht ein Hauch der Erleichterung. Alles ist in Ordnung, außer dass Margot und ich von unseren Eltern ein bisschen genervt sind. Versteh das nicht falsch, ich liebe Vater, und Margot liebt Vater und Mutter, aber in unserem Alter will man auch ein bisschen für sich selbst entscheiden, man will sich mal von der Elternhand befreien. Wenn ich nach oben gehe, fragt man mich, was ich vorhabe. Bei Tisch darf ich kein Salz nehmen, abends um viertel nach acht fragt Mutter regelmäßig, ob ich mich noch nicht ausziehen wolle, jedes Buch, das ich lese, muss begutachtet werden. Eigentlich ist diese Zensur überhaupt nicht streng, und ich darf fast alles lesen, aber all diese Überwachung plus den ganzen Tag lang die Fragerei finden wir lästig.

Noch etwas gefällt ihnen nicht: Ich will nicht mehr den ganzen Tag Küsschen hier und Küsschen da geben. All die süßen, ausgedachten Kosenamen finde ich gekünstelt. Und Vaters Neigung, über Winde lassen und die Toilette zu sprechen, finde ich grauenhaft. Kurz, ich möchte sie gern mal für eine Weile vom Hals haben, und das verstehen sie nicht. Nicht dass wir ihnen etwas davon gesagt hätten, nein, wozu auch, sie würden es eh nicht verstehen.

Margot sagte gestern Abend: »Ich finde es wirklich blöd. Legt man kurz den Kopf auf die Hände und seufzt zweimal, fragen sie schon, ob man Kopfweh hat oder sich unwohl fühlt.«

Es ist für Margot und mich ein herber Schlag, dass wir nun plötzlich erkennen, wie wenig von dem vertrauten und harmonischen Zuhause übrig geblieben ist. Und das liegt größtenteils daran, dass unser Verhältnis zueinander so schief ist. Ich meine, dass wir wie kleine Kinder behandelt werden, was die ganzen Umstände betrifft, aber wir innerlich viel älter sind als Mädchen unseres Alters. Auch wenn ich erst vierzehn bin, weiß ich doch sehr gut, was ich will, ich weiß, wer Recht und Unrecht hat, ich habe meine Meinung, meine Einstellungen und Grundsätze. Vielleicht klingt das verrückt für einen Teenager, aber ich fühle mich viel mehr Erwachsener als Kind, ich fühle mich selbstständig in jeder Hinsicht. Ich weiß, dass ich besser argumentieren und diskutieren kann als Mutter, ich weiß, dass ich einen objektiveren Blick habe und nicht alles dramatisiere, ordentlicher und geschickter bin, und dadurch fühle ich mich (du magst darüber lachen) ihr in vielen Dingen überlegen. Wenn ich jemanden lieben soll, muss ich vor allem Bewunderung für ihn fühlen, Bewunderung und Respekt, und diese beiden Dinge habe ich gegenüber Mutter überhaupt nicht.

Alles wäre gut, wenn ich nur Peter hätte, denn ich bewundere ihn in vielem. Nicht wahr, er ist so ein feiner und adretter Junge!

Deine Anne M. Frank

Samstag, 18. März 1944

Liebe Kitty!

Niemandem auf der Welt habe ich mehr über mich und meine Gefühle verraten als dir, warum sollte ich dir dann nicht auch etwas über sexuelle Dinge erzählen?

Eltern und Menschen im Allgemeinen verhalten sich bei diesem Thema sehr merkwürdig. Statt ihren Mädchen und Jungen, wenn sie zwölf Jahre alt sind, alles zu erzählen, werden Kinder bei solchen Gesprächen aus dem Zimmer geschickt und dürfen sich selbst darum kümmern, wo sie ihr Wissen aufgabeln. Wenn die Eltern dann später merken, dass ihre Kinder doch etwas erfahren haben, glauben sie, dass die Kinder entweder mehr oder weniger wissen, als es tatsächlich der Fall ist. Warum versuchen sie dann nicht noch, das Versäumte nachzuholen, und erkundigen sich nicht, wie es wirklich darum bestellt ist?

Es gibt da eine Blockade der Erwachsenen, die ich aber unbedeutend finde. Sie glauben nämlich, dass Kinder sich die Ehe dann nicht mehr heilig und rein vorstellen können, wenn sie wissen, dass diese Reinheit in den meisten Fällen bloß Unsinn ist. Ich persönlich finde es für einen Mann überhaupt kein Problem, wenn er ein bisschen Erfahrung mit in die Ehe bringt. Das hat doch mit der Ehe nichts zu tun.

Als ich gerade elf geworden war, klärten sie mich über die Periode auf. Woher sie kommt oder warum es sie gibt, wusste ich aber dadurch längst noch nicht. Mit zwölfeinhalb Jahren erfuhr ich mehr, weil Jopie nicht so unwissend war wie ich. Wie Mann und Frau sich vereinigen, hat mir mein Gefühl selbst gesagt. Am Anfang fand ich diese Vorstellung irre, aber als Jacque es mir bestätigt hat, war ich schon ein bisschen stolz auf meine Intuition.

Dass Kinder bei der Geburt nicht aus dem Bauch heraus kommen, habe ich auch von Jacque, die sagte schlicht: »Wo es hineingeht, kommt es fertig wieder heraus.« Über Jungfernhäutchen und andere Details wussten Jacque und ich aus einem Aufklärungsbuch. Dass man Kinderkriegen verhindern kann, wusste ich auch, aber wie das im Körper funktioniert, war mir ein Rätsel. Als ich hierher kam *[ins Hinterhaus; red.]*, erzählte Vater mir von Prostituierten und so weiter, aber alles in allem blieben genug Fragen übrig.

Wenn eine Mutter ihren Kindern nicht alles erzählt, erfahren sie es häppchenweise, und das ist sicher keine gute Methode.

Obwohl heute Samstag ist, langweile ich mich nicht. Das liegt daran, dass ich mit Peter auf dem Dachboden war. Mit geschlossenen Augen habe ich dagesessen und geträumt, es war wunderbar.

Deine Anne M. Frank

Sonntag, 19. März 1944

Liebe Kitty!

Für mich war gestern ein ganz wichtiger Tag. Nach dem Mittagessen lief alles ganz normal ab. Um fünf Uhr setzte ich Kartoffeln auf, und Mutter gab mir etwas von der Blutwurst, um sie Peter zu bringen. Ich wollte zuerst nicht, machte es dann aber doch. Er wollte die Wurst nicht annehmen, und ich hatte das miserable Gefühl, dass es immer noch wegen der Meinungsverschiedenheit in Sachen Misstrauen war. Auf einmal hielt ich es nicht mehr aus, die Tränen schossen mir in die Augen. Ich brachte die Untertasse zu Mutter zurück und ging aufs Klo, um mich auszuweinen. Dann beschloss ich, die Sache mit Peter zu klären. Vor dem Essen saßen wir zu viert bei ihm an einem Kreuzworträtsel, da konnte ich also nichts sagen. Aber als wir zum Esstisch gingen, flüsterte ich ihm zu: »Machst du heute Abend Steno?«

»Nein«, antwortete er.

»Dann möchte ich dich später kurz sprechen.« Er war einverstanden. Nach dem Abspülen ging ich also zu ihm und fragte ihn, ob er die Blutwurst wegen des letzten Streits abgelehnt hätte. Deswegen war es zum Glück nicht, aber er fand es trotzdem nicht richtig, so schnell einzulenken.

Im Zimmer war es sehr warm gewesen, und mein Gesicht war rot wie ein Krebs. Darum ging ich, nachdem ich Margot das Wasser hinuntergebracht hatte, nochmal rauf, um etwas Luft zu schnappen. Anstandshalber stellte ich mich erst zu van Daans ans Fenster, ging aber schon bald zu Peter. Er stand an der linken Seite des offenen Fensters, ich stellte mich an die rechte. Es ging viel besser, am offenen Fenster und im Dunkeln zu reden, als bei Licht. Ich glaube, Peter fand das auch. Wir haben uns so viel erzählt, so unendlich viel, das kann ich gar nicht alles wiedergeben. Aber es war wunderbar, der schönste Abend, den ich je im Hinterhaus hatte. Einige Themen kann ich dir doch kurz erzählen.

Erst sprachen wir über die Streitereien, und dass ich nun ganz anders damit umgehen kann, dann über den Riss, den es immer mehr zwischen uns und unseren Eltern gibt. Ich erzählte Peter von Mutter und Vater, von Margot und mir selbst. Irgendwann fragte er: »Ihr sagt euch doch bestimmt immer Gutnacht mit einem Kuss?«

»Mit einem? Mit einem ganzen Haufen. Du nicht, oder was?«

»Nein, einen Kuss habe ich fast nie jemandem gegeben.«

»Auch nicht wenn du Geburtstag hast?«

»Doch, dann schon.«

Wir sprachen auch darüber, dass wir beide zu unseren Eltern nicht so viel Zutrauen haben. Dass seine Eltern ihn zwar sehr lieben und vermutlich auch gern sein Vertrauen hätten, aber dass er das nicht wolle. Dass ich meinen Kummer im Bett heraus weine und er auf den Oberboden geht, um zu fluchen. Dass Margot und ich uns auch erst seit kurzem wirklich kennen und dass wir uns doch nicht alles erzählen, weil wir ständig zu eng beieinander sind. Wir sprachen über alles Mögliche, über Vertrauen, Gefühl und über uns selbst. Er benahm sich genauso, wie ich es mir vorgestellt hatte.

Dann kamen wir auf das Jahr 1942 zu sprechen, und wie anders wir damals waren. Wir beide erkennen uns nicht mehr wieder. Dass wir uns am Anfang nicht ausstehen konnten. Er fand mich umtriebig und lästig, und ich fand schon bald den ganzen Jungen fade. Mir leuchtete nicht ein, warum er nicht flirtete, aber jetzt bin ich froh darüber. Er sprach auch noch davon, wie er sich so oft abgesondert hatte, und ich sagte, dass zwischen meinem Rummel und Übermut und seiner Stille gar nicht so viel Unterschied sei und ich auch die Stille liebe, aber nirgends für mich allein sein könnte, außer bei meinem Tagebuch. Und dass mich jeder lieber gehen als kommen sieht, vor allem Herr Dussel, und im Zimmer der Eltern möchte ich auch nicht immer sein. Er ist froh, dass meine Eltern Kinder haben, und ich bin froh, dass er hier ist. Ich sagte ihm, dass ich seine Abkapselung und sein Verhalten gegenüber seinen Eltern verstehe und ihm gerne bei den Streitereien helfen würde.

»Du hilfst mir doch immer!«, sagte er.
»Womit denn?«, fragte ich verblüfft.
»Mit deiner Heiterkeit.«

Das war wohl das Schönste, das er mir gesagt hat. Er ergänzte noch, dass er es gar nicht mehr lästig fände, wenn ich zu ihm komme, sondern toll. Und ich erzählte ihm, dass mir all die Kosenamen von Vater und Mutter hohl vorkommen und ein Küsschen hier und ein Küsschen da noch kein Vertrauen schaffen kann. Wir sprachen über unsere eigenen Vorsätze, über das Tagebuch und das Alleinsein, den Unterschied zwischen einem Innen- und einem Außenmenschen, den es bei jedem gibt, über meine Maske und so weiter.

Es war herrlich. Er muss angefangen haben, mich als Kameradin wertzuschätzen, und das ist vorläufig genug. Ich kann nicht sagen, wie dankbar und froh ich bin. Und ich muss mich wirklich bei dir entschuldigen, Kitty, dass mein Stil heute unter dem üblichen Niveau liegt. Ich habe spontan aufgeschrieben, was mir so eingefallen ist. Ich fühle mich, als teilten Peter und ich ein Geheimnis. Wenn er mich ansieht, mit diesen Augen, diesem Lächeln und diesem Blinzeln, ist es, als schaltet sich in meinem Innersten ein Licht an. Ich hoffe, dass es so bleiben wird, und dass wir noch viele, viele schöne Stunden zusammen verbringen können.

Deine dankbare und frohe Anne

Montag, 20. März 1944

Liebe Kitty!

Peter fragte mich heute Morgen, ob ich abends mal öfter zu ihm kommen könnte. Es würde ihn wirklich nicht stören, und in seinem Zimmer wäre ebenso gut auch Platz für zwei. Ich sagte, jeden Abend könnte ich nicht kommen, weil sie das unten nicht gut fänden, aber er meinte, ich solle mich nicht darum kümmern. Ich sagte, dass ich am Samstagabend gern käme, und bat ihn, mir auf jeden Fall Bescheid zu geben, wenn man den Mond sehen könnte.

»Dann gehen wir hinunter«, sagte er, »und schauen uns von dort den Mond an.« Ich war einverstanden, und so große Angst, dass Einbrecher da sind, habe ich auch wirklich nicht.

Inzwischen ist ein Schatten auf mein Glück gefallen. Mir war schon längst klar, dass Margot Peter mehr als nur nett findet. Ob sie ihn liebt, weiß ich nicht, aber ich finde es sehr schlimm. Jedes Mal, wenn ich jetzt Peter treffe, muss ich ihr wehtun, und es ist bewundernswert, dass sie sich fast nichts anmerken lässt. Ich an ihrer Stelle wäre verzweifelt vor Eifersucht, aber Margot meint nur, dass ich kein Mitleid mit ihr haben müsse.

»Ich finde es so schlimm, dass du als Dritte daneben stehst«, sagte ich.

»So was kenn ich schon«, sagte sie ziemlich bitter.

Ich wage nicht, das Peter zu erzählen. Vielleicht später. Wir müssen uns erst noch richtig aussprechen.

Mutter hat mir gestern einen kleinen Schlag verpasst, den ich echt verdient habe. Ich darf mich in meiner Herzlosigkeit und Verachtung ihr gegenüber nicht so gehen lassen. Also wieder mal, trotz allem versuchen, freundlich zu bleiben und meine Bemerkungen zu zügeln.

Auch Pim ist nicht mehr so herzlich. Er versucht ein wenig, sich das Kindische abzugewöhnen und ist nun viel zu nüchtern. Mal sehen, wie das weitergeht. Er hat mir angedroht, dass ich später sicher keine Nachhilfestunden bekommen werde, wenn ich kein Algebra mache. Obwohl ich denke, die Zeit wird das schon zeigen, will ich doch wieder damit anfangen, aber nur, wenn ich ein neues Buch bekomme.

Vorläufig kann ich nichts anderes tun, als Peter anzuschauen, und ich bin trunken davon!

Deine Anne M. Frank

Ein Beweis von Margots Güte. Das erhielt ich heute, am 20. März 1944:

»Anne, gestern sagte ich, ich wäre nicht eifersüchtig auf dich, aber das stimmt nur zu 50 Prozent. Es verhält sich so, dass ich weder auf dich noch auf Peter eifersüchtig bin. Ich finde es nur für mich selbst ein wenig schade, dass ich noch niemanden gefunden habe und vorläufig sicher nicht finden werde, mit dem ich über mein Denken und Fühlen sprechen kann. Gerade deshalb gönne ich es euch beiden von Herzen, wenn ihr euch etwas Vertrauen schenken könnt. Dir fehlt hier schon genug von dem, was für viele andere so selbstverständlich ist. Andererseits kann ich mir genau denken, dass ich mit Peter doch nie so weit gekommen wäre, weil ich fühle, dass ich mit demjenigen, mit dem ich viel Privates teilen möchte, doch auf ziemlich intimem Fuß stehen müsste. Ich müsste das Gefühl haben, dass er mich, auch ohne dass ich viel rede, durch und durch versteht. Deshalb muss es jemand sein, bei dem ich das Gefühl habe, dass er mir geistig überlegen ist, und das kann ich bei Peter nicht sagen. Bei dir und Peter könnte ich es mir aber gut vorstellen.

Du brauchst dir also überhaupt keine Sorgen zu machen, dass ich zu kurz komme und du etwas tust, was eigentlich ich tun sollte. Nichts ist weniger wahr. Du und Peter werdet nur gewinnen können durch den Umgang miteinander.«
Meine Antwort:
Liebe Margot!
Deinen Brief fand ich außergewöhnlich lieb, aber ich bin doch nicht ganz beruhigt und werde es wohl auch nicht werden.

Von Vertrauen in dem Ausmaß, das du meinst, kann zwischen Peter und mir vorläufig noch keine Rede sein, nur, an einem offenen und verdunkelten Fenster sagt man einander mehr als im hellen Sonnenschein. Auch kann man seine Gefühle leichter im Flüsterton zeigen, als wenn man sie ausposaunen würde.

Ich glaube, dass du für Peter eine Art geschwisterliche Zuneigung fühlst und ihm gern helfen möchtest, mindestens so gern wie ich. Vielleicht wirst du das auch nochmal tun können, obwohl das nicht die Art Vertrauen ist, das wir jetzt meinen. Ich finde, Vertrauen muss von zwei Seiten kommen. Ich glaube, das ist auch der Grund, dass es zwischen Vater und mir nie so gut geklappt hat. Hören wir jetzt damit auf und reden auch nicht mehr darüber. Wenn du mir noch etwas sagen willst, tu es bitte schriftlich, denn so kann ich viel besser ausdrücken, was ich meine, als wenn ich spreche. Du weißt gar nicht, wie sehr ich dich bewundere, und ich hoffe wirklich, dass ich nochmal etwas von Vaters und deiner Güte bekomme, denn darin ist zwischen euch kein großer Unterschied mehr.
Deine Anne

Mittwoch, 22. März 1944

Liebe Kitty!
Dies bekam ich gestern Abend von Margot:
»Beste Anne! Nach deinem gestrigen Brief habe ich das unschöne Gefühl, dass du Gewissensbisse hast, wenn du zu Peter gehst, um zu arbeiten oder zu reden. Es gibt aber wirklich keinen Grund dafür. Nur wer in meinem Herzen ist, hat Recht auf gegenseitiges Vertrauen, und ich könnte Peter nicht auf dieser Stelle dulden. Was du geschrieben hast, dass ich Peter wie eine Art Bruder sehe, ... aber ein jüngerer Bruder, das stimmt. Unsere Gefühle strecken Fühler aus, um sich vielleicht später, vielleicht auch nie, in geschwisterlicher Zuneigung nahe zu kommen. So weit ist es jedoch längst nicht. Du brauchst also wirklich kein Mitleid mit mir zu haben. Genieße so oft wie möglich die Gesellschaft, die du nun gefunden hast.«

Es wird hier immer besser. Ich glaube, Kitty, dass wir hier im Hinterhaus vielleicht noch eine echte große Liebe sehen werden. All das Scherzen über eine Heirat mit Peter, wenn wir noch lange hier bleiben, war also doch nicht so irre. Ich habe wirklich keine Gedanken daran, ihn zu heiraten. Ich habe keine Ahnung, wie er mal sein wird, wenn er erwachsen ist. Ich kann auch nicht sagen, ob wir uns einmal so lieb haben, dass wir Lust hätten, zu heiraten. Dass Peter mich auch gern hat, darüber bin ich mir inzwischen sicher. Auf welche Art er mich mag, weiß ich nicht. Ob er nur eine gute Kameradin sucht oder ob ich ihn als Mädchen anziehe oder aber als eine Art Schwester, das habe ich noch nicht rausgefunden. Als er sagte, dass ich ihm bei den Streitereien seiner Eltern immer Mut mache, war ich riesig froh und schon einen Schritt weiter auf dem Weg, seine Freundschaft für wahr zu halten. Gestern fragte ich ihn, was er machen würde, wenn es hier ein Dutzend Annes gäbe und alle würden ständig zu ihm kommen. Er antwortete: »Wenn sie alle so wären wie du, wäre das wirklich kein Problem!«

Er ist sehr entgegenkommend zu mir, und ich glaube schon, dass er mich wirklich gern kommen sieht. Französisch lernt er inzwischen sehr beflissen, sogar abends im Bett bis viertel nach zehn. Ach, wenn ich an Samstagabend denke, an unsere Worte, unsere Stimmen, dann bin ich zum ersten Mal mit mir selbst zufrieden. Dann bin ich sicher, dass ich nun genau dasselbe nochmal sagen würde und nicht etwas ganz anderes, wie sonst immer. Er ist so hübsch, wenn er lacht, und genauso, wenn er still vor sich hin schaut. Er ist lieb und gut und hübsch. Meiner Meinung nach war er in dem Moment am meisten überrascht, als er merkte, dass ich gar nicht das oberflächlichste Mädchen der Welt bin, sondern genauso tiefgründig wie er, mit ebenso vielen Problemen, wie er selbst hat.

Gestern Abend nach dem Spülen hoffte ich, dass er mich bitten würde, oben zu bleiben. Aber nichts geschah. Ich ging davon, und er kam herunter, um Dussel zum Radio zu rufen. Der trödelte im Badezimmer herum, aber als Dussel zu lange brauchte, ging er nach oben. Ich hörte ihn in seinem Zimmer auf und ab gehen, und dann ging er sehr früh ins Bett.

Ich war den ganzen Abend über so unruhig, dass ich immer wieder ins Badezimmer ging, mir das Gesicht kalt abwusch, las, wieder träumte, auf die Uhr schaute und wartete, wartete, wartete und horchte, ob er käme. Am Morgen lag ich dann todmüde im Bett. Heute Abend ist Baden dran, und was wird Morgen sein?

Das ist noch so lange!

Deine Anne M. Frank

Meine Antwort an Margot:

»Liebe Margot! Am besten fände es, wenn wir nun einfach abwarten, was weiter passiert. Sehr lange kann es nicht mehr dauern, bis die Entscheidung zwischen Peter und mir fällt, entweder wieder normal oder anders. Wie das gehen soll, weiß ich nicht, denn ich kann, was das betrifft, nicht weiter sehen, als meine Nase lang ist.

Aber eins mache ich sicher. Wenn Peter und ich Freundschaft schließen, dann sage ich ihm, dass du ihn auch sehr gern hast und für ihn da bist, falls er es braucht. Letzteres wirst du sicher nicht mögen, aber mir macht das jetzt nichts aus. Wie Peter über dich denkt, weiß ich nicht, aber ich werde ihn dann schon fragen. Bestimmt nicht schlecht, ganz im Gegenteil! Komm ruhig auf den Dachboden oder wo immer wir sind, du störst wirklich nicht, denn wir haben, glaube ich, stillschweigend vereinbart, dass, wenn wir sprechen wollen, das abends im Dunkeln tun.

Bleib tapfer! Ich versuche es auch, obwohl es nicht immer einfach ist. Deine Zeit kommt möglicherweise schneller, als du ahnst.«

Deine Anne

Donnerstag, 23. März 1944

Liebe Kitty!

Hier läuft alles wieder so einigermaßen. Unsere Marken-Quellen sind zum Glück aus dem Gefängnis entlassen worden.

Miep ist seit gestern wieder hier, heute hat sich ihr Ehemann ins Bett gelegt. Frösteln und Fieber, die bekannten Grippesymptome. Bep ist gesund, obwohl sie weiter hustet. Nur Kleiman wird noch lange zu Hause bleiben müssen.

Gestern ist hier ein Flugzeug abgestürzt. Die Insassen sind noch rechtzeitig mit dem Fallschirm rausgekommen. Die Maschine krachte auf eine Schule, in der gerade keine Kinder waren. Es gab einen kleinen Brand und ein paar Menschen kamen ums Leben. Die Deutschen haben auf die tiefffliegenden Maschinen geschossen. Die Amsterdamer Augenzeugen schäumten vor Wut über so eine niederträchtige Tat. Wir, das heißt die Damen, erschraken auch zu Tode. Brrr, ich finde Schießen widerwärtig!

Jetzt zu mir selbst.

Gestern, als ich bei Peter war, kamen wir, ich weiß wirklich nicht mehr wie, auf das Thema Sexualität zu sprechen. Ich hatte längst den Plan, ihn einiges zu fragen. Er weiß alles. Als ich ihm sagte, Margot und ich seien überhaupt nicht richtig aufgeklärt, war er ganz erstaunt. Ich redete viel über Margot und mich und Mutter und Vater, und sagte, dass ich mich in letzter Zeit gar nicht mehr traue, so etwas zu fragen. Ob er mich aufklären solle, fragte er dann, und ich nahm das dankbar an. Er hat mir erklärt, wie Verhütungsmittel wirken, und ich fragte ihn wagemutig, woran Jungs merken, dass sie erwachsen sind. Darüber müsse er erst mal nachdenken, meinte er, er wolle es mir abends sagen. Unter anderem erzählte ich ihm die Geschichte von Jacque und mir, und dass Mädchen sich gegenüber starken Jungs nicht wehren können.»Vor mir brauchst du keine Angst zu haben«, sagte er.

Abends, als ich wieder zu ihm kam, sprach er mit mir dann über die Jungs. Ein bisschen gehemmt waren wir schon, aber es war doch toll, mit ihm darüber zu sprechen. Er und ich konnten uns beide nicht vorstellen, dass wir je mit einem Mädchen beziehungsweise mit einem Jungen so offen über die intimsten Dinge reden könnten. Ich glaube, ich weiß jetzt Bescheid. Er hat mir viel von Präventivmitteln *[gemeint vermutlich: Verhütungsmittel; red.]* erzählt.

Abends im Badezimmer sprachen Margot und ich lange über zwei frühere Bekannte.

Heute Morgen erwartete mich etwas sehr Unangenehmes. Nach dem Frühstück gab mir Peter zu verstehen, mit ihm nach oben zu gehen. »Du hast mich ganz schön reingelegt«, sagte er. »Ich habe mitbekommen, worüber Margot und du gestern im Badezimmer geredet habt. Ich glaube, du wolltest mal testen, was Peter davon weiß *[von Sexualität; red.]*, und dir dann einen Spaß damit machen!«

Ich war sprachlos. Ich habe versucht, ihm das auszureden, so gut es ging. Ich kann so gut nachvollziehen, wie er sich gefühlt haben muss, und dabei stimmte es nicht mal!

»O nein, Peter«, sagte ich, »so gemein wäre ich nie. Ich habe versprochen, nicht zu tratschen, und daran halte ich mich auch. Dir etwas vorzumachen und dann so schändlich zu handeln, nein, Peter, das wäre nicht mehr lustig, das wäre unfair. Ich habe nichts erzählt, ehrlich, glaubst du mir?«

Er sagte, er glaube mir, aber ich muss nochmal darüber mit ihm reden. Ich grüble schon den ganzen Tag darüber nach. Ein Glück, dass er sofort gesagt hat, was er dachte. Stell dir vor, er hätte so einen üblen Verdacht mit sich herum getragen. Der liebe Peter! Jetzt werde und muss ich ihm alles erzählen!

Deine Anne

Freitagmorgen, 24. März 1944

Beste Kitty!

Ich gehe zur Zeit oft abends hinauf, um in Peters Zimmer ein wenig frische Luft zu schnappen. In einem dunklen Zimmer ergeben sich viel schneller richtige Gespräche, als wenn einem die Sonne ins Gesicht scheint. Ich finde es angenehm, neben ihm auf einem Stuhl zu sitzen und hinauszublicken.

Van Daan und Dussel benehmen sich sehr blöd, wenn ich in Peters Zimmer verschwinde. »Annes zweite Heimat«, heißt es dann. Oder: »Geziemt es sich für Herren, abends im Dunkeln noch junge Mädchen zu Besuch zu haben?«

Peter bleibt erstaunlich gelassen bei solch angeblich witzigen Sticheleien. Mutter ist übrigens auch nicht wenig neugierig und würde mich sicher gern nach dem Inhalt unserer Gespräche fragen, wenn sie sich nicht insgeheim vor einer abweisenden Antwort fürchten würde. Peter sagt, dass die Erwachsenen neidisch sind, weil wir junge Leute uns aus ihren Gehässigkeiten nicht viel machen.

Manchmal holt Peter mich unten ab. Aber das ist auch peinlich, weil er trotz allem ein knallrotes Gesicht kriegt und fast kein Wort rausbekommt. Ich bin wirklich froh, dass ich nie rot werde, das muss wirklich sehr lästig sein.

Außerdem gefällt es mir auch nicht, dass Margot ganz alleine unten sitzt, während ich oben prima Gesellschaft habe. Aber was kann ich tun? Ich fände es schön, wenn sie mit hinaufginge, aber dann wäre sie wieder das fünfte Rad am Wagen.

Von allen Seiten muss ich mir ganz schön viel über die plötzliche Freundschaft anhören und weiß gar nicht, wie viele Tischgespräche sich schon um das Heiraten im Hinterhaus drehten, falls der Krieg weitere fünf Jahre dauern sollte. Was gehen uns eigentlich diese Erwachsenensprüche an? Jedenfalls nicht viel, die sind doch alle blöd. Haben meine Eltern vergessen, dass sie auch mal jung waren? Scheint so. Immer, wenn wir einen Witz machen, fassen sie es ernst auf, und jedes Mal, wenn wir etwas ernst meinen, lachen sie.

Wie die Geschichte nun weitergeht, weiß ich wirklich nicht, ebenso wenig, ob wir uns immer etwas zu sagen haben werden. Aber wenn es weitergeht zwischen uns, werden wir wohl auch beieinander sein, ohne zu reden. Wenn sich die Alten da oben bloß nicht so blöd anstellen würden. Bestimmt sehen sie mich nicht so gern kommen. Dabei erzählen Peter und ich doch niemandem, worüber wir sprechen. Stell dir vor, sie wüssten, was für intime Themen wir haben.

Ich würde Peter gern mal fragen, ob er weiß, wie ein Mädchen eigentlich aussieht. Ein Junge ist von unten gesehen, glaube ich, nicht so kompliziert gebaut wie ein Mädchen. Auf Fotos und Abbildungen von nackten Männern kann man doch sehr gut erkennen, was da ist, aber bei Frauen nicht. Da sind die Geschlechtsteile oder wie das heißt, mehr versteckt. Er hat doch wahrscheinlich noch nie ein Mädchen aus solcher Nähe gesehen; und ehrlich gesagt, ich auch nicht. Bei Jungs ist es wirklich sehr viel einfacher. Aber wie um Himmels Willen kann ich diese Frauen-Konstruktion erklären? Denn dass er es nicht genau weiß, konnte ich aus seinen Worten erraten. Er sprach vom »Muttermund«, aber der ist ja innen, der ist überhaupt nicht zu sehen. Es ist bei uns doch sehr knifflig konstruiert. Bevor ich elf oder zwölf Jahre alt war, wusste ich nicht mal, dass es auch noch die inneren Schamlippen gibt, die sind ganz versteckt. Und das Lustigste ist, dass ich dachte, der Urin käme aus dem Kitzler. Als ich Mutter einmal fragte, was dieser Zapfen bedeutet, sagte sie, dass sie das nicht wüsste. Wie die sich immer dumm stellen!

Aber zurück zum Thema. Wie soll man ohne ein Modell verdeutlichen, wie das alles zusammenhängt? Soll ich es hier gleich mal versuchen? Also los!

Von vorn siehst du, wenn du aufrecht stehst, nur Haare. Zwischen den Beinen sind so Kissen, weiche Dinger, auch behaart, die beim Stehen zusammen liegen. Man kann das, was drinnen ist, so nicht erkennen. Wenn du dich setzt, gehen sie auseinander, und innen sieht es sehr rot und grauslig fleischig aus. Oben, zwischen den großen Schamlippen, ist eine Hautfalte, die bei näherer Betrachtung eigentlich so eine Art Knöpfchen ist. Das ist der Kitzler. Dann kommen die kleinen Schamlippen, die drücken sich zueinander, und bilden eine Falte. Wenn die sich öffnet, ist darin ein fleischige Erhebung, nicht größer als die Oberkante meines Daumens. Der obere Teil davon ist durchlässig, da sind verschiedene Löcher drin, aus denen der Urin kommt. Der untere Teil scheint nur Haut zu sein, aber dort befindet sich die Scheide. Sie ist ganz von Hautfalten zugedeckt und kaum zu entdecken. So erstaunlich klein ist das Loch darin, dass ich mir kaum vorstellen kann, wie dort ein Mann hinein soll, geschweige denn ein ganzes Kind heraus. In dieses Loch kommst du noch nicht mal so leicht mit deinem Zeigefinger! Das ist alles, und doch spielt es so eine große Rolle.

Deine Anne M. Frank

Samstag, 25. März 1944

Liebe Kitty!

Wenn man sich selbst verändert, merkt man das erst, wenn es schon passiert ist. Ich bin verändert, und zwar total, ganz und gar. Meine Urteile und Meinungen, mein kritischer Blick, mein Äußeres und mein Inneres, alles hat sich verändert, und zwar positiv. Schon einmal habe ich dir erzählt, wie schwierig es für mich, als ich hierher kam, war, aus dem Leben einer umworbenen Person in die kalte Wirklichkeit von Maßregelungen und Erwachsenen zu kommen. Aber Vater und Mutter sind zu einem großen Teil mit verantwortlich dafür, dass ich so viel aushalten musste, sie hätten mich nicht noch zusätzlich widerspenstig und mir bei allen Streitereien nur »ihre« Seite aufdrücken sollen. Es dauerte es eine ganze Weile, bis ich dahinter kam, dass sie sich bei ihren Streitereien in nichts nachstehen. Aber jetzt ist mir klar, wie viele Fehler alle gemacht haben. Der größte Fehler von Vater und Mutter gegenüber den van Daans ist, dass sie nie offenherzig und zugewandt sprechen (auch wenn die Freundschaft ab und zu geheuchelt wird).

Ich möchte vor allem den Frieden erhalten und weder streiten noch tratschen. Bei Vater und Margot ist das nicht schwierig, bei Mutter schon. Deshalb ist es schon verständlich, wenn sie mir ab und zu auf die Finger klopft. Herrn van Daan kann man auch gewinnen, wenn man ihn recht haben lässt, ihm aufmerksam zuhört, wenig sagt und vor allem auf seine Scherze und blöden Witzchen amüsiert reagiert. Frau van Daan gewinnt man durch offenherziges Reden und Alles-Zugeben.

Sie selbst gesteht ihre Fehler, die sehr zahlreich sind, auch offen ein. Ich weiß genau, dass sie nicht mehr so schlecht über mich denkt wie zu Beginn. Das kommt, weil ich geradeheraus bin und den Menschen auch mal weniger schmeichelhafte Dinge einfach ins Gesicht sage. Ich möchte ehrlich sein und finde, dass man damit viel weiter kommt. Es kommt dazu, dass man sich dann selbst viel besser fühlt.

Gestern redete Frau van Daan mit mir über den Reis, den wir Kleiman überlassen haben. »Wir haben gegeben, gegeben und nochmal gegeben«, sagte sie. »Aber dann kam ich an den Punkt, als ich sagte: Jetzt reicht es. Herr Kleiman kann selbst an Reis kommen, wenn er sich bemüht. Warum müssen wir denn alles aus unseren Reserven hergeben? Wir brauchen es genauso dringend.«

»Nein, Frau van Daan« antwortete ich, »dieser Meinung bin ich nicht. Herr Kleiman könnte vielleicht an Reis kommen, aber er findet es unangenehm, sich darum zu kümmern. Es steht uns nicht zu, die Leute, die uns helfen, zu kritisieren. Wir müssen ihnen geben, was immer wir entbehren können und was sie brauchen. Von einem zusätzlichen Teller Reis pro Woche haben wir auch nichts, wir können genauso gut Hülsenfrüchte essen.« Frau van Daan war anderer Meinung, aber sie sagte auch, dass sie das, obwohl sie nicht damit einverstanden sei, schon akzeptieren könne, das wäre eine andere Sache.

Na gut, genug davon; manchmal weiß ich, wo mein Platz ist, aber manchmal zweifle ich auch. Aber ich werde es schaffen! O ja! Vor allem dadurch, dass ich jetzt Hilfe habe. Denn Peter hilft mir bei manch harter Nuss und manch saurem Apfel!

Ich weiß ehrlich nicht, wie sehr er mich mag und ob es je zu einem Kuss kommen wird, ich will es jedenfalls nicht erzwingen! Vater habe ich gesagt, dass ich oft zu Peter gehe und ob das für ihn in Ordnung wäre. Natürlich fand er es in Ordnung.

Peter erzähle ich auch ganz zwanglos Dinge, die ich sonst nie rauslasse. So habe ich ihm gesagt, dass ich später gern schreiben möchte. Aber auch falls ich keine Schriftstellerin werde könnte, dann will ich doch neben meinem Beruf oder anderen Aufgaben das Schreiben nie vernachlässigen. Ich bin nicht reich, nicht hübsch, nicht intelligent, nicht gebildet, aber ich bin und werde glücklich sein! Ich habe eine glückliche Natur, ich liebe die Menschen, bin nicht misstrauisch und will auch, dass alle anderen glücklich sind.

Deine ergebene Anne M. Frank

Und wieder hat der Tag mir nichts gebracht
Er kam mir vor, wie die dunkelste Nacht.

(Das ist schon ein paar Wochen her und zählt nicht mehr. Weil meine Verse aber so selten sind, hab ich's einfach aufgeschrieben.)

Liebe Kitty!   *Montag, 27. März 1944*

Die Politik müsste eigentlich in unserer hier verewigten Erzählung vom Untertauchen ein bedeutendes Kapitel einnehmen, aber da mich dieses Thema persönlich nicht so sehr beschäftigt, habe ich es oft links liegen gelassen. Darum werde ich heute mal einen ganzen Eintrag der Politik widmen.

Dass es sehr viele verschiedene Meinung zu diesem Thema gibt, ist klar, dass in schlimmen Kriegszeiten auch viel darüber geredet wird, ist noch logischer, aber dass so eine Menge deswegen gestritten wird, ist einfach nur dumm! Sollen sie wetten, spaßen, schimpfen, jammern, sollen sie in ihrem eigenen Fett braten, solange sie nur nicht streiten. Das hat meistens schlimme Folgen. Die Leute, die von draußen kommen, bringen viele Falschmeldungen mit, aber unser Radio hat bis jetzt noch nie gelogen. Bei Jan, Miep, Kleiman, Bep und Kugler gehen die politischen Stimmungen rauf und runter, bei Jan allerdings am wenigsten.

Hier im Hinterhaus ist die Stimmung bezüglich Politik immer dieselbe. Bei den zahllosen Debatten über Invasion, Luftangriffe, Ansprachen und so weiter hört man auch viele Bemerkungen wie:»Unmöglich!«»Um Gottes willen, wenn sie jetzt erst damit anfangen wollen, wie soll das klappen?»Es läuft ausgezeichnet, prima, bestens!« Optimisten, Pessimisten und, nicht zuletzt die Realisten geben unermüdlich ihre Meinung zum Besten, und wie das meist so ist: Jeder denkt, dass nur er Recht hat. Eine gewisse Dame ärgert sich über das unbegreifliche Vertrauen, das ihr Herr Gemahl in die Engländer setzt. Ein gewisser Herr giftet seine Dame immer an wegen ihrer spöttischen und herablassenden Bemerkungen in Richtung seiner geliebten Nation! Von frühmorgens bis spätabends geht das so, und das Schönste daran ist, dass es ihnen nie überdrüssig wird!

Ich habe etwas entdeckt, und die Wirkung ist beachtlich. Gerade so, als ob du jemanden mit einer Nadel stichst und er aufspringt. Genauso funktioniert mein Mittel. Bring das Thema Politik auf, eine Frage, ein Wort, ein Satz, und augenblicklich sind alle mittendrin!

Als ob nun die deutschen Wehrmachtsberichte und der englische BBC noch nicht reichen würden, kam vor kurzem noch eine »Luftlagemeldung« hinzu, Großartig, aber andererseits oft deprimierend. Die Engländer machen aus ihren Luftschlägen einen Dauerbetrieb, höchstens noch zu vergleichen mit den deutschen Lügen.

Das Radio läuft schon morgens um acht Uhr, wenn nicht schon früher, und wird bis abends um neun, zehn, manchmal auch elf jede Stunde verfolgt. Das ist doch der beste Beweis, dass die Erwachsenen Sitzfleisch und nur schwer zu erreichende Gehirne haben (manche natürlich schon, ich will niemanden beleidigen). Uns würde es nach einer, höchstens zwei Sendungen schon für den ganzen Tag reichen. Aber die alten Gänse ..., na ja, ich sagte es schon! Arbeiterprogramm, Oranje, Frank Philips oder Ihre Majestät Wilhelmina, alles kommt dran und wird ehrerbietig verfolgt. Kaum sind sie nicht am Essen oder Schlafen, dann hocken sie beim Radio und reden über Essen, Schlafen und Politik. Uff, es wird öde, und es ist ein echtes Kunststück, dabei nicht selbst zu einem langweiligen alten Mütterchen zu werden! Den alten Herrschaften kann Letzteres nicht mehr viel ausmachen!

Ein perfektes Beispiel ist die Rede des von uns allen geschätzten Winston Churchill: Neun Uhr, Sonntagabend. Der Tee steht unter der Haube auf dem Tisch, die Gäste erscheinen. Dussel setzt sich links neben das Radio, Herr van Daan genau davor, Peter neben ihn. Mutter neben Herrn van Daan, Frau van Daan dahinter. Margot und ich ganz hinten, Pim an den Tisch. Ich merke, dass das nicht ganz eindeutig ist, aber unsere Plätze sind letztlich auch egal. Die Herren paffen, Peters Augen klappen von dem anstrengenden Zuhören zu. Mama, in ihrem langen, dunklen Morgenrock, und Frau van Daan bibbern wegen der Flieger, denen die Rede egal ist und die frohgemut Richtung Essen fliegen. Vater schlürft Tee, Margot und ich sind schwesterlich vereint durch die schlafende Mouschi, die von jeder ein Knie in Beschlag nimmt. Margot hat Lockenwickler in den Haaren, ich stecke in einem viel zu kleinen, engem und zu kurzem Nachtgewand. Es scheint familiär, gemütlich, friedlich – ist es für diesmal auch.

Aber ich warte mit Schrecken, was im Anschluss an die Rede passiert. Sie können es ja schon fast nicht mehr erwarten, zappeln vor Ungeduld, ob daraus vielleicht nicht wieder ein Streit entstehen könnte! Tss, Tss, wie eine Katze, die eine Maus aus ihrem Loch lockt, heizen sie sich gegenseitig zu Streit und Zwist auf.

Deine Anne

Dienstag, 28. März 1944

Liebste Kitty!

Über Politik könnte ich noch viel mehr schreiben, aber heute gibt es wieder eine Menge anderer Dinge zu berichten. Das eine: Mutter hat mir eigentlich verboten, so oft nach oben zu gehen, denn sie glaubt, dass Frau van Daan eifersüchtig ist. Das andere: Peter hat Margot eingeladen, mit nach oben zu kommen, ob es jetzt aus Höflichkeit ist, oder weil er es ernst meint, weiß ich nicht. Drittens fragte ich Vater, ob er denke, dass ich mich an der Eifersucht stören müsse. Er meint, ich müsse nicht.

Was nun? Mutter ist erbost, will mich nicht nach oben lassen, sondern mich wieder drinnen bei Dussel arbeiten lassen; sie ist vielleicht auch ein bisschen eifersüchtig. Vater gönnt Peter und mir die Stunden und findet es prima, dass wir uns so gut verstehen. Margot mag Peter auch, fühlt aber, dass man zu dritt nicht so sprechen kann, als wenn man zu zweit ist.

Außerdem glaubt Mutter, dass Peter in mich verliebt ist. Ich wünsche mir, offen gesagt, dass es so wäre. Dann wäre es ausgeglichen und wir könnten uns viel leichter näher kommen. Sie sagt auch, dass er mich so oft anschaut. Das stimmt schon, dass wir uns mehr als einmal zuzwinkern. Und dass er meine Wangengrübchen anziehend findet, dafür kann ich doch nichts! Stimmt's?

Ich bin in einer sehr verzwickten Lage. Mutter ist gegen mich, und ich bin gegen sie. Vater will von dem stillen Kampf zwischen uns beiden nichts wissen. Mutter ist bekümmert, weil sie mich noch lieb hat, ich bin überhaupt nicht darüber bekümmert, dass sie für mich erledigt ist. Und Peter ... Peter will ich nicht aufgeben. Er ist so liebenswert, und ich bewundere ihn. Es könnte so wunderbar zwischen uns werden, warum stecken die Alten ihre Nasen hinein? Ein Glück, dass ich daran gewöhnt bin, mein Inneres zu verbergen. Es gelingt mir hervorragend, nicht zu zeigen, wie versessen ich auf ihn bin. Wird er sich öffnen? Werde ich je seine Wange fühlen, so wie ich Petels Wange im Traum fühlte? Peter und Petel *[Schulfreund Peter Schiff; red.]*, ihr seid eins!

Sie begreifen uns nicht, können nie verstehen, dass wir schon damit zufrieden sind, nur beieinander zu sitzen, ohne zu reden. Sie verstehen nicht, was uns zueinander zieht.

Wann werden alle Schwierigkeiten endlich überwunden sein? Und doch ist es gut, sie überwinden zu müssen, dann ist es am Ende umso schöner. Wenn er daliegt, den Kopf auf den Armen, dann ist er ein Kind. Wenn er mit Mouschi spielt oder über sie spricht, dann ist er liebevoll. Wenn er Kartoffeln oder andere schwere Sachen schleppt, dann ist er stark. Beim Feuergefecht, oder wenn er im Dunkeln nachsieht, ob Diebe da sind, dann ist er mutig. Und wenn er so linkisch und ungeschickt tut, dann ist er eben lieb. Es ist für mich viel schöner, wenn er mir etwas erklärt, als wenn ich ihm etwas beibringen muss. Ich wünschte mir, dass er mir in fast allem überlegen wäre.

Die Mütter können mir egal sein. Wenn er nur etwas sagen würde! Vater sagt immer, dass ich eine Zierpuppe bin, aber das stimmt nicht. Ich bin nur eitel. Bis jetzt haben mir noch nicht sehr viele Leute gesagt, dass sie mich hübsch finden, außer ein Junge in der Schule, der sagte, dass ich so schön aussehe, wenn ich lache.

Gestern hat mir Peter ein richtiges Kompliment gemacht, und ich will dir spaßeshalber unser Gespräch in etwa wiedergeben.

Peter sagt so oft: »Lach mal!« Das ist mir aufgefallen, und so fragte ich gestern: »Warum soll ich immer lachen?«

»Weil das hübsch ist. Du bekommst dann Grübchen in den Wangen. Woher kommt das eigentlich?«

»So bin ich geboren, im Kinn habe ich ja auch eins. Das ist auch das einzig Schöne, das ich an mir habe.«
»Aber nein, das ist nicht wahr!«
»Doch. Ich weiß schon, dass ich kein hübsches Mädchen bin. Das bin ich nie gewesen und werde es auch nie sein!«
»Das finde ich überhaupt nicht. Ich finde dich schön.«
»Das ist nicht wahr.«
»Wenn ich das sage, kannst du es mir glauben.«
Natürlich sagte ich ihm dann dasselbe.
Deine Anne M. Frank

Mittwoch, 29. März 1944
Liebe Kitty!
Gestern Abend sprach Minister Bolkestein[12] im Sender Oranje darüber, nach dem Krieg wolle man eine Sammlung von Tagebüchern und Briefen aus dieser Zeit herausbringen. Natürlich machten alle sofort mein Tagebuch zum Thema. Stell dir vor, wie interessant es wäre, wenn ich einen Roman »Aus dem Hinterhaus« herausgeben würde. Wenn man nur den Titel kennt, würde man denken, es seit ein Detektivroman.

Aber im Ernst, es muss ungefähr zehn Jahre nach dem Krieg schon merkwürdig erscheinen, wenn davon berichtet wird, wie wir Juden hier gelebt, gegessen und gesprochen haben. Auch wenn ich dir viel über uns erzähle, so weißt du trotzdem nur ein klein wenig von unserem Leben. Wie viel Angst die Damen haben, wenn bombardiert wird, zum Beispiel als am Sonntag 350 englische Maschinen eine halbe Million Kilo Bomben auf Ijmuiden *[Gemeinde in Nordholland; red.]* abwarfen, wie die Häuser dann zittern wie Grashalme im Wind, wie viele Epidemien hier herrschen ...

All diese Dinge weißt du nicht, und ich müsste den ganzen Tag schreiben, wenn ich dir alles haarklein erzählen wollte. Die Leute stehen Schlange für Gemüse und alle möglichen anderen Dinge. Die Ärzte kommen nicht zu ihren Patienten, weil ihnen alle daumenlang ihr Fahrzeug gestohlen wird. Einbrüche und Diebstähle gibt es massenweise, so dass man beginnt, sich zu fragen, was in die Niederländer gefahren ist, weil sie plötzlich so diebisch geworden sind. Kleine Kinder von acht bis elf Jahren zertrümmern die Scheiben von Wohnungen und stehlen, was nicht niet- und nagelfest ist. Niemand wagt es, seine Wohnung auch nur für fünf

---

12 Gerrit Bolkestein, in der niederländischen Exilregierung Minister für Erziehung, Kunst und Wissenschaft; *red.*

Minuten alleine zu lassen, denn kaum ist man weg, ist der Kram auch weg. Jeden Tag sieht man Anzeigen in der Zeitung, die eine Belohnung für das Wiederbringen von gestohlenen Schreibmaschinen, Perserteppichen, Uhren, Stoffen usw. versprechen. Elektrische Straßenuhren werden abmontiert, die Telefone in den Zellen bis auf den letzten Draht ausgeschlachtet. Die Stimmung in der Bevölkerung kann nicht gut sein, wenn jeder Hunger hat. Mit der Wochenration kommt man keine zwei Tage aus (außer mit dem Ersatzkaffee). Die Invasion kommt und kommt nicht, die Männer müssen nach Deutschland. Die Kinder sind unterernährt und werden krank, und alle haben miserable Kleidung und Schuhe. Eine Sohle kostet »schwarz« 7.50 Gulden. Dabei nehmen die meisten Schuhmacher keine Kunden mehr an, oder man muss vier Monate auf die Schuhe warten, wenn sie nicht inzwischen verschwunden sind.

Etwas Gutes hat die Sache, nämlich dass die Sabotage gegen die Herrschenden immer stärker wird, je schlechter die Ernährung ist und je strenger die Maßnahmen gegen das Volk werden. Viele Leute von der Lebensmittelzuteilung, die Polizei, die Beamten, beteiligen sich daran, ihren Mitbürgern zu helfen, wenige andere verraten sie und bringen sie dadurch ins Gefängnis. Zum Glück steht nur ein kleiner Prozentsatz der Niederländer auf der falschen Seite.

Deine Anne

Freitag, 31. März 1944

Liebe Kitty!

Es ist noch ziemlich kalt, aber den meisten Leuten sind schon vor rund einem Monat die Kohlen ausgegangen. Schlimm, nicht? Im Allgemeinen ist die Stimmung wieder optimistisch was die russische Front betrifft, denn da läuft es großartig! Ich schreibe zwar nicht viel über Politik, aber wo sie jetzt stehen *[die Sowjetarmee; red.]*, muss ich dir doch kurz mitteilen, nämlich dicht vor dem Generalgouvernement und bei Rumänien am Pruth. Ganz dicht bei Odessa stehen sie, und Tarnopol haben sie eingekesselt. Hier erwarten sie jeden Abend ein Sonderkommunique von Stalin.

In Moskau wird so viel Salut geschossen, dass die Stadt jeden Tag förmlich beben muss. Ob sie es schön finden, so zu tun, als wäre die Stadt mitten im Krieg, oder ob sie ihre Freude nicht anders ausdrücken können, ich weiß es nicht!

Ungarn ist von deutschen Truppen besetzt. Dort sind noch eine Million Juden, die werden jetzt wohl auch zu Grunde gehen.

Hier gibt es nichts Besonderes. Heute ist Herrn van Daans Geburtstag. Er hat zwei Päckchen Tabak bekommen, Kaffee für eine Tasse (den hatte seine Frau noch gebunkert), Zitronenpunsch von Kugler, Sardinen von Miep, Eau de Cologne von uns, sowie Flieder und Tulpen. Nicht zu vergessen eine Torte, gefüllt mit

Himbeeren, ein bisschen klebrig durch das schlechte Mehl und die fehlende Butter, aber doch lecker.

Das Gerede über Peter und mich hat sich ein bisschen gelegt. Er wird mich heute Abend abholen. Nett von ihm, findest du nicht, wo es ihm doch so peinlich ist. Wir sind sehr gute Freunde, oft zusammen und unterhalten uns über alles Mögliche. Es ist toll, dass ich mich nie zurückhalten muss, wenn wir auf ein heikles Thema zu sprechen kommen, nicht so, wie das bei anderen Jungs wäre. So kamen wir zum Beispiel auf das Thema Blut und Menstruation. Er findet uns Frauen sehr widerstandsfähig, dass wir den Blutverlust so gut verkraften. Auch mich findet er zäh. Hoppla, warum?

Mein Leben hier ist besser geworden, viel besser. Gott hat mich nicht allein gelassen und wird mich nicht allein lassen.

Deine Anne M. Frank

Samstag, 1. April 1944

Liebste Kitty!

Dennoch, alles ist noch so schwierig. Du weißt sicher, was ich meine, ja? So sehr sehne ich mich nach einem Kuss von ihm, dem Kuss, der so lange auf sich warten lässt. Ob er mich noch immer nur als Kameradin sieht? Bin ich denn nicht mehr?

Du weißt und ich weiß, dass ich stark bin, dass ich die meisten Bürden alleine tragen kann. Es war für mich nie selbstverständlich, sie mit jemandem zu teilen, und an einer Mutter konnte ich mich nie festklammern. Aber jetzt würde ich so gern mal meinen Kopf an seine Schulter legen und nur ganz still sein.

Ich kann nicht, niemals, den Traum vergessen, als mich Peters Wange berührte, als alles nur gut war! Ob er sich nie danach sehnt? Ist er nur zu schüchtern, um seine Liebe zuzugeben? Warum will er mich so oft bei sich haben? Oh, warum redet er nicht ...

Ich will aufhören, will ruhig sein. Ich werde mich wieder zusammenreißen, und mit etwas Geduld wird das andere wohl auch kommen. Aber, und das ist das Schlimme, es sieht so sehr danach aus, als würde ich ihm nachlaufen. Immer muss ich hinauf, er kommt nicht zu mir. Aber das liegt an der Zimmeraufteilung, und er versteht meine Sorgen. O ja, er wird wohl noch mehr verstehen.

Deine Anne M. Frank

Montag, 3. April 1944

Liebste Kitty!

Ganz gegen meine Gewohnheit werde ich dir doch mal ausführlich über das Essen erzählen, denn es ist nicht nur hier im Hinterhaus, sondern auch in ganz Holland, im Rest von Europa und überall ein sehr wichtiges und schwieriges Element geworden.

Wir haben in den einundzwanzig Monaten, die wir hier sind, nun schon etliche Essens-Perioden durchgemacht. Was ich damit meine, wirst du gleich hören. Unter Essens-Periode verstehe ich einen Phase, in der man nichts anderes zu essen bekommt als ein bestimmtes Gericht oder ein bestimmtes Gemüse. Zeitweilig gab es jeden Tag Endivie, mit Sand, ohne Sand, als Eintopf oder in der Backform. Dann kam Spinat dran, später folgten Kohlrabi, Schwarzwurzeln, Gurken, Tomaten, Sauerkraut und so weiter.

Es ist wirklich nicht angenehm, jeden Mittag und Abend zum Beispiel nur Sauerkraut zu essen, aber man kann vieles, wenn man Hunger hat. Nun haben wir aber die schönste Periode – es ist überhaupt kein Gemüse da.

Unser Wochenmenü besteht zu Mittag aus braunen Bohnen, Erbsensuppe, Kartoffeln mit Mehlklößen, Kartoffelauflauf, mit Gottes Hilfe auch mal Steckrüben oder angefaulte Karotten, und wieder zurück zu braunen Bohnen. Kartoffeln essen wir immer, angefangen (aus Brotmangel) mit dem Frühstück – da werden sie wenigstens noch ein bisschen gebacken. Für die Suppe nehmen wir braune und weiße Bohnen, Kartoffeln und Fertigsuppen (Julienne-, Königin-, Bohnensuppe). Überall sind braune Bohnen drin, nicht zuletzt im Brot. Abends essen wir immer Kartoffeln mit Fertigsoße und, gottlob gibt es das noch, Rote-Bete-Salat. Zu den Mehlklößen sei gesagt: Die machen wir aus »Regierungsmehl« mit Wasser und Hefe. Die sind so pappig und zäh, dass sie einem wie ein Stein im Magen liegen, aber na wenn schon.

Unsere größte Sensation ist die Scheibe Leberwurst jede Woche und die Marmelade auf trockenem Brot. Aber wir leben noch, und oft schmeckt es uns sogar gut.

Deine Anne M. Frank

Mittwoch, 5. April 1944

Liebste Kitty!

Ich wusste zeitweilig überhaupt nicht mehr, wofür ich eigentlich noch arbeite. Das Ende des Krieges ist so entsetzlich weit, so unwirklich, unglaubhaft und lockend. Wenn der Krieg im September nicht vorbei ist, dann will ich die Schule nicht weiter besuchen, denn zwei Jahre will ich nicht hinten dran sein.

Die Tage bestanden hier aus Peter, nichts als Peter. Nur Träume und Gedanken, bis ich am Samstagabend ganz kraftlos wurde, furchtbar. Ich kämpfte bei Peter gegen die Tränen, lachte später beim Zitronenpunsch schrecklich viel mit van Daan, war heiter und aufgekratzt. Aber kaum war ich allein, wusste ich, dass ich mich ausweinen musste. Im Nachthemd sank ich zu Boden und betete sehr tief und lange, dann weinte ich, den Kopf auf die Arme gelegt, die Knie herangezogen, zusammengekauert auf dem kahlen Fußboden. Mit einem lauten Schluchzer kam ich wieder zu mir und kämpfte gegen meine Tränen, weil sie drüben nichts hören sollten. Dann fing ich an, mir Mut zuzusprechen. Ich sagte nur immer: »Ich muss, ich muss, ich muss ...« Ganz starr von der ungewohnten Haltung kippte ich gegen die Bettkante und litt weiter, bis ich kurz vor halb elf wieder ins Bett ging. Die Attacke war vorüber!

Und jetzt ist es völlig vorbei. Ich muss arbeiten, um klüger zu werden, um weiterzukommen, um Journalistin zu werden, das will ich! Dass ich schreiben kann, weiß ich. Ein paar Geschichten sind gut, meine Hinterhaus-Episoden humorvoll, vieles in meinem Tagebuch ist lebendig, aber ob ich wirklich Talent habe, das muss sich zeigen.

›Evas Traum‹ war mein bestes Märchen, und das Merkwürdige dabei ist, dass ich wirklich nicht weiß, woher es kommt. Viel aus ›Cadys Leben‹ ist auch gut, aber im Gesamten gesehen ist es nichts. Ich bin selbst meine schärfste und genaueste Kritikerin hier, ich weiß genau, ich erkenne, was nicht gut geschrieben ist, und was gut. Niemand, der nicht selbst schreibt, weiß, wie toll Schreiben ist. Früher bedauerte ich immer, dass ich überhaupt nicht zeichnen kann, aber jetzt bin ich überglücklich, dass ich wenigstens schreiben kann.

Und falls ich nicht ausreichend Talent habe, Zeitungsartikel oder Bücher zu schreiben, ja, dann kann ich immer noch für mich selbst schreiben. Aber ich will weiterkommen. Ich kann mir nicht vorstellen, so leben zu müssen wie Mutter, Frau van Daan und all die anderen Frauen, die ihre Arbeit machen und die man später vergessen hat. Ich muss neben Mann und Kindern eine Aufgabe haben, der ich mich ganz widmen kann! O ja, ich will nicht vergebens gelebt haben wie die meisten Menschen. Ich will den Menschen, die um mich herum ihr Leben führen und mich doch nicht kennen, Aufheiterung und Nutzen bringen. Ich will weiterleben, auch nach meinem Tod. Und darum danke ich Gott so sehr, dass er mir schon bei meiner Geburt das Talent gegeben hat, zu wachsen und zu schreiben, also alles zum Ausdruck zu bringen, was in mir ist.

Durch Schreiben werde ich alles los. Mein Kummer vergeht, mein Mut kommt zurück. Aber, und das ist die große Frage, werde ich jemals etwas Großes schreiben können, kann ich jemals Journalistin und Schriftstellerin sein?

Ich hoffe es, ich hoffe es so sehr! Durch das Schreiben kann ich alles ausdrücken, meine Gedanken, meine Ideale und meine Phantasien.

An ›Cadys Leben‹ habe ich lang nichts mehr gemacht. In meinem Kopf weiß ich exakt, wie es weitergehen soll, aber es fließt noch nicht so richtig. Kann sein, dass es nie fertig wird, vielleicht landet es im Papierkorb oder im Ofen. Das ist keine befriedigende Vorstellung. Dann aber denke ich wieder: »Wie soll man auch mit vierzehn Jahren und so geringer Erfahrung schon etwas Philosophisches zu Papier bringen!«

Also weiter, mit neuem Mut. Es wird schon etwas werden, denn schreiben will ich!

Deine Anne M. Frank

Donnerstag, 6. April 1944

Liebe Kitty!

Du fragtest mich, was meine Hobbys und Interessen sind, und darauf will ich dir Antwort geben. Aber Vorsicht, erschrick nicht, denn es sind eine ganze Menge.

An erster Stelle: Schreiben. Aber das läuft eigentlich nicht unter Hobby. Zweitens: Ahnenforschung. In Zeitungen, Büchern u. ä. suche ich nach den Stammbäumen der deutschen, spanischen, englischen, österreichischen, russischen, skandinavischen und niederländischen Adelsfamilien. Mit vielen bin ich schon sehr weit gekommen, vor allem, weil ich mir immer Notizen mache wenn ich Biographien oder Geschichtsbücher lese. Ich schreibe mir sogar ganze Episoden aus der Geschichte auf.

Geschichte ist dann auch mein drittes Hobby. Vater hat schon viele Bücher für mich gekauft. Fast kann ich den Tag nicht erwarten, an dem ich in den öffentlichen Bibliotheken alles nachschlagen kann.

Viertens: Die Mythologie Griechenlands und Roms. Auch darüber habe ich verschiedene Bücher. Die neun Musen oder die sieben Geliebten von Zeus kann ich dir ohne weiteres aufzählen. Die Frauen des Herakles usw. kenne ich aus dem Effeff.

Weitere Passion sind Filmstars und Familienfotos. Außerdem bin ich versessen auf Lesen und Bücher, interessiere mich für Kunstgeschichte und für Schriftsteller, Dichter und Maler. Musiker kommen vielleicht später dazu. Eine gewisse Abneigung habe ich gegen Algebra, Geometrie und Rechnen. Alle übrigen Schulfächer mache ich mit Freude, vor allem aber Geschichte!

Deine Anne M. Frank

Dienstag, 11. April 1944

Liebste Kitty!

Ich weiß nicht, wo mir der Kopf steht, ich weiß überhaupt nicht, womit ich anfangen soll. Am Donnerstag (als ich dir das letzte Mal geschrieben habe) war alles ganz normal. Freitag (Karfreitag) spielten wir nachmittags Gesellschaftsspiele, genauso am Samstag. Die Tage vergingen schnell.

Am Samstag gegen zwei fing eine Schießerei an. Maschinengewehre, haben die Herren gesagt. Sonst war alles normal.

Am Sonntagnachmittag kam Peter auf meine Einladung um halb fünf zu mir, kurz darauf gingen wir zum vorderen Dachboden und blieben dort bis sechs Uhr. Von sechs bis viertel nach sieben lief im Radio ein schönes Mozartkonzert, vor allem die »Kleine Nachtmusik« hat mir gut gefallen. Wenn die anderen dabei sind, kann ich nicht gut zuhören, weil mich schöne Musik so rührt.

Am Sonntagabend konnten Peter und ich nicht baden, weil der Zuber voll mit Wäsche unten in der Küche stand. Um acht gingen wir miteinander zum vorderen Dachboden, und um weicher zu sitzen, nahm ich das einzige Sofakissen mit, das in unserem Zimmer war. Wir setzten uns auf eine Kiste. Sowohl die Kiste als auch das Kissen waren sehr schmal. Wir saßen nah zusammen und lehnten uns an andere Kisten. Mouschi leistete uns Gesellschaft, also waren wir nicht unbeobachtet. Plötzlich, um viertel vor neun, pfiff Herr van Daan und fragte, ob wir Herrn Dussels Kissen hätten. Wir sprangen beide auf und gingen mit Kissen, Katze und van Daan nach unten. Dieses Kissen hat dann zu einer wahren Tragödie geführt. Dussel war zornig, weil ich sein Nachtkissen mitgenommen hatte, und er hatte Angst, dass jetzt Flöhe drin wären. Alle hat er wegen diesem Kissen in Panik versetzt! Peter und ich taten ihm aus Rache für seine Widerlichkeit zwei harte Bürsten ins Bett, aber später holten wir sie wieder raus. Wir haben schrecklich gelacht über dieses Intermezzo.

Aber unser Vergnügen währte nicht lange. Um halb zehn klopfte Peter leise an die Tür und fragte Vater, ob er ihm mal schnell bei einem schwierigen englischen Satz helfen könne. »Da stimmt was nicht«, sagte ich zu Margot. »Die Ausrede ist zu verdächtig. Die Herren reden in einem Ton, als wäre eingebrochen worden.«

Meine Vermutung war richtig, tatsächlich wurde gerade im Lager eingebrochen. In Windeseile waren Vater, van Daan und Peter unten. Margot, Mutter, Frau van Daan und ich warteten. Vier Frauen, die Angst haben, müssen reden. So auch wir, bis wir unten einen Schlag hörten. Danach war alles still, die Uhr schlug viertel vor zehn. Unsere Gesichter waren bleich geworden, aber noch waren wir beherrscht, wenn auch ängstlich. Wo waren die Männer geblieben? Was war das für ein Schlag? Hatten sie vielleicht einen Kampf mit den Einbrechern? Mehr dachten wir nicht, wir warteten.

Zehn Uhr: Schritte auf der Treppe. Vater, blass und nervös, kam herein, hinter ihm Herrn van Daan. »Lichter aus, leise nach oben, die Polizei wird ins Haus kommen!«

Da war keine Zeit für Angst. Das Licht ging aus, ich griff noch schnell eine Jacke, und wir waren oben.

»Was ist passiert? Schnell, erzählt!«

Niemand war da zum Erzählen, die Männer waren wieder unten. Erst um zehn nach zehn kamen sie alle vier herauf, zwei standen Wache an Peters offenem Fenster. Die Tür zum Treppenabsatz war verschlossen, der Drehschrank zu. Das Nachtlämpchen verdeckten wir mit einem Pullover, dann berichteten sie:

Peter hatte auf dem Treppenabsatz zwei harte Schläge gehört, lief nach unten und sah, dass an der Lagertür links ein großes Brett fehlte. Er rannte nach oben, alarmierte den wehrhaften Teil der Mitbewohner, und zu viert schlichen sie hinunter. Die Einbrecher waren noch am Ausräumen, als sie ins Lager kamen. Ohne nachzudenken, schrie van Daan: »Polizei!« Hastige Schritte nach draußen, die Einbrecher waren weg. Um zu verhindern, dass die Polizei das Loch bemerkte, setzten sie das Brett wieder ein, aber ein kräftiger Tritt von draußen schleuderte es nochmal auf den Boden. Über so viel Frechheit waren die Herren perplex. Van Daan und Peter spürten Mordgelüste in sich aufsteigen. Van Daan haute mit dem Beil kräftig auf den Boden, und nun war alles wieder ruhig. Nochmal kam das Brett vor das Loch, wieder eine Störung. Ein Ehepaar leuchtete von draußen mit einer grellen Taschenlampe im ganzen Lager umher. »Verflucht«, zischte einer der Herren, und nun änderten sich die Rollen, sie wurden von Verfolgern zu Einbrechern. Alle vier rannten nach oben, Peter machte die Türen und Fenster von Küche und Privatbüro auf, warf das Telefon zu Boden, und schließlich kamen sie alle, samt Waschzuber, im Versteck an.

Wahrscheinlich hatte das Ehepaar mit der Taschenlampe, die Polizei gerufen. Es war Sonntagabend, der Abend des ersten Oster-Feiertags. Am zweiten Feiertag würde niemand im Büro sein, wir mussten uns also bis Dienstagmorgen absolut ruhig verhalten. Stell dir vor, zwei Nächte und einen Tag in dieser Unsicherheit! Wir stellten uns überhaupt nichts vor, wir saßen nur im Stockdunkeln, weil Frau van Daan vor Angst die Lampe völlig ausgedreht hatte, wir flüsterten, und bei jedem Knarren hieß es: »Pst! Pst!«

Es wurde halb elf, elf Uhr, kein Laut. Abwechselnd kamen Vater und van Daan zu uns. Dann, um viertel nach elf, ein Geräusch von unten. Hier konnten wir das Atmen der ganzen Familie hören, ansonsten rührten wir uns nicht. Schritte im Haus, im Privatbüro, in der Küche, dann ... auf der Treppe. Wir hielten den Atem an, acht Herzen hämmerten. Schritte auf unserer Treppe, dann Gerüttel am Drehschrank. Dieser Moment war entsetzlich. »Jetzt sind wir verloren«, sagte ich und sah uns schon alle fünfzehn noch in derselben Nacht von der Gestapo verhaftet.

Wieder Gerüttel am Drehschrank, zweimal, dann fiel etwas herunter, die Schritte bewegten sich weg. Für den Moment waren wir gerettet. Ein Schauder durchfuhr uns alle, ich hörte Zähneklappern, aber keiner sagte ein Wort. So saßen wir bis halb zwölf.

Im Haus war nichts mehr zu hören, aber auf dem Treppenabsatz direkt vor dem Schrank brannte Licht. War es deshalb, weil unser Schrank so rätselhaft war? Hatte die Polizei vielleicht vergessen, das Licht auszumachen? Würde noch jemand kommen, um es auszumachen? Die Zungen lockerten sich, es war niemand mehr im Haus. Vielleicht noch ein Bewacher vor der Tür?

Drei Dinge taten wir nun, Vermutungen anstellen, schlottern vor Angst und aufs Klo gehen. Die Eimer *[die für Notfälle bereitgestellten ›Nachttöpfe‹; red.]* waren auf dem Dachboden, also musste Peters Blechpapierkorb herhalten. Van Daan machte den

Anfang, dann kam Vater. Mutter war es zu peinlich. Vater brachte das Blechgefäß ins Zimmer, wo Margot, Frau van Daan es kaum erwarten konnten, es zu benutzen. Endlich entschied sich auch Mutter dazu. Die Nachfrage nach Papier war groß, ich hatte zum Glück welches in der Tasche.

Das Gefäß stank, alle flüsterten, und wir waren müde, zwölf Uhr war es jetzt.

»Legt euch doch auf den Boden und schlaft!«

Margot und ich bekamen je ein Kissen und eine Decke. Margot lag in der Nähe vom Vorratsschrank, ich zwischen den Tischbeinen. Auf dem Boden stank es nicht so schlimm, aber Frau van Daan holte doch geräuschlos ein bisschen Chlor und legte ein altes Tuch über den Topf.

Palaver, Geflüster, Angst, Gestank, Winde – und dauernd jemand auf dem Topf! So soll einer schlafen! Um halb drei wurde ich aber zu müde, und bis halb vier bekam ich nichts mit. Als Frau van Daan ihren Kopf auf meine Beine legte, wurde ich wach.

»Geben Sie mir bitte etwas zum Anziehen!«, bat ich. Sie gab mir auch was, aber frag nicht, was! Eine wollene Hose über meinen Pyjama, den roten Pullover und den schwarzen Rock, weiße Socken und darüber kaputte Kniestrümpfe.

Frau van Daan setzte sich dann wieder auf den Stuhl, und Herr van Daan legte sich auf meine Füße. Ich fing an zu überlegen. Noch immer zitterte ich so, dass van Daan nicht einschlafen konnte. Insgeheim bereitete ich mich darauf vor, dass die Polizei zurückkommen würde. Dann müssten wir zugeben, dass wir Untergetauchte sind. Entweder sind es gute Niederländer, dann wäre alles in Ordnung, oder es sind Nazis, dann muss man sie bestechen.

»Versteck doch das Radio!«, jammerte Frau van Daan. »Ja, in den Herd«, antwortete Herr van Daan. »Wenn sie uns finden, können sie auch das Radio finden.«

»Dann finden sie auch Annes Tagebuch«, schaltete sich Vater ein.

»Verbrennt es doch!«, schlug die Ängstlichste von uns vor. Das, und der Moment, als die Polizei an der Schranktür gerüttelt hatte, waren meine angsterfülltesten Augenblicke. Nicht mein Tagebuch! Mein Tagebuch nur zusammen mit mir! Aber Vater antwortete zum Glück nicht.

Es geht gar nicht, die Gespräche zu wiederholen, an die ich mich erinnern kann. Es wurde so viel gesagt. Ich tröstete Frau van Daan in ihrer Furcht. Wir redeten über Flucht, Verhöre bei der Gestapo, über Telefonieren und über Tapferkeit.

»Jetzt müssen wir eben wie Soldaten sein, Frau van Daan. Wenn wir draufgehen, na gut, dann halt für Königin und Vaterland, für Freiheit, Wahrheit und Recht, genau wie sie es im Sender Oranje immer sagen. Das Schlimme ist nur, dass wir dann die anderen mit ins Unglück reißen.«

Herr van Daan tauschte nach einer Stunde wieder den Platz mit seiner Frau. Vater kam zu mir. Die Herren rauchten pausenlos. Gelegentlich war ein schwerer Seufzer zu hören, dann wieder Pinkeln, und dann ging alles wieder von vorn los. Vier Uhr, fünf Uhr, halb sechs. Jetzt setzte ich mich zu Peter. Dicht aneinander gedrängt, so nah, dass wir die Schauer im Körper des anderen fühlten, saßen wir da, sagten ab und zu ein Wort und horchten angestrengt. Im Zimmer zogen sie die Verdunklung hoch und notierten die Punkte, die sie Kleiman am Telefon mitteilen wollten.

Denn um sieben Uhr wollten sie ihm Bescheid sagen, damit jemand kommt. Das Risiko, dass ein möglicher Bewacher vor der Tür oder im Lager das Telefonieren hören konnte, war groß. Aber noch größer, dass die Polizei wieder zurückkommen würde. Ich lege den Stichpunkt-Zettel hier bei, zur größeren Deutlichkeit aber noch die Abschrift der Punkte:

Eingebrochen. Polizei war im Haus, bis zum Drehschrank, weiter nicht. Einbrecher wurden offenbar gestört, haben Lager aufgebrochen und sind durch den Garten geflohen.

Haupteingang verriegelt. Kugler muss durch die andere Tür rausgegangen sein. Schreibmaschine und Rechenmaschine liegen sicher in der schwarzen Kiste im Privatbüro.

Wäsche von Miep oder Bep liegt in der Waschwanne in der Küche.

Schlüssel für zweite Tür haben nur Bep oder Kugler, eventuell Schloss kaputt.

Versuchen, Jan zu verständigen, Schlüssel holen und zum Büro kommen, um nachzusehen. Katze braucht Futter.

Alles verlief nach Wunsch. Kleiman wurde angerufen, die Schreibmaschine in die Kiste gestellt. Danach saßen wir um den Tisch und warteten auf Jan oder die Polizei.

Peter war eingeschlafen, Herr van Daan und ich lagen auf dem Boden, als wir unten geräuschvolle Schritte hörten. Ich stand leise auf. »Das ist Jan!«

»Nein, nein, das ist die Polizei!«, sagten die anderen.

Jemand klopfte, Miep pfiff. Frau van Daan wurde es zu viel. Leichenblass und erledigt hing sie in ihrem Stuhl, und wenn die Spannung nur eine Minute länger gedauert hätte, wäre sie zusammengeklappt.

Als Jan und Miep hereinkamen, bot unser Zimmer einen grandiosen Anblick. Der Tisch alleine wäre schon ein Foto wert gewesen: Das Magazin »Cinema & Theater« aufgeschlagen, eine Seite mit Tänzerinnen vollgeschmiert mit Marmelade, daneben ein Durchfallmedikament, zwei Marmeladegläser, ein halbes und ein viertel Brötchen, Geliermittel, Spiegel, Kamm, Streichhölzer, Asche, Zigaretten, Tabak, Aschenbecher, Bücher, eine Unterhose, eine Taschenlampe, Toilettenpapier usw. usw.

Jan und Miep wurden natürlich mit Jubel und Tränen empfangen. Jan zimmerte das Loch in der Tür mit Holz zu und ging schon kurz darauf mit Miep wieder weg, um bei der Polizei den Einbruch anzuzeigen. Unter der Lagertür hatte Miep einen Zettel von Nachtwächter Slagter gefunden, der das Loch entdeckt und der Polizei schon Bescheid gesagt hatte. Bei ihm wollte Jan auch vorbeischauen.

Eine halbe Stunde blieb uns also, um uns herzurichten, und noch nie habe ich gesehen, wie sich innerhalb einer halben Stunde so viel verändert hat. Margot und ich machten unten die Betten, gingen zur Toilette, putzten Zähne, wuschen Hände und kämmten Haare. Dann räumte ich das Zimmer noch ein wenig auf und ging wieder nach oben. Dort war der Tisch schon leergeräumt. Wir brachten Wasser, machten Kaffee und Tee, kochten Milch und deckten für die Kaffeestunde. Vater und Peter säuberten die Pinkeltöpfe mit warmem Wasser und Chlorkalk. Der größte war bis oben gefüllt und so schwer, dass er kaum zu tragen war. Außerdem leckte das Ding, sodass es in einem Eimer befördert werden musste.

Um elf Uhr saßen wir mit dem zurückgekehrten Jan am Tisch, und es wurde langsam wieder gemütlich. Jan berichtete Folgendes: Bei Slagters erzählte seine Frau (Slagter selbst schlief noch), dass er bei seiner Runde das Loch entdeckt hatte und mit einem herbeigeholten Polizisten durch das Gebäude gegangen war. Herr Slagter ist privater Nachtwächter und radelt jeden Abend, seine Hunde im Schlepptau, die Grachten entlang. Er will am Dienstag zu Kugler kommen und die Sache besprechen. Auf dem Polizeibüro wussten sie noch nichts von dem Einbruch, notierten es aber sofort. Sie wollen ebenfalls am Dienstag kommen und mal nachsehen. Auf dem Rückweg kam Jan zufällig bei unserem Kartoffellieferanten vorbei und erzählte ihm von dem Einbruch.

»Das weiß ich«, sagte der seelenruhig. »Gestern Abend bin ich mit meiner Frau an dem Gebäude vorbeigegangen und habe ein Loch in der Tür entdeckt. Meine Frau wollte schon weitergehen, aber ich leuchtete mit der Taschenlampe rein, und da sind die Diebe bestimmt geflüchtet. Vorsichtshalber habe ich die Polizei nicht angerufen, ich wollte das bei Ihnen nicht. Ich habe zwar keine Ahnung, aber ich vermute so einiges.« Jan bedankte sich und ging. Bestimmt ahnt der Mann, dass wir hier sind, denn er bringt die Kartoffeln immer in der Mittagspause, zwischen halb eins und halb zwei. Ein prima Mann!

Als Jan weggegangen war und wir Geschirr gespült hatten, war es ein Uhr. Wir alle acht gingen schlafen. Um viertel vor drei wurde ich wach und sah, dass Herr Dussel schon aufgestanden war. Zufällig begegnete ich Peter mit meinem zerknitterten Gesicht im Badezimmer. Wir verabredeten uns für unten. Ich machte mich zurecht und ging hinunter.

Getraust du dich noch, auf den vorderen Dachboden zu gehen?«, fragte er. Es war mir recht, ich holte mein Kopfkissen, umwickelte es mit einem Tuch, und wir gingen hoch. Das Wetter war wunderbar, und schon bald heulten dann die Sirenen. Wir blieben sitzen. Peter legte seinen Arm um meine Schulter, ich legte meinen Arm um seine, und so saßen wir und warteten ruhig, bis uns Margot um vier Uhr zum Kaffee holte.

Wir aßen Brot, tranken Limonade und waren schon wieder soweit, Witze zu machen, auch sonst lief alles normal. Abends bedankte ich mich bei Peter, weil er der Mutigste von allen gewesen war.

Keiner von uns hat sich zuvor in solcher Gefahr befunden wie in dieser Nacht. Gott hat auf uns aufgepasst. Denk dir nur, die Polizei an unserem Versteckschrank, helles Licht davor, und doch blieben wir unbemerkt! Bei Bombardierungen während einer Invasion ist jeder für sich selbst verantwortlich. Hier gab es aber auch die Angst um unsere unschuldigen und treuen Helfer.

»Wir sind gerettet, rette uns auch in Zukunft!« Das ist alles, was wir sagen können.

Diese Geschichte bewirkte viele Veränderungen. Dussel sitzt fortan abends im Badezimmer. Peter macht um halb neun und halb zehn einen Rundgang durchs Haus, um alles zu kontrollieren. Sein Fenster darf er nachts nicht mehr offen lassen, weil ein Arbeiter der Nachbarfirma es gesehen hat. Nach halb zehn abends darf die Spülung auf dem Klo nicht mehr gezogen werden. Herr Slagter ist als Nachtwächter engagiert worden. Heute Abend kommt ein Zimmermann und zimmert aus unseren weißen Frankfurter Betten Tür-Blockaden.

Hier im Hinterhaus gibt es jetzt Debatten von hinten nach vorn und zurück. Kugler nannte uns unvorsichtig. Jan sagte auch, wir dürften niemals nach unten gehen. Man muss jetzt beobachten, ob Slagter zuverlässig ist, ob die Hunde anschlagen, wenn sie jemanden hinter der Tür hören, wie das mit der Verbarrikadierung klappt, alles Mögliche.

Es hat uns sehr stark daran erinnert, dass wir gefangene Juden sind, gefangen an einen Fleck, rechtlos, aber mit tausenden von Pflichten. Wir Juden dürfen nicht unseren Gefühlen nachgeben, müssen mutig und tapfer sein, müssen jede Bürde auf uns nehmen und nicht aufbegehren, müssen tun, was wir können, und auf Gott vertrauen. Einmal wird dieser schreckliche Krieg doch zu Ende sein, einmal werden wir doch wieder Menschen sein, und nicht nur Juden!

Wer hat uns das aufgebürdet? Wer hat uns Juden zu einem Sonderfall unter allen Völkern gemacht? Wer hat uns bis jetzt so darben lassen? Es ist Gott, der uns so niedergedrückt hat, aber es wird auch Gott sein, der uns aufrichtet. Wenn wir dieses ganze Leid hinter uns haben und wenn noch immer Juden übrig sind, werden sie einmal von Verdammten zu Vorbildern werden. Wer kann schon wissen, vielleicht wird es genau unser Glaube sein, der der ganzen Welt und allen Völkern das Gute zeigt, aber dafür, nur dafür müssen wir auch leiden. Niemals können wir nur Niederländer oder nur Engländer oder was auch immer sein, nebenbei müssen wir immer auch Juden bleiben. Jedoch wir wollen es auch bleiben.

Seid beherzt! Lasst uns unserer Aufgabe bewusst bleiben und nicht murren, es wird sich ein Ausweg ergeben. Gott hat unser Volk noch nie im Stich gelassen, alle Jahrhunderte hindurch haben Juden überlebt, durch alle Jahrhunderte hindurch mussten Juden leiden. Aber durch all diese Jahrhunderte hindurch sind sie auch unbeugsam geworden. Die Kraftlosen fallen, aber die Unbeugsamen bleiben übrig und werden nicht untergehen!

In dieser Nacht dachte ich eigentlich, ich müsste sterben. Ich erwartete die Polizei, ich war bereit, bereit wie ein Kämpfer auf dem Schlachtfeld. Gern hätte ich mich geopfert für das Vaterland. Aber jetzt, wo ich gerettet bin, wird es nach dem Krieg mein erster Wunsch sein, Niederländerin zu werden. Ich liebe die Niederländer, ich liebe unser Land, ich liebe die Sprache und möchte hier arbeiten. Und wenn ich mich an die Königin selbst wenden muss, ich werde nicht aufgeben, ehe mein Ziel erreicht ist.

Von meinen Eltern werde ich nach und nach unabhängiger. Auch wenn ich so jung bin, ich habe mehr Lebensmut, ein besseres Gerechtigkeitsgefühl als Mutter. Ich weiß, was ich will, habe ein Ziel und eine eigene Meinung, habe einen Glauben und eine Liebe. Lasst mich nur ich selbst sein, das macht mich zufrieden! Ich weiß, dass ich eine Frau bin, eine Frau mit starkem Herzen und viel Mut!

Wenn Gott mich am Leben lässt, werde ich mehr schaffen, als Mutter je geschafft hat. Ich werde nicht belanglos bleiben, ich werde in der Welt und für die Menschen arbeiten.

Und nun weiß ich, dass Mut und Heiterkeit das Wichtigste sind!

Deine Anne M. Frank

Freitag, 14. April 1944

Beste Kitty!

Die Atmosphäre ist hier noch sehr angespannt. Pim ist auf dem Siedepunkt, Frau van Daan liegt mit einer Erkältung im Bett und nörgelt, Herr van Daan hat keine Glimmstängel mehr und ist bleich, Dussel, der viele seiner Annehmlichkeiten schmerzlich vermisst, hat alle möglichen Beanstandungen usw. usw. Wir haben zur Zeit kein Glück. Das Klo ist undicht, der Hahn locker. Dank der vielen Beziehungen werden beide Sachen sicher bald repariert sein.

Manchmal bin ich sentimental, das weiß ich, aber manchmal ist Sentimentalität auch das Passende. Wenn Peter und ich irgendwo zwischen Gerümpel und Staub auf einer harten Holzkiste sitzen, gegenseitig den Arm um die Schultern gelegt, er mit einer Locke von mir zwischen den Fingern, und wenn draußen die Vögel zwitschern, die Bäume aufblühen und die Sonne lockt, wenn der Himmel so blau ist, oh, dann sehne ich mich nach so viel!

Nur unzufriedene und mürrische Gesichter hier herum, nichts als Seufzen und unterdrückte Klagen hört man, und es scheint, als wäre plötzlich alles furchtbar geworden. In Wirklichkeit ist es hier gerade so übel, wie man es sich selber macht. Hier im Hinterhaus gibt niemand ein gutes Beispiel, hier muss jeder selbst sehen, wie er mit seinen Stimmungen klarkommt. »Wäre es nur schon vorbei!« Das hört man allenthalben.

Meine Würde, meine Zuversicht, meine Liebe, mein Mut,
das alles hält mich aufrecht und macht mich gut!

Kitty, ich glaube, ich bin heute ein bisschen irre, und ich weiß nicht, warum. Alles schreibe ich durcheinander, man sieht keinen Zusammenhang, und ich bezweifle manchmal wirklich, ob sich später mal jemand für mein Geschwätz interessieren wird. »Die Bekenntnisse eines hässlichen jungen Entleins« wird der ganze Unfug dann heißen. Herr Bolkestein und Herr Gerbrandy[13] werden wirklich nicht viel mit meinen Tagebüchern anfangen können.

Samstag, 15. April 1944

Liebe Kitty!

»Ein Schreck kommt nach dem anderen. Wann wird das enden?« So können wir es wirklich sagen. Stell dir vor, was nun schon wieder geschehen ist: Peter hat vergessen, unten den Riegel an der Tür zu öffnen.

So konnte Kugler mit den Arbeitern nicht ins Haus. Er ging rüber zur Nachbarfirma und hat von da aus das Küchenfenster eingeschlagen. Unsere Fenster waren geöffnet, und die Nachbarn sahen das. Was sie sich wohl dachten? Und van Maaren? Kugler ist wütend. Er muss sich Vorwürfe anhören, dass er nichts an den Türen verändern lässt, und wir machen so eine Dummheit! Peter steht vollkommen neben sich, das kann ich dir sagen. Mutter sagte bei Tisch, Peter tue ihr Leid, und er fing dabei fast an zu weinen. Es ist ebenso unsere Schuld, denn wir und auch van Daan fragen sonst beinahe jeden Tag, ob der Riegel entfernt ist. Vielleicht kann ich ihn nachher ein bisschen trösten. Ich würde ihm so gerne helfen.

Hier folgen noch einige diskrete Hinterhausmeldungen aus den letzten Wochen:
Moffi wurde vor einer Woche plötzlich krank, er war ganz still und sabberte. Miep nahm ihn, wickelte ihn in ein Tuch, und verfrachtete ihn in der Einkaufstasche zur Tierklinik. Vom Doktor bekam er eine Medizin, weil etwas mit den

---

[13] Mitglieder der niederländischen Exilregierung in London; sie hatten die Anregung gegeben, Tagebücher aus der NS-Zeit später zu veröffentlichen; *red.*

inneren Organen nicht in Ordnung war. Peter gab ihm ein paar Mal von der Arznei, aber bald verschwand Moffi und war Tag und Nacht unterwegs, sicher bei seiner Gespielin. Aber jetzt ist seine Nase angeschwollen, und er quietscht, wenn man ihn anfasst. Er hat wohl irgendwo, als er etwas klauen wollte, einen Klaps bekommen. Mouschi hatte ein paar Tage lang eine Art Stimmbruch. Als wir sie dann auch zum Doktor bringen wollten, war sie schon fast wieder gesund.

Unser Dachbodenfenster bleibt nun auch nachts ein wenig geöffnet. Peter und ich sitzen jetzt oft abends noch oben.

Dank Gummipaste und Lack konnte unser Klo wieder gerichtet werden. Auch der ausgeleierte Hahn ist durch einen anderen ersetzt worden.

Herrn Kleiman geht es zum Glück besser. Bald wird er zu einem Facharzt gehen. Wir hoffen nur, dass er nicht am Magen operiert werden muss.

Acht Lebensmittelkarten haben wir diesen Monat bekommen. Leider gab es in den ersten vierzehn Tagen nur Hülsenfrüchte für die Marken – statt Haferflocken oder Graupen. Unser neuester Leckerbissen ist Piccalilly *[Fein geschnittenes Gemüse, vermischt mit Senf; wird als Würzsoße verwendet; red.]*. Wenn man Pech hat, sind in einem Glas nur ein paar Gurken und ein bisschen Senfsoße. Gemüse ist nicht dabei. Vorher Salat und nachher Salat. Unser Essen besteht nur noch aus Kartoffeln und Fertigsoße.

Die Russen haben jetzt einen großen Teil der Krim erobert. Bei Cassino stecken die Engländer fest. Kalkulieren wir also den Westwall *[Befestigte Verteidigungslinie der Nazis; red.]* mit ein. Bombardierungen gibt es häufig, noch dazu unvorstellbar heftige. Das Rathaus von Den Haag wurde von einer Bombe getroffen, und viele Dokumente dabei vernichtet. Alle Niederländer bekommen neue Stammkarten.[14]

Genug für heute!
Deine Anne M. Frank

Sonntag, 16. April 1944

Sonntagmorgen, kurz vor 11 Uhr
Liebste Kitty!

Merk dir den gestrigen Tag, er ist sehr wichtig für mein weiteres Leben. Ist es nicht für jedes Mädchen unvergesslich, wenn sie den ersten Kuss bekommt? Nun, bei mir wird es auch so sein. Den Kuss von Bram auf meine rechte Wange zähle ich nicht mit, auch nicht der Handkuss von Woudstra. Wie ich mit einem Mal zu diesem Kuss gekommen bin? Nun, das erzähle ich dir.

---

[14] Gegen Vorlage einer personengebundenen ›Stammkarte‹ erhielten Niederländer im Krieg Marken für Lebensmittel und Kleidung; *red.*

Um acht Uhr gestern Abend saß ich mit Peter auf seiner Couch. Schon bald legte er seinen Arm um mich. (Weil Samstag war, hatte er keinen Overall an.) »Rücken wir ein bisschen dahin«, sagte ich, »sonst stoße ich mit dem Kopf an das Schränkchen.«

Er rutschte fast bis zur Ecke, ich schob meinen Arm unter seinem Arm hindurch auf seinen Rücken, und er begrub mich fast, weil sein Arm auf meiner Schulter lag. Wir hatten schon öfter so gesessen, aber nie so dicht beieinander wie gestern Abend. Er drückte mich fest an sich, meine Brust lag an seiner, mein Herz pochte. Aber das war nicht alles. Er drehte sich so hin, dass mein Kopf auf seiner Schulter zu liegen kam und der seine darauf ruhte. Als ich mich nach rund fünf Minuten etwas aufrichtete, nahm er meinen Kopf in die Hände und zog ihn zu sich. Oh, es war herrlich! Ich konnte nicht sprechen, das Hochgefühl war zu groß. Er streichelte ein bisschen linkisch meine Wange und meinen Arm, fummelte an meinen Locken, und unsere Köpfe berührten sich fast die ganze Zeit. Das Gefühl, das mich dabei durchströmte, ist unbeschreiblich, Kitty. Ich war überglücklich, und er auch, glaube ich.

Um halb neun standen wir auf. Peter zog seine Turnschuhe an, um bei einer zweiten Runde durch das Haus auch leise zu sein, und ich stand daneben. Wie ich mich plötzlich in die richtige Position drehte, weiß ich nicht mehr, aber als wir gerade runter gehen wollten, gab er mir einen Kuss auf die Haare, dann halb auf meine linke Wange und halb auf mein Ohr. Ohne mich umzusehen rannte ich hinunter und warte mit großer Sehnsucht auf heute.

Deine Anne M. Frank

Montag, 17. April 1944

Liebe Kitty!

Meinst du, Vater und Mutter würden es billigen, dass ich auf einer Couch sitze und einen Jungen küsse? Ein Junge von Siebzehneinhalb und ein Mädchen von knapp Fünfzehn? Ich vermute es eigentlich nicht, aber ich muss mich dabei auf mich selber verlassen. Es fühlt sich so beruhigend und sicher an, in seinen Armen zu sein und zu träumen, es ist so prickelnd, seine Wange an meiner zu fühlen, es ist so wunderschön zu wissen, dass jemand mein Kommen ersehnt. Aber – und ein ›Aber‹ gibt es immer – wird Peter damit zufrieden sein? Ich habe nicht vergessen, was er versprochen hat, aber ... er ist halt ein Junge ...!

Mir ist schon klar, dass ich ziemlich früh dran bin. Noch keine fünfzehn und schon so eigenständig, das ist für andere wohl kaum begreiflich. Ich bin mir fast sicher, dass Margot unmöglich einen Jungen küssen würde, ohne dabei auch an Verloben oder Heiraten zu denken. Weder Peter noch ich haben solche Pläne. Auch Mutter hat sicher keinen Mann berührt, ehe Vater kam. Was würden meine

Freundinnen wohl dazu sagen, dass ich in Peters Armen lag, mit meinem Herzen auf seiner Brust, meinen Kopf an seiner Schulter, seinen Kopf und Gesicht auf dem meinen!

O Anne, wie skandalös! Für mich ist es aber wirklich nicht skandalös. Wir sind hier eingebunkert, isoliert von der Welt, immer in Furcht und Sorge, besonders in der letzten Zeit. Warum sollten wir, die einander lieben, uns dann aus dem Wege gehen? Warum sollten wir uns in diesen Zeiten keinen Kuss geben? Warum sollten wir warten, bis wir endlich alt genug sind? Warum sollten wir viel Aufhebens darum machen?

Ich habe mich entschlossen, selber auf mich aufzupassen. Er würde mir niemals Kummer oder Schmerz zufügen. Warum sollte ich dann nicht tun, was mein Herz sagt, und uns beiden Glück bescheren?

Aber ich glaube, dass du ein bisschen von meinen Zweifeln spürst, Kitty. Es ist wohl meine Ehrlichkeit, die Heimlichkeiten nicht ausstehen kann. Findest du, es wäre meine Pflicht, Vater zu erzählen, was vorgeht? Meinst du, dass ein Dritter von unserem Geheimnis erfahren sollte? Aber dann würde viel von dem Schönen verloren gehen. Und wäre ich dadurch innerlich ruhiger? Ich werde mit ihm *[Peter; red.]* darüber sprechen.

O ja, ich will über so vieles mit ihm reden, denn nur miteinander schmusen, das ist nicht alles. Es gehört eine Menge Vertrauen dazu, einander alles zu erzählen, aber sicher werden wir stärker werden, wenn wir wissen, dass wir uns vertrauen können.

Deine Anne M. Frank

P. S. Alle waren gestern Morgen schon wieder um sechs Uhr auf den Beinen, denn die ganze Familie hörte Einbruchgeräusche. Vielleicht hat es diesmal einen Nachbarn erwischt. Bei der Kontrolle um sieben Uhr waren alle Türen fest verschlossen, ein Glück.

Dienstag, 18. April 1944

Liebe Kitty!

Hier ist alles in Ordnung. Der Zimmermann war gestern Abend wieder da und hat angefangen, eiserne Platten über die Türfüllungen zu montieren.

Vater sagte gerade, dass er vor dem 20. Mai noch groß angelegte Militäraktionen erwartet, in Russland und auch in Italien und im Westen. Ich kann mir die Befreiung aus unserer Lage immer weniger vorstellen, je länger es dauert.

Gestern sind Peter und ich dann endlich zu dem Gespräch gekommen, das wir mindestens schon zehn Tage verschoben hatten. Ich erzählte ihm alles über Mädchen und habe mich nicht gescheut, die intimsten Dinge anzusprechen. Witzig fand ich, dass er dachte, die intime Öffnung würde bei Abbildungen von Frauen einfach weggelassen. Er konnte sich gar nicht vorstellen, dass das wirklich zwischen den Beinen liegen soll.

Der Abend schloss mit einem Kuss, ein bisschen neben den Mund. Es ist wirklich ein herrliches Gefühl!

Vielleicht nehme ich mein Schöne-Sätze-Buch[15] doch mal mit hinauf, damit wir uns endlich etwas tiefer unterhalten können. Mir fehlt etwas, wenn man sich Tag für Tag immer nur in den Armen liegt, und ich wünsche mir, dass es ihm genauso geht.

Nach dem unbeständigen Winter haben wir wieder ein prachtvolles Frühjahr. Der April ist tatsächlich phantastisch, nicht zu warm und nicht zu kalt und ab und zu ein kleiner Regenguss. Unsere Kastanie ist schon ziemlich grün, und hier und da kann man schon kleine Sprösslinge sehen.

Bep hat uns am Samstag Blumen gebracht, drei Sträuße Osterglocken, und für mich Perlhyazinthen. Und Herr Kugler versorgt uns immer perfekter mit Zeitungen.

Ich muss Algebra machen, Kitty, auf Wiedersehen!
Deine Anne M. Frank

Mittwoch, 19. April

Lieber Schatz! (Das ist auch der Titel eines Films mit Dorit Kreysler, Ida Wüst und Harald Paulsen.)

Gibt es etwas Schöneres auf der Welt, als aus einem geöffneten Fenster in die Natur zu blicken, die Vögel zwitschern zu hören, die Sonne auf dem Gesicht zu fühlen und einen lieben Jungen zu umarmen? Es ist so beruhigend und beschirmend, seinen Arm um mich zu fühlen, ihm nahe zu sein und dabei zu schweigen. Es kann nichts Schlechtes sein, denn diese Ruhe tut gut. Oh, wenn sie doch nie gestört würde, nicht einmal von Mouschi!
Deine Anne M. Frank

Freitag, 21. April 1944

Liebste Kitty!

Gestern Nachmittag musste ich mit Halsweh das Bett hüten, aber ich langweilte mich schon am ersten Tag, und das Fieber war auch weg, also bin ich heute wieder aufgestanden. Die Halsschmerzen sind inzwischen auch fast verschwunden.

---

[15] »Schöne Sätze«, also Sätze, die sie in Büchern liest und die sie besonders beeindrucken, schreibt Anne in ein extra Heft; *red.*

Gestern wurde, wie du wahrscheinlich mitbekommen hast, unser »Führer« 55 Jahre alt. Heute ist der achtzehnte Geburtstag Ihrer Königlichen Hoheit, der Kronprinzessin Elisabeth von York. Die BBC hat berichtet, dass man sie noch nicht für volljährig erklärt hat, anders, als das sonst bei Prinzessinnen üblich ist. Wir haben schon gerätselt, mit welchem Prinzen diese Grazie einmal verheiratet wird, uns fiel aber kein passender ein. Ihre Schwester, Prinzessin Margaret Rose, kann vielleicht den Kronprinzen Baudouin von Belgien bekommen.

Wir hier geraten von einer Misere in die nächste. Kaum haben wir nun die Außentüren gut verstärkt, lässt van Maaren, der Lagerarbeiter, wieder aufhorchen. Höchstwahrscheinlich hat er Kartoffelmehl gestohlen und will jetzt Bep die Schuld zuschieben.

Das Hinterhaus empört sich begreiflicherweise. Bep ist außer sich vor Wut. Vielleicht lässt Kugler dieses erbärmliche Subjekt jetzt beschatten.

Heute Morgen war ein Gutachter aus der Beethovenstraat hier. Er will für unsere Truhe 400 Gulden geben. Auch seine anderen Offerten sind unserer Meinung nach zu niedrig.

Ich will mich bei der Zeitung erkundigen, ob sie ein Märchen von mir annehmen wollen, natürlich unter Pseudonym. Aber weil meine Märchen noch zu lang sind, denke ich nicht, dass ich große Aussicht auf Erfolg habe.

Bis zum nächsten Mal, Darling!

Deine Anne M. Frank

Dienstag, 25. April 1944

Liebe Kitty!

Wieder spricht Dussel seit zehn Tagen nicht mit van Daan, und zwar bloß, weil wir nach dem Einbruch eine ganze Menge neuer Sicherheitsmaßnahmen eingeführt haben. Dazu gehört, dass er abends nicht mehr hinunter darf. Peter macht jeden Abend um halb zehn mit Herrn van Daan die letzte Runde, und dann darf niemand mehr hinunter. Nach acht Uhr abends darf auch die Klospülung nicht mehr gezogen werden, auch morgens vor acht nicht. Die Fenster dürfen erst geöffnet werden, wenn in Kuglers Büro Licht brennt, und abends dürfen die Fenster auch nicht mit kleinen Stöckchen offen gehalten werden. Letzteres war der Anlass für Dussels Meckern. Er behauptet, van Daan habe ihn deswegen angeschnauzt, aber er hat es sich selbst zuzuschreiben. Er sagte, für ihn sei es leichter, ohne Essen zu leben als ohne Luft, und man müsste eine Methode finden, wie man die Fenster auflassen kann.

»Ich werde das mit Herrn Kugler besprechen«, sagte er zu mir. Ich antwortete, dass solche Sachen niemals von Herrn Kugler angeordnet werden, sondern von der Gemeinschaft.

»Alles geschieht hier hinter meinem Rücken, dann werde ich wohl mit deinem Vater darüber reden.«

Er darf sich Samstag nachmittags und sonntags auch nicht mehr in Kuglers Büro setzen, weil der Chef der Nachbarfirma, falls er anwesend wäre, ihn dort hören könnte. Prompt setzte sich Dussel doch rein. Van Daan tobte, und Vater ging hinunter, um mit ihm zu reden. Wie immer hatte er eine Ausrede, aber diesmal kam er sogar bei Vater nicht damit durch. Vater lässt Dussel nun auch links liegen, weil er ihn beleidigt hat. Wie, weiß ich nicht, keiner weiß es, aber es muss schlimm sein.

Und nächste Woche hat der Unglückswurm auch noch Geburtstag. Geburtstag haben, nicht den Mund aufmachen, beleidigt sein und Geschenke bekommen, wie soll das zusammenpassen?

Mit Herrn Vossen geht es schnell bergab, seit mehr als zehn Tagen hat er fast vierzig Fieber. Der Doktor meint, sein Zustand ist hoffnungslos, man vermutet, dass der Krebs auf die Lunge übergegriffen hat. Der arme Mann, man möchte ihm so gern helfen, aber niemand außer Gott kann das.

Ich habe eine schöne Geschichte verfasst. Sie heißt »Blurry, der Weltentdecker«, und meinen drei Zuhörern hat sie sehr gefallen. Noch immer bin ich erkältet und habe sowohl Margot als auch Mutter und Vater angesteckt. Hoffentlich bekommt Peter es nicht! Er wollte unbedingt einen Kuss haben und nannte mich sein Eldorado. Das geht doch nicht, du verrückter Kerl! Aber lieb ist es doch!

Deine Anne M. Frank

Donnerstag, 27. April 1944

Liebe Kitty!

Frau van Daan hatte heute Morgen schlechte Laune, nichts als Jammerei, erst über ihre Erkältung, dann, dass sie keine Hustenbonbons hatte, dass das viele Schniefen unerträglich sei. Dann, dass die Sonne nicht scheint, dass die Invasion auf sich warten lässt, dass wir nicht aus dem Fenster schauen dürfen usw. usw. Wir lachen uns schief über sie. Es war dann doch nicht so schlimm, denn sie musste auch lachen.

Das Rezept für unseren Kartoffelauflauf, wegen Zwiebelmangels abgeändert: Man nehme geschälte Kartoffeln, drehe sie durch eine Mühle, gebe etwas trockenes Mehl und Salz hinzu. Man reibe die Backform oder feuerfeste Schüssel mit Paraffin oder Stearin aus, backe den Rührteig zweieinhalb Stunden und esse ihn dann mit angefaultem Erdbeerkompott. (ohne Zwiebeln, ohne Fett, weder für die Schüssel, noch für den Teig.)

Im Augenblick lese ich das Buch »Kaiser Karl V«, von einem Göttinger Universitätsprofessor. Er hat vierzig Jahre daran gearbeitet. In fünf Tagen habe ich fünfzig Seiten geschafft, mehr geht nicht. Das Buch hat 598 Seiten, du kannst dir ausrechnen, wie lang ich dafür brauchen werde. Und dann noch der zweite Band! Aber sehr interessant! Was ein Schulmädchen an einem einzigen Tag nicht so alles macht! Nimm zum Beispiel mich! Erst habe ich ein Stück von Nelsons letzter Schlacht aus dem Niederländischen ins Englische übersetzt. Dann nahm ich mir die Fortsetzung des nordischen Krieges (1700–1721) vor. Peter der Große, Karl XII., August der Starke, Stanislaus Leczinsky, Mazeppa, Brandenburg, Vorder-Pommern, Hinter-Pommern und Dänemark, samt den dazugehörigen Jahreszahlen. Anschließend landete ich in Brasilien, erfuhr vom Bahia-Tabak, dem Überfluss an Kaffee, den anderthalb Millionen Einwohnern von Rio de Janeiro, von Pernambuco und São Paulo, nicht zu vergessen den Amazonasfluss. Von Negern, Mulatten, Mestizen, Weißen, mehr als 50 Prozent Analphabeten und der Malaria. Da ich noch etwas Zeit hatte, sah ich mir noch schnell einen Stammbaum an: Jan der Alte, Wilhelm Ludwig, Ernst Casimir I., Heinrich Casimir I. bis zu der kleinen Margriet Franciska (geboren 1944 in Ottawa).

Zwölf Uhr: Auf dem Dachboden ging meine Studierzeit weiter mit Dekanen, Pfarrern, Pastoren, Päpsten und ... Puh, bis ein Uhr. Nach zwei Uhr saß das arme Kind dann schon wieder an der Arbeit, es ging um Schmal- und Breitnasenaffen. Kitty, sag mir schnell, wie viel Zehen ein Nilpferd hat!

Die Bibel folgte, Arche Noah, Sem, Ham und Japhet, danach Karl V.

Dann gemeinsam mit Peter Englisch, ›Der Oberst‹ von Thackeray. Französische Vokabeln abfragen und dann den Mississippi mit dem Missouri vergleichen!

Genug für heute, adieu!

Deine Anne M. Frank

Freitag, 28. April 1944

Liebe Kitty!

Nie habe ich meinen Traum von Peter Schiff vergessen. Ich spüre in der Erinnerung noch jetzt seine Wange an meiner, mit jenem herrlichen Gefühl, das alles heilte. Mit Peter hier habe ich dieses Gefühl auch manchmal, aber nie so heftig, bis wir gestern Abend zusammensaßen, wie üblich auf der Couch und einer in den Armen des anderen. Da glitt die normale Anne plötzlich davon, und dafür kam die zweite Anne ans Licht, die nicht vorlaut und witzig ist, sondern nur lieb und anschmiegsam sein will.

Ich drückte mich fest an ihn und spürte die Gefühle in mir aufsteigen. Tränen schossen mir in die Augen, die linke tropfte auf seinen Overall, die rechte rann an meiner Nase vorbei und fiel auch auf seinen Overall. Ob er es merkte? Keine Bewegung verriet es. Fühlt er wohl genauso wie ich? Er sprach fast kein Wort. Ob er ahnt, dass er es mit zwei Annes zu tun hat? Alles Fragen, auf die ich keine Antwort habe.

Um halb neun stand ich auf und trat zum Fenster. Dort nehmen wir immer Abschied. Ich zitterte noch, es war noch Anne Nummer zwei. Er kam auf mich zu, ich schlang meine Arme um seinen Hals und drückte ihm einen Kuss auf die linke Wange. Ich wollte auch zur rechten, aber da traf mein Mund den seinen. Taumelnd drückten wir uns aneinander, noch einmal und noch einmal, um nie mehr aufzuhören!

Peter hat so eine Sehnsucht nach Zärtlichkeit. Zum ersten Mal in seinem Leben hat er ein Mädchen verstanden, hat zum ersten Mal erkannt, dass die lästigsten Mädchen auch eine Seele und ein Herz haben und anders sind, wenn man allein mit ihnen ist. Zum ersten Mal in seinem Leben hat er seine Freundschaft und sich selbst hingegeben, noch nie zuvor hatte er einen Freund oder eine Freundin gehabt. Jetzt haben wir uns gefunden. Er war mir auch fremd, ich hatte auch nie einen Vertrauten, aber nun ist es doch so weit gekommen.

Wieder die Frage, die mich gefangen hält: »Ist das richtig?« Ist es richtig, dass ich so schnell dahinsinke, dass ich so heftig bin, genauso heftig und verlangend wie Peter? Darf ich, ein Mädchen, mich so gehen lassen? Dafür gibt es nur eine Antwort: »Ich sehne mich so ... schon so lange. Ich bin so alleine und habe nun einen Trost gefunden.«

Morgens sind wir nüchtern, nachmittags auch noch ziemlich, aber abends steigt die Sehnsucht des ganzen Tages auf, das Glück und Wohlbehagen all der vorherigen Treffen, und die ganze Zeit denken wir nur an uns. Und jeden Abend, nach dem letzten Kuss, möchte ich am liebsten davonlaufen, ihm nicht mehr in die Augen sehen, nur fort, fort in die Dunkelheit, und alleine sein.

Aber was kommt auf mich zu, wenn ich die vierzehn Stufen hinunter gegangen bin? Helles Licht, Fragen hier und Lachen dort. Ich muss antworten und darf mir nichts ansehen lassen.

Mein Herz ist noch zu verletzlich, um so einen Schock wie gestern Abend einfach beiseite zu schieben. Die weiche Anne kommt zu selten hervor und lässt sich gerade deshalb nicht so leicht wieder verjagen. Peter hat mich berührt, intensiver, als ich je in meinem Leben berührt wurde, außer in meinem Traum! Peter hat mich erkannt, hat mein Innerstes nach außen gekehrt. Ist es denn nicht für jeden Menschen nur natürlich, dass er danach eine Atempause braucht, um sich innerlich wieder zu finden? O Peter, was hast du mit mir angestellt? Was willst du von mir?

Wohin soll das führen? Jetzt verstehe ich Bep, nun, wo ich das erlebe. Nun kann ich ihre Zweifel nachvollziehen. Wäre ich älter und er würde mich heiraten wollen, was würde ich antworten? Anne, sei ehrlich! Du würdest ihn nicht heiraten können, aber loslassen ist auch so schwer. Peter fehlt es noch an Charakter, an Willenskraft, an Mut und Kraft. Er ist noch ein Kind, innerlich nicht älter als ich. Er will nur ruhig und glücklich sein.

Bin ich tatsächlich erst vierzehn? Bin ich wirklich noch ein unreifes Schulmädchen? Bin ich wirklich noch so unerfahren in allem? Ich habe mehr Erfahrung als die anderen, ich habe etwas erlebt, was fast niemand in meinem Alter kennt.

Ich habe Angst vor mir selber, habe Angst, mich in meinem Verlangen zu schnell zu verschenken. Wie soll das dann später mit einem anderen Jungen gut gehen? Ach, es ist so schwer, immer ringen Herz und Verstand, und jedes muss zu seiner Zeit sprechen. Aber kann ich sicher sein, dass ich die Zeit richtig gewählt habe?

Deine Anne M. Frank

Dienstag, 2. Mai 1944

Liebe Kitty!

Ich habe Peter am Samstagabend gefragt, ob er meint, dass ich Vater etwas von uns erzählen sollte. Nach einigem Abwägen sagte er ja. Ich war froh darüber, es zeigt Verbundenheit. Gleich als ich hinunterkam, ging ich mit Vater Wasser holen. Schon auf der Treppe sagte ich: »Vater, du kannst sicher verstehen, dass Peter und ich, wenn wir zusammen sind, nicht einen Meter voneinander getrennt sitzen. Findest du das schlimm?«

Vater antwortete nicht sofort, und sagte dann: »Nein, schlimm finde ich das nicht, Anne. Aber hier, bei diesen beengten Wohnverhältnissen, musst du vorsichtig sein.« Er sagte noch etwas Ähnliches, dann gingen wir nach oben.

Am Sonntagmorgen rief er mich zu sich und sagte: »Anne, ich habe noch einmal darüber nachgedacht.« (Da bekam ich schon Angst!) »Es ist hier im Hinterhaus eigentlich nicht so gut. Ich dachte, ihr wärt Kameraden. Ist Peter verliebt?«

»Davon ist keine Rede«, antwortete ich.

»Du weißt, dass ich euch gut verstehe. Aber du musst beherrscht sein. Geh nicht mehr so oft nach oben, mach ihm nicht unnötig Hoffnung. Der Mann ist in solchen Dingen immer der Aktive, die Frau kann abwarten. Draußen, wenn du frei bist, ist es etwas ganz anderes. Da triffst du andere Jungs und Mädchen, du kannst mal weggehen, Sport treiben und alles Mögliche. Aber hier kannst du nicht weg, wenn du das willst. Ihr seht euch jede Stunde, eigentlich immer. Sei vorsichtig, Anne, und mach nichts zu Ernstes aus der Sache.«

»Keine Sorge Vater, und Peter ist anständig. Er ist ein lieber Junge.«

»Ja, aber sein Charakter ist nicht stark. Er ist leicht zur beeinflussen, zum Guten, aber auch zum Schlechten. Ich hoffe für ihn, dass er nett bleibt, denn in seinem Wesen ist er gut.«

Wir sprachen noch eine Weile und vereinbarten, dass Vater auch mit ihm reden würde.

Am Sonntagnachmittag, auf dem vorderen Dachboden, fragte Peter: »Hast du denn mit deinem Vater gesprochen, Anne?«

»Ja«, antwortete ich. »Ich werde es dir gleich erzählen. Vater findet es nicht schlimm, aber er sagt, dass hier, wo wir so aufeinander hocken, leicht Probleme entstehen könnten.«

»Wir haben uns doch versprochen, nicht zu streiten. Ich werde mich daran halten.«

»Ich auch, Peter. Aber Vater denkt anders darüber, und er hat geglaubt, wir wären nur Kameraden. Meinst du, dass das nicht geht?«

»Doch, schon. Und du?«

»Ich auch. Ich sagte zu Vater auch, dass ich dir vertraue. Ich verlasse mich auf dich, Peter, genauso, wie ich mich auf Vater verlassen kann, und ich bin überzeugt davon, dass du es wert bist. Stimmts?«

»Ich hoffe es.« Er war sehr verlegen und rot geworden.

»Ich glaube an dich, Peter«, sagte ich weiter. »Ich glaube, dass du einen guten Charakter hast und es in der Welt zu etwas bringen wirst.« Wir sprachen dann über andere Dinge. Später meinte ich noch: »Wenn wir hier heraus sind, wirst du dich nicht mehr um mich kümmern, das ist mir klar.«

Er regte sich auf. »Das ist nicht wahr, Anne! Nein, so darfst du nicht über mich denken!«

Dann wurden wir gerufen.

Vater hat inzwischen mit ihm geredet, am Montag haben sie sich darüber unterhalten. »Dein Vater meint, dass aus Kameradschaft schon mal Verliebtheit werden kann. Ich habe ihm aber gesagt, dass wir uns zusammenreißen werden.«

Vater möchte nun, dass ich abends nicht mehr so oft hinaufgehe, aber daran will ich mich nicht halten. Nicht nur, dass ich gern mit Peter zusammen bin, ich sagte auch, dass ich mich auf ihn verlassen kann. Ich will ihm mein Vertrauen zeigen, aber das kann ich nicht, wenn ich aus Misstrauen unten sitze. Nein, ich will hinauf!

Inzwischen ist das Dussel-Drama wieder vorbei. Am Samstagabend beim Essen hat er in schönen niederländischen Worten um Entschuldigung gebeten. Für Van Daan war es sofort beigelegt. Dussel hat diese Sache bestimmt den ganzen Tag einstudiert. Sein Geburtstag am Sonntag verlief störungsfrei. Wir schenkten ihm eine Flasche guten Wein von 1919, von den van Daans (die ihr Geschenk jetzt geben konnten) bekam er ein Glas Piccalilly und ein Päckchen Rasierklingen, von Kugler einen Topf Zitronenlimonade, Miep schenkte ihm ein Buch und Bep eine kleine Pflanze. Er spendierte jedem von uns ein Ei.

Deine Anne M. Frank

Mittwoch, 3. Mai 1944

Liebe Kitty!

Zuerst schnell die Neuigkeiten dieser Woche! Die Politik macht Pause. Es gibt nichts, überhaupt nichts zu berichten. So langsam glaube ich auch, dass die Invasion kommt. Man kann die Russen doch nicht alles alleine erledigen lassen! Übrigens, die rühren sich zur Zeit auch nicht.

Herr Kleiman ist jetzt wieder jeden Morgen im Büro. Für Peters Couch hat er neue Federn besorgt, also muss sich Peter jetzt ans Polstern machen. Verständlicherweise hat er dazu gar keine Lust. Kleiman brachte auch Flohpuder für die Katzen. Habe ich dir schon gesagt, dass Moffi weg ist? Sie ist seit vergangenen Donnerstag spurlos verschwunden. Bestimmt hat sich irgendein Tierfreund einen Leckerbissen aus ihr gemacht und sie ist schon im Katzenhimmel. Vielleicht bekommt ein wohlhabendes Mädchen eine Mütze aus ihrem Fell. Peter macht das sehr traurig.

Seit zwei Wochen haben wir samstags erst um halb zwölf Mittagessen. Vormittags gibt es nur eine Tasse Brei. Ab morgen wollen wir das jetzt jeden Tag so machen, so sparen wir eine Mahlzeit ein. Gemüse ist immer noch schwer aufzutreiben. Heute Mittag gab es fauligen Kochsalat. Ständig gibt es nur Salat, Spinat und Kochsalat, sonst nichts. Dazu noch angefaulte Kartoffeln, also eine köstliche Zusammenstellung! Seit mehr als zwei Monaten hatte ich meine Periode nicht mehr, aber am Sonntag war es dann endlich soweit. Trotz der unangenehmen Umstände bin ich doch froh, dass mein Körper mich nicht länger hingehalten hat.

Du kannst dir sicher denken, wie oft hier resigniert gefragt wird: »Was nur, was soll dieser Krieg nutzen? Warum können Menschen nicht friedlich miteinander leben? Warum muss alles so zerstört werden?

Die Frage ist verständlich, aber eine endgültige Antwort hat bis jetzt noch keiner gefunden. Ja, warum müssen sie in England immer mächtigere Flugzeuge, immer schwerere Bomben und gleichzeitig Fertighäuser für den Wiederaufbau bauen? Warum gibt man jeden Tag Millionen für den Krieg aus und keinen Cent für Medizin, für die Künstler, für die Armen? Warum müssen die Leute hungers sterben, wenn in anderen Teilen der Welt überzählige Nahrung weg fault? Warum sind die Menschen so verrückt?

Ich denke nicht, dass der Krieg nur von den Mächtigen, den Regierenden und Kapitalisten veranstaltet wird. Nein, der kleine Mann unterstützt ihn ebenso. Sonst hätten sich die Völker doch schon längst dagegen erhoben! Im Menschen gibt es nun mal einen Drang zur Vernichtung, zum Totschlagen, zum Morden und Verwüsten, und solange die ganze Menschheit, ohne Ausnahme, keine Metamorphose durchlebt, wird Krieg wüten, wird alles, was jemals erbaut, gepflegt und gewachsen ist, wieder abgemäht und vernichtet werden, und dann beginnt es wieder von vorne.

Ich war oft niedergeschlagen, aber nie verzweifelt. Ich sehe dieses Untertauchen als gefährliches Abenteuer, das romantisch und interessant ist. Jede Entbehrung beschreibe ich in meinem Tagebuch wie einen Zeitvertreib. Es ist nun mal mein Vorsatz, ein anderes Leben zu führen als andere Mädchen und später ein anderes Leben als normale Hausfrauen. Das hier ist dafür der passende Start mit viel Interessantem, und darum, genau darum muss ich in den gefährlichsten Momenten über komische Situationen lachen.

Ich bin jung und habe noch viele unerkannte Eigenschaften. Ich bin jung und standhaft und erlebe das große Abenteuer, sitze mittendrin und will nicht den ganzen Tag jammern, denn ich muss mich amüsieren! Ich habe viel mitbekommen, eine glückliche Natur, viel Lebensfreude und Stärke. Jeden Tag fühle ich mehr, wie mein Inneres reift, wie die Freiheit naht, wie schön die Natur, wie gut die Menschen um mich herum sind, wie aufregend und amüsant dieses Abenteuer. Warum sollte ich denn verzweifelt sein?

Deine Anne M. Frank

Freitag, 5. Mai 1944

Beste Kitty!

Vater ist unzufrieden mit mir. Er glaubte, dass ich nach unserem sonntäglichen Gespräch freiwillig nicht mehr jeden Abend nach oben gehen würde. Er möchte die »Knutscherei« nicht haben. Dieses Wort war schlimm für mich. Es ist schon peinlich genug, darüber zu sprechen, warum muss er es nun auch noch so herunter ziehen! Ich will heute mit ihm reden. Margot hat mir gute Tipps gegeben.

Pass auf, was ich ungefähr sagen werde:

»Vater, ich glaube, dass du eine Erklärung von mir möchtest, und ich will sie dir geben. Ich hab dich enttäuscht, du hättest mehr Zurückhaltung von mir erwartet. Du möchtest bestimmt, dass ich mich so verhalte, wie man es von einer Vierzehnjährigen erwartet, und das ist nicht richtig.

Seit wir hier sind, seit Juli 1942, war es für mich bis vor ein paar Wochen nicht leicht. Wenn du wüsstest, wie oft ich abends geweint habe, wie traurig und unglücklich ich war, wie verlassen ich mich fühlte, dann könntest du verstehen, dass ich nach oben will. Es war für mich nicht von einem auf den anderen Tag zu schaffen, soweit zu kommen, ohne Mutter und ohne den Beistand von jemand anderem zu leben. Viel, viel Mühe und Tränen hat es mich gekostet, so selbstständig zu werden, wie ich es jetzt bin. Du kannst mich auslachen und mir nicht glauben, das ist schon recht. Ich weiß, dass ich ein eigenständiger Mensch bin, und ich fühle mich euch gegenüber gar nicht verpflichtet. Ich erzähle dir das nur, weil du sonst vielleicht glaubst, dass ich etwas verheimliche. Aber für das was ich tue, muss ich mich nur vor mir selbst verantworten.

Als es mir schlecht ging, habt ihr, auch du, die Augen zugemacht und die Ohren verstopft. Du hast mich nicht unterstützt, im Gegenteil, nur Schelte habe ich bekommen, ich solle nicht so aufgedreht sein. Ich war nur so überdreht, um nicht immer traurig sein zu müssen. Ich war übermütig, um meine innere Stimme auszublenden. Ich habe eine Rolle gespielt, anderthalb Jahre lang, tagein, tagaus. Ich habe nicht gejammert und bin nicht aus der Rolle gefallen, nichts davon, aber jetzt habe ich mich durchgekämpft. Ich habe es gemeistert. Ich bin selbstständig an Leib und Geist. Ich brauche keine Mutter mehr, durch all die Auseinandersetzungen bin ich stark geworden.

Jetzt, da ich es geschafft habe, will ich meinem eigenen Weg folgen, den Weg, der für mich richtig ist. Du kannst und darfst mich nicht wie eine Vierzehnjährige behandeln, durch all die Schwierigkeiten bin ich reifer geworden. Ich werde nicht bedauern, was ich tue, ich werde so handeln, wie ich es für richtig halte!

Du kannst mich nicht mit guten Worten von oben fern halten. Entweder du verbietest mir alles, oder du vertraust mir durch dick und dünn! Aber misch dich dann bitte nicht in alles ein!«
Deine Anne M. Frank

Samstag, 6. Mai 1944

Liebe Kitty!

Gestern vor dem Essen habe ich meinen Brief in Vaters Tasche getan. Nachdem er ihn gelesen hatte, war er den ganzen Abend lang konfus, sagte Margot (ich hab oben beim Spülen nichts mitbekommen). Armer Pim, ich hätte mir denken können, welche Wirkung dieser Brandbrief auf ihn haben würde. Er ist so sensibel! Sofort habe ich zu Peter gesagt, er solle das Thema nicht mehr ansprechen. Pim selbst sagte kein Wort zu mir. Ob er das noch tut?

Hier läuft's wieder so einigermaßen. Was man von Jan, Kugler und Kleiman über die Menschen und Preise draußen hört, ist kaum zu fassen. Ein halbes Pfund Tee kostet 350, ein halbes Pfund Kaffee 80 Gulden, Butter 35 Gulden pro Pfund, ein

Ei 1,45 Gulden. Für bulgarischen Tabak muss man 14 Gulden je Unze hinlegen! Jeder treibt Schwarzhandel, jeder Laufbursche hat etwas im Angebot. Unser Bäckerjunge hat Stopfseide besorgt, 90 Cent für ein dünnes Röllchen. Der Milchmann treibt illegale Lebensmittelkarten auf, ein Beerdigungsunternehmer organisiert Käse. Jeden Tag gibt es Raubmord, Einbruch, Diebstahl. Dahinter stecken Polizisten und Nachtwächter genauso wie Berufsdiebe. Jeder muss etwas in den Magen bekommen. Und weil Gehaltserhöhungen nicht erlaubt sind, müssen die Leute wohl oder übel tricksen. Die Jugendpolizei hat permanent zu tun. Junge Mädchen von fünfzehn, sechzehn, siebzehn, achtzehn Jahren, und auch ältere, werden jeden Tag vermisst gemeldet.

Ich will probieren, die Geschichte von der Fee Ellen fertig zu schreiben. Spaßeshalber könnte ich sie Vater zum Geburtstag schenken, mit allen Urheberrechten. Auf Wiedersehen (das stimmt eigentlich nicht, bei der deutschen Radiosendung aus England sagen sie »Auf Wiederhören«, ich müsste also schreiben »Auf Wiederschreiben«).

Deine Anne M. Frank

Sonntagmorgen, 7. Mai 1944

Liebe Kitty!

Gestern Nachmittag hatten Vater und ich ein langes Gespräch. Ich musste ganz schlimm weinen, und er auch. Weißt du, was er zu mir gesagt hat, Kitty?

»In meinem Leben habe ich schon viele Briefe bekommen, aber dieser ist der grausamste. Du, Anne, hast so viel Liebe von deinen Eltern empfangen, von Eltern, die immer für dich da sind, die dich immer verteidigt haben, was immer passiert ist, und dann sprichst du davon, uns gegenüber gar nicht verpflichtet zu sein. Du fühlst dich benachteiligt und allein gelassen. Nein, Anne, das war eine große Ungerechtigkeit, die du uns damit zugefügt hast. Möglicherweise hast du es nicht so gemeint, aber du hast es so geschrieben. Nein, Anne, solche Vorwürfe haben wir nicht verdient!«

Achje, ich habe einen furchtbaren Fehler gemacht. Das ist wohl das Schlimmste, das ich in meinem Leben angerichtet habe. Ich wollte nur angeben mit meiner Verzweiflung und meinen Tränen, nur wichtig tun, damit er Respekt vor mir hat. Natürlich hatte ich viel Kummer, und alles was Mutter betrifft, stimmt. Aber den lieben Pim so zu beschuldigen, ihn, der alles für mich getan hat und noch für mich tut, nein, das war niederträchtig.

Es ist schon gut, dass ich mal aus meinem Elfenbeinturm heruntergeholt worden bin, dass mein Hochmut mal einen Dämpfer bekam. Ich war wieder viel zu überzeugt von mir selbst. Was Fräulein Anne tut, ist längst nicht immer das

Richtige! Jemand, der einem anderen, den er zu lieben vorgibt, so einen Kummer bereitet, und das auch noch absichtlich, ist schäbig, sehr schäbig!

Am meisten geniere ich mich über die Art, wie Vater mir verziehen hat. Er will den Brief in den Ofen werfen und behandelt mich jetzt so lieb, als ob er selbst einen Fehler gemacht hätte. Ach, Anne, du musst noch sehr viel dazulernen. Fang' einfach mal damit an, statt auf andere hinunterzublicken und anzuklagen!

Ich habe viel Seelenschmerz gehabt, aber geht es nicht jedem in meinem Alter so? Ich habe viel Theater gespielt, und war mir dessen noch nicht mal bewusst. Ich fühlte mich alleingelassen, bin aber fast nie darüber verzweifelt. Ich muss mich abgrundtief schämen, und ich schäme mich abgrundtief.

Passiert ist passiert, aber man kann Schlimmeres verhindern. Ich möchte nochmal von vorn beginnen, und es muss zu schaffen sein, denn jetzt habe ich Peter. Mit seiner Hilfe kann ich es. Ich bin nicht mehr auf mich allein gestellt, er liebt mich, ich liebe ihn. Meine Bücher, mein Geschichtenbuch, mein Tagebuch helfen mir. Weder bin ich besonders hässlich, noch besonders dumm, habe eine heitere Natur und arbeite an einem guten Charakter. Ja, Anne, du hast sehr genau gespürt, dass dein Brief zu barsch und ungerecht war, aber du warst sogar stolz darauf. Vater soll wieder mein Vorbild sein, und ich will mich bessern.

Deine Anne M. Frank

Montag, 8. Mai 1944

Liebe Kitty!

Habe ich dir eigentlich schon mal was von unserer Familie erzählt? Ich glaube nicht, und darum fange ich gleich mal damit an. Vater wurde in Frankfurt geboren, als Sohn steinreicher Eltern. Michael Frank hatte eine Bank und wurde dadurch Millionär, Vaters Mutter, Alice Stern, stammte aus vornehmem und reichem Elternhaus. Michael Frank hatte als junger Mann wenig Geld, hat sich aber tüchtig hochgearbeitet. Vater führte in seiner Jugend ein richtiges Sohn-reicher-Eltern-Leben, ständig Partys, Bälle, Feste, schöne Mädchen, Tanzen, festliche Abendessen, viele Zimmer und so weiter. All der Reichtum zerfiel nach Opas Tod, nach Weltkrieg und Inflation war nichts mehr davon übrig. Aber da waren noch genug reiche Verwandte. Vater ist folglich super-super erzogen worden und musste gestern total lachen, weil er zum ersten Mal in seinem 55-jährigen Leben bei Tisch die Bratpfanne leer schaben musste.

Mutter war nicht so reich, aber doch ganz gut gestellt, und so bekommen wir oft staunend die Geschichten von Verlobungen mit 250 Gästen, von privaten Bällen und Diners zu hören.

Heute kann man uns keinesfalls mehr als reich bezeichnen, aber ich hoffe auf die Zeit nach dem Krieg. Ich kann dir versichern, dass ich keinesfalls auf so ein bescheidenes Leben aus bin, wie es Mutter und Margot vorschwebt. Ich möchte gern für ein Jahr nach Paris und ein Jahr nach London gehen, um Sprachen zu lernen und Kunstgeschichte zu studieren. Denk dagegen an Margot, die Säuglingsschwester in Palästina werden will. Immer träume ich von schönen Kleidern und interessanten Menschen. Ich will etwas sehen von der Welt, und etwas erleben, das habe ich dir ja schon oft gesagt, und ein wenig Geld kann dabei nicht schaden!

Miep erzählte heute Morgen von der Verlobung ihrer Nichte, zu der sie am Samstag eingeladen war. Die Nichte ist Tochter reicher Eltern, und der Bräutigam hat noch reichere Eltern. Mit der Beschreibung des Festessens machte Miep uns den Mund wässrig: Gemüsesuppe mit Fleischklößchen, Käse, Hackfleisch-Sandwich, Horsd'oeuvres mit Eiern und Roastbeef, Käsebrötchen, Moskauer Gebäck, Wein und Zigaretten, und von allem so reichlich, wie man wollte. Miep hat zehn Gläser Schnaps getrunken und drei Zigaretten geraucht. Das ist also die Antialkoholikerin! Wenn schon Miep soviel getrunken hat, wie viel wird sich dann erst ihr Gatte hinter die Binde gegossen haben? Sie waren natürlich alle leicht beschwipst. Die Hochzeitsfotos von dem Paar haben zwei Polizisten von der Mordkommission gemacht, die auch unter den Gästen waren. Man sieht, dass Miep ihre Versteckten keine Minute vergisst, denn sie hat sich von denen gleich Namen und Adressen geben lassen, für den Fall, dass etwas passiert und man gute Niederländer nötig hat.

Sie hat uns wirklich den Mund wässrig gemacht, uns, mit unseren zwei Löffeln Brei zum Frühstück, unseren knurrenden Mägen, die wir tagein, tagaus nichts anderes essen müssen als halbrohen Spinat (wegen der Vitamine) und halbverfaulte Kartoffeln, die wir in unsere hohlen Mägen nichts anderes als Salat, Kochsalat, Spinat und nochmal Spinat stopfen. Vielleicht werden wir ja mal so stark wie Popeye, obwohl ich davon noch nichts merken kann!

Hätte Miep uns zu dieser Verlobung mitnehmen können, dann wäre von den Brötchen nichts für die anderen Gäste übrig geblieben. Wären wir bei diesem Fest dabei gewesen, dann hätten wir sicher alles geplündert und sogar die Möbel nicht stehen lassen. Ich kann dir sagen, wir haben Miep die Worte aus der Nase gezogen, wir umringten sie, als hätten wir noch niemals in unserem Leben von feinem Essen und eleganten Menschen gehört. Wir, die Enkelinnen eines bekannten Millionärs! Es geht schon verrückt zu in der Welt!

Deine Anne M. Frank

Liebe Kitty!   Dienstag, 9. Mai 1944

Die Geschichte »Ellen, die Fee« ist jetzt fertig. Ich habe sie neu auf schönes Briefpapier geschrieben, mit roter Tinte verziert und die Blätter mit Nadel und Faden gebunden. Das Ganze sieht jetzt hübsch aus, aber ich weiß nicht, ob es nicht etwas spärlich ist. Margot und Mutter haben jede ein Geburtstagsgedicht *[für Annes Vater; red.]* verfasst.

Herr Kugler kam heute mit der Nachricht, dass Frau Broks (eine frühere Mitarbeiterin) ab Montag hier jeden Tag zwei Stunden Mittagspause machen möchte. Stell dir das vor! Niemand kann mehr raufkommen, Kartoffeln können nicht gebracht werden, wir können Bep nicht zum Mittagessen bewirten, können das Klo nicht benutzen, dürfen uns nicht rühren und was es sonst noch für Widrigkeiten gibt. Wir kamen mit den bizarrsten Vorschlägen, um sie abzuwimmeln. Van Daan meinte, ein gutes Abführmittel in ihren Kaffee würde vielleicht schon ausreichen. »Nein«, antwortete Herr Kleiman, »bloß nicht, dann kommt sie überhaupt nicht mehr runter vom Thron!«

Schallendes Gelächter. »Vom Thron?«, fragte Frau van Daan. »Was bedeutet das?« Man erklärte es ihr. »Kann man das Wort immer verwenden?«, fragte sie ziemlich einfältig. Bep kicherte. »Stellt euch vor, sie fragt im Bijenkorf *[holländische Kaufhauskette; red.]* nach dem Thron! Sie würden nicht kapieren, was sie meint.«

Dussel hockt täglich Schlag halb eins »auf dem Thron«, um den Ausdruck beizubehalten. Heute Mittag nahm ich ein Stück rosa Papier und schrieb beherzt:

Toiletten-Dienstplan für Herrn Dussel:
Morgens 7.15–7.30
Mittags nach 1 Uhr
Ansonsten nach Wunsch!

Diesen Zettel heftete ich außen an die grüne Klotür, während Dussel noch drin saß. Leicht hätte ich dazuschreiben können: Bei Übertretung dieses Gesetzes wird Freiheitsstrafe verhängt. Denn unsere Toilette kann man sowohl von innen als auch von außen abschließen.

Dies ist van Daans neuester Witz: Als in der Bibelstunde die Geschichte mit Adam und Eva dran kommt, fragt ein 13-jähriger Junge seinen Vater: »Erzähl mal, Vater, wie bin ich eigentlich geboren worden?«

»Na ja«, antwortet der Vater, »der Storch hat dich aus dem großen Wasser gezogen, zu Mutter ins Bett gelegt und sie fest ins Bein gezwickt. Deshalb hat sie geblutet und musste über eine Woche lang das Bett hüten.«

Um es noch genauer zu erfahren, will es der Junge auch von seiner Mutter wissen: »Sag mal, Mutter, wie bist du eigentlich geboren worden und wie bin ich geboren worden?«

Seine Mutter erzählt dieselbe Geschichte, und der Junge geht, um auch wirklich alles zu verstehen, noch zu seinem Großvater: »Sag mal Opa, wie bist du geboren worden und wie ist deine Tochter geboren worden?« Jetzt hört er zum dritten Mal die gleiche Geschichte.

Abends schreibt er in sein Tagebuch: »Nach gründlicher Recherche muss ich feststellen, dass in unserer Familie drei Generationen lang kein Geschlechtsverkehr stattgefunden hat.«

Ich muss noch arbeiten, es ist schon drei Uhr.

Deine Anne M. Frank

P. S. Ich habe dir ja schon von der neuen Putzfrau berichtet, und will noch kurz hinzufügen, dass die Dame verheiratet, sechzig Jahre alt und schwerhörig ist! Sehr praktisch im Hinblick auf mögliche Geräusche, die von acht Versteckten durchdringen könnten. O Kit, es ist so schönes Wetter. Wenn ich doch hinaus könnte!

Mittwoch, 10. Mai 1944

Liebe Kitty!

Gestern Nachmittag saßen wir auf dem Dachboden und lernten Französisch, als plötzlich hinter mir ein Plätschern zu hören war. Ich fragte Peter, was das sei, aber er antwortete nicht, rannte zum Trockenboden, zum Ort des Geschehens, und stieß Mouschi, die sich neben das zu nasse Katzenklo gesetzt hatte, mit einer groben Handbewegung zurück auf ihren Platz. Ein lautes Gewusel folgte, und Mouschi, die fertig gepinkelt hatte, rannte hinunter. Sie hatte sich, um doch ein wenig katzenklo-artige Gemütlichkeit zu empfinden, über einen Spalt auf den durchlässigen Oberbodenplanken auf ein bisschen Holzwolle gesetzt. Die Pfütze breitete sich sofort durch die Decke zum Dachboden aus und tropfte unglücklicherweise direkt in und neben unsere Kartoffeltonne. Die Decke triefte, und weil der Dachboden auch nicht völlig abgedichtet ist, fielen einige gelbe Tropfen auch durch die Decke ins Zimmer, zwischen einen Stapel Strümpfe und ein Buch, die auf dem Tisch lagen.

Ich bog mich vor Lachen. Der Anblick war zu komisch, die verängstigte Mouschi unter einem Stuhl, Peter mit Wasser, Chlorpulver und Lappen, und Herr van Daan am Beschwichtigen. Das Malheur war schon bald behoben. Aber man weiß ja, wie schrecklich Katzenurin stinkt. Das bewiesen die Kartoffeln gestern nur allzu gut, und auch die Holzspäne, die Vater in einem Eimer herunterbrachte, um den Ofen anzuheizen.

Arme Mouschi! Woher sollst du auch wissen, dass kein Torfmull *[für das Katzenklo; red.]* zu bekommen ist?

Anne

Donnerstag, 11. Mai 1944

Liebe Kitty!
Etwas Neues zum Lachen!
Peters Haare mussten geschnitten werden. Die Friseurin sollte, wie üblich, seine Mutter sein. Fünf Minuten vor halb acht verschwand Peter in seinem Zimmer und tauchte um halb acht wieder auf, nichts am Leib als eine blaue Badehose und Turnschuhe. »Kommst du?«, fragte er seine Mutter.
»Ja, ich suche grad noch die Schere.«
Peter half suchen und kramte dabei in Frau van Daans Toilettenschublade.
»Mach doch nicht so ein Durcheinander«, murrte sie.

Ich konnte Peters Antwort nicht verstehen, aber sie muss auf jeden Fall frech gewesen sein, denn Frau van Daan gab ihm einen Klaps auf den Arm. Er gab ihr einen zurück. Dann schlug sie kräftig, und Peter zog mit einem pikierten Gesicht den Arm zurück.

»Komm schon, Alte!« Frau van Daan bewegte sich nicht. Peter fasste sie an den Handgelenken und schleppte sie durchs ganze Zimmer. Frau van Daan weinte, lachte, wetterte und strampelte, aber es half nichts. Peter zog seine Gefangene bis zur Dachbodentreppe, wo er sie loslassen musste. Frau van Daan ging ins Zimmer zurück und plumpste seufzend auf einen Stuhl.

»Die Entführung der Mutter«, witzelte ich.

»Ja, aber er hat mir wehgetan.«

Ich sah es mir an und kühlte ihre schmerzenden, roten Handgelenke mit etwas Wasser. Peter, noch an der Treppe, wurde erneut ungeduldig. In der Hand seinen Gürtel, kam er wie ein Tierbändiger ins Zimmer. Aber Frau van Daan ging nicht mit. Sie saß am Schreibtisch und suchte nach einem Taschentuch. »Du musst mich erst um Verzeihung bitten«, sagte sie.

»Na gut, dann bitte ich dich hiermit um Entschuldigung, weil es sonst so spät wird.«

Frau van Daan musste gegen ihren Willen lachen, stand auf und ging zur Tür. Hier fand sie es angebracht, uns erst noch eine Erklärung zu geben. (Uns, das waren Vater, Mutter und ich, wir waren gerade beim Abspülen.)

»Zu Hause benahm er sich nie so«, sagte sie. »Ich hätte ihm sonst eine gelangt, dass er die Treppe runterfliegt(!). Er ist zuvor nie so frech gewesen, er hat damals auch mehr Hiebe bekommen. Nun, das ist die moderne Erziehung! Ich hätte meine Mutter nie so angepackt. Sind Sie so mit Ihrer Mutter umgesprungen, Herr Frank?« Sie war entrüstet, ging auf und ab, redete alles Mögliche und machte immer noch keine Anstalten, hinaufzugehen. Endlich zog sie ab.

Keine fünf Minuten später stürmte sie mit aufgeplusterten Backen wieder herunter, warf ihre Schürze hin, sagte auf meine Frage, ob sie fertig sei, sie wolle kurz hinuntergehen, und zischte wie ein Wirbelwind die Treppe hinunter. Vermutlich in die Arme von ihrem Putti. Erst um acht Uhr kam sie wieder herauf, ihren Mann im Schlepptau. Peter wurde vom Dachboden geholt, bekam eine ordentliche Standpauke. Schimpfworte wie Flegel, Lümmel, rüpelhaft, schlechtes Vorbild, Anne ist ..., Margot macht ... Mehr konnte ich nicht heraushören.

Wahrscheinlich ist heute schon wieder alles in Butter.

Deine Anne M. Frank

P. S. Dienstag und Mittwoch hielt unsere geliebte Königin ein Ansprache. Sie macht Urlaub, um erholt in die Niederlande zurückkehren zu können. Sie redete etwas von »Bald, wenn ich zurück bin ... Befreiung naht ... Tapferkeit und schwere Lasten«.

Eine Rede von Minister Gerbrandy folgte. Dieser Mann hat ein so nörgelndes Kinderstimmchen, dass Mutter automatisch »Och!« sagte. Ein Pastor, der die Stimme von Herrn Edel geklaut hat, beendete dann den Abend mit der Bitte an Gott, er möge die Juden, die Menschen in Konzentrationslagern, in den Gefängnissen und in Deutschland behüten.

Donnerstag, 11. Mai 1944

Liebe Kitty!

Da ich meine »Krusch-Schachtel«, wo auch der Füller drin ist, oben vergessen habe und ich die anderen bei ihrem Mittagsschläfchen (bis halb drei) nicht stören kann, musst du dich jetzt mit einem Bleistifttext begnügen. Ich habe im Augenblick irrsinnig viel zu tun, und wenn es auch verrückt klingt, ich habe nicht genug Zeit, um durch meinen Berg Arbeit durchzukommen. Soll ich dir erzählen, was ich so alles machen muss?

Also: Bis morgen muss ich den ersten Teil der Biographie von Galileo Galilei fertig gelesen haben, denn das Buch muss zur Bibliothek zurück. Angefangen habe ich gestern, jetzt bin ich auf Seite 220. Es hat 320, also schaffe ich das. Nächste Woche muss ich »Palästina am Scheideweg« und Teil zwei von Galilei lesen. Außerdem habe ich den ersten Teil der Biographie von Kaiser Karl V. ausgelesen und muss dringend meine vielen Notizen und Hinweise auf die Stammbäume übertragen. Und dann habe ich auch drei Seiten mit Fremdwörtern aus den verschiedenen Büchern herausgeholt, die alle eingetragen, aufgesagt und gelernt werden müssen. Nr. 4 ist, dass meine Filmstars total ungeordnet sind und aufgeräumt werden wollen. Da das aber mehrere Tage dauern würde und

Professor Anne, wie schon gesagt, derzeit in Arbeit erstickt, wird das Chaos weiter ein Chaos bleiben.

Dann warten Theseus, Ödipus, Peleus, Orpheus, Jason und Herkules auf ein gründliches Sortiertwerden, denn ihre verschiedenen Taten schwirren wie Luftschlangen in meinem Kopf durcheinander. Auch Mykon und Phidias brauchen dringend Aufmerksamkeit, damit ihr Zusammenhang erhalten bleibt. Ebenso steht es z. B. mit dem Sieben- und dem Neunjährigen Krieg. Ich komme auf diese Weise mit allem durcheinander. Ja, was kann man auch mit so einem Gedächtnis anfangen? Denk nur, wie vergesslich ich dann erst mit achtzig sein werde! Ach ja, noch etwas, die Bibel! Wie lange noch, bis ich endlich zu der Geschichte von der badenden Susanne komme? Und was war los in Sodom und Gomorrha? Ach, es gibt noch so schrecklich viel zu fragen und zu lernen! Und Lieselotte von der Pfalz habe ich ganz im Stich gelassen! Kitty, siehst du, dass ich überquelle?

Nun noch etwas: Du weißt ja schon lange, dass es mein größtes Ziel ist, einmal Journalistin und später eine berühmte Schriftstellerin zu werden. Ob ich diese (größen-)wahnsinnigen Neigungen je ausleben kann, das muss sich noch zeigen, aber Themen habe ich schon jede Menge. Nach dem Krieg will ich auf jeden Fall ein Buch mit dem Titel »Das Hinterhaus« herausbringen. Ob ich das schaffe, ist die Frage, aber mein Tagebuch kann mir als Grundstein dafür dienen.

Cadys Leben muss auch fertig werden. Ich habe mir die Fortsetzung so vorgestellt, dass Cady, wenn sie gesund ist, das Sanatorium verlässt und mit Hans in Briefwechsel bleibt. Das ist 1941. Bald darauf findet sie heraus, dass Hans der NSB *[Nationalsozialistische Bewegung der Niederlande; red.]* nahesteht, und da Cady mit den Juden und ihrer Freundin Marianne großes Mitleid hat, entfremden sich die beiden. Nach einem Treffen, das nach Versöhnung aussah, kommt es zum Bruch, und Hans ist mit einem anderen Mädchen zusammen. Cady ist tief gebrochen und wird, um eine vernünftige Arbeit zu haben, Krankenschwester. Freunde ihres Vaters dängen sie, in die Schweiz zu gehen und dort in einem Lungensanatorium zu arbeiten. In ihrem ersten Urlaub fährt sie zum Comer See, wo sie zufällig Hans trifft. Er erzählt ihr, er habe vor zwei Jahren geheiratet, die damalige Nachfolgerin von Cady, und dass sich seine Frau in einem Anfall von Schwermut umgebracht hat. Erst im Zusammensein mit der anderen hat er gemerkt, wie sehr er Cady geliebt hatte, und nun hält er erneut um ihre Hand an.

Cady lehnt ab, obwohl sie ihn, ungewollt, immer noch liebt. Ihr Stolz hält sie zurück. Daraufhin zieht Hans fort, und Jahre später erfährt Cady, dass er, mehr krank als gesund, in England gelandet ist. Cady selbst heiratet mit 27 Jahren einen wohlhabenden Mann aus der Provinz, Simon. Sie beginnt, ihn sehr zu lieben, aber doch nicht so wie Hans. Sie bekommen zwei Töchter und einen Sohn, Lilian, Judith und Nico. Simon und sie sind glücklich, aber immer bleibt Hans in der

Tiefe von Cadys Denken, bis sie eines Nachts von ihm träumt und dabei Abschied von ihm nimmt.

Das ist kein sentimentales Zeugs, denn Vaters Lebensgeschichte ist darin verarbeitet.

Deine Anne M. Frank

Samstag, 13. Mai 1944

Liebste Kitty!

Vater hatte gestern Geburtstag, und es war der 19. Hochzeitstag von Vater und Mutter. Es war kein Putztag, und die Sonne strahlte, wie sie 1944 noch nie gestrahlt hat. Unser Kastanienbaum strotzt von unten bis oben in voller Blüte und ist viel schöner als letztes Jahr. Vater hat von Kleiman eine Biographie über das Leben des Linnaeus *[der schwedische Naturwissenschaftler Carl von Linné; red.]* bekommen, von Kugler ein naturgeschichtliches Buch, von Dussel ›Amsterdam zu Wasser‹, von den van Daans eine riesige Box, hergerichtet wie vom besten Dekorateur, mit drei Eiern, einer Flasche Bier, einem Joghurt und einer grünen Krawatte. Unser Glas Sirup konnte dagegen nichts ausrichten. Die Rosen, die ich schenkte, dufteten herrlich, im Gegensatz zu den roten Nelken von Miep und Bep. Er ist ziemlich verhätschelt worden. Vom Bäcker kamen 50 Törtchen, phantastisch! Vater spendierte außerdem noch Kräuterkuchen und Bier für die Herren, Joghurt für die Damen. Alle waren entzückt!

Deine Anne M. Frank

Dienstag, 16. Mai 1944

Liebste Kitty!

Zur Abwechslung (weil wir das schon so lange nicht mehr hatten) will ich dir von einem kleinen Disput erzählen, den Herr und Frau van Daan gestern Abend führten.

Frau van Daan: »Die Deutschen werden den Atlantik-Wall inzwischen wohl sehr verstärkt haben. Sie werden sicher alles Erdenkliche tun, um die Engländer aufzuhalten. Es ist beachtlich, wie viel Kraft die Deutschen haben.«

Herr van Daan: »O ja, schrecklich!«

Frau van Daan: »Jaa-ah!«

Herr van Daan *[ironisch]*: »Wahrscheinlich werden die Deutschen den Krieg am Ende noch gewinnen, so standhaft sind sie.«

Frau van Daan: »Das kann gut möglich sein, ich bin vom Gegenteil noch nicht überzeugt.«

Herr van Daan: »Ich sollte lieber nicht antworten.«

Frau van Daan: »Du antwortest doch immer wieder, du lässt dich doch immer wieder provozieren.«

Herr van Daan: »Aber nein, ich sage kaum was.«

Frau van Daan: »Aber du antwortest doch, und du musst auch immer Recht haben! Dabei stimmen deine Vorhersagen bei weitem nicht immer.«

Herr van Daan: »Bis jetzt haben sich meine Voraussagen immer bewahrheitet.«

Frau van Daan: »Das stimmt nicht. Bei dir wäre die Invasion schon im vorigen Jahr gewesen, die Finnen hätten schon Frieden, Italien hätte sich schon im Winter erledigt, und die Russen wären schon in Lemberg! O nein, auf deine Prophezeiungen gebe ich nicht viel.«

Herr van Daan (sich erhebend): »Jetzt halt endlich mal deine große Klappe! Du wirst noch erkennen, dass ich Recht habe. Du wirst es schon erleben. Ich kann dein Gezeter nicht mehr hören, ich werde dich mit der Nase auf all deine Hänseleien stoßen!« (Ende erster Akt)

Ich hätte beinahe schrecklich lachen müssen, Mutter auch, und Peter verbiss es sich ebenfalls. O die dummen Erwachsenen. Sie sollten lieber bei sich selbst anfangen klüger zu werden, statt so viel an den Kindern herumzunörgeln!

Deine Anne

P. S. Die Fenster sind seit Freitag wieder offen.

Was die Interessen der Bewohner des Hinterhauses sind:
(Systematische Übersicht der Lern- und Lesefächer):

Herr van Daan: Lernt nichts; liest viel im Knaur; liest gern Detektivgeschichten, medizinische Bücher, spannende und belanglose Liebesromane.

Frau van Daan: Lernt Englisch in schriftlichen Kursen; liest gern Biographien und einige Romane.

Herr Frank: Lernt Englisch (Dickens!), etwas Latein; liest nie Romane, aber gern ernsthafte und nüchterne Sachbücher über Personen und Länder.

Frau Frank: Lernt Englisch in schriftlichen Kursen; liest alles, außer Detektivgeschichten.

Herr Dussel: Lernt Englisch, Spanisch und Niederländisch ohne nennenswerte Ergebnisse; liest alles, schließt sich im Urteil der Mehrheit an.

Peter van Daan: Lernt Englisch, Französisch (schriftlich), niederländisch Steno, englisch Steno, deutsch Steno, Wirtschaftsenglisch, Holzbearbeitung, Wirtschaftskunde, ab und zu Mathematik; liest wenig, manchmal geographische Sachen.

Margot Frank: Lernt Englisch, Französisch, Latein nach schriftlichen Kursen, englisch Steno, deutsch Steno, niederländisch Steno, Mechanik, Trigonometrie,

Physik, Chemie, Algebra, Geometrie, englische Literatur, französische Literatur, deutsche Literatur, niederländische Literatur, Buchhaltung, Erdkunde, neuere Geschichte, Biologie, Wirtschaft; liest alles, am liebsten Bücher über Religion und Heilwissen.

Anne Frank: Lernt Französisch, Englisch, Deutsch, niederländisch Steno, Geometrie, Algebra, Geschichte, Erdkunde, Kunstgeschichte, Mythologie, Biologie, biblische Geschichte, niederländische Literatur; liest sehr gern Biographien (trocken oder spannend), historische Abhandlungen, manchmal Romane und Unterhaltungsliteratur.

Freitag, 19. Mai 1944

Liebe Kitty!

Gestern fühlte ich mich elend, habe mich übergeben (und das mir!), Kopfweh, Bauchweh, alles, was man sich nur vorstellen kann. Heute geht es wieder besser. Ich habe Riesenhunger, aber um die braunen Bohnen, die es heute gibt, werde ich einen Bogen machen.

Mit Peter und mir steht es prima. Der arme Kerl hat noch ein größeres Bedürfnis nach Zärtlichkeit als ich. Noch immer wird er jeden Abend rot beim Gutenachtkuss und fleht nach noch einem. Ob ich nur sein Ersatz für Moffi bin? Das fände ich nicht schlimm. Er ist so froh, seit er weiß, dass jemand ihn mag. Nach seiner mühsamen Eroberung stehe ich ein bisschen über der Situation, aber denke ja nicht, dass meine Liebe verebbt ist. Er ist ein Schatz, aber mein Inneres habe ich doch wieder verschlossen. Wenn er jetzt nochmal das Schloss aufbrechen will, muss das Brecheisen schon stärker sein!

Deine Anne M. Frank

Samstag, 20. Mai 1944

Liebe Kitty!

Als ich gestern Abend vom Dachboden herunterkam, sah ich sofort, dass die schöne Vase mit Nelken auf dem Boden lag. Mutter kniete daneben und wischte auf, Margot fischte meine Papiere vom Boden. »Was ist denn hier passiert?«, fragte ich mit banger Vorahnung, und ohne auf die Antwort zu warten, schaute ich mir aus einiger Entfernung den Schaden an. Meine Stammbäume, Mappen, Hefte, Bücher, alles triefte. Ich weinte fast und war so geschockt, dass ich anfing, Deutsch zu sprechen. An meine Worte kann ich mich nicht mehr erinnern, aber Margot sagte, dass ich so etwas von mir gab, wie »nicht abschätzbarer Schaden, schrecklich, fürchterlich, nie wieder gutzumachen« und Ähnliches. Vater lachte lauthals los, Mutter und Margot fielen ein, aber ich hätte weinen können wegen der zerstörten Arbeit und den sorgfältigen Anmerkungen.

Bei genauer Betrachtung war der »unübersehbare Schaden« zum Glück nicht so schlimm. Sorgfältig ordnete ich auf dem Dachboden die verklebten Papiere und löste sie. Dann hängte ich sie nebeneinander an der Wäscheleine zum Trocknen auf. Es war ein lustiger Anblick, und ich musste dann auch wieder lachen. Maria de Medici neben Karl V, Wilhelm von Oranien und Marie Antoinette.

»Das ist Rassenschande«, scherzte Herr van Daan.

Nachdem ich Peter die Aufsicht meiner Papiere übertragen hatte, ging ich wieder hinunter.

»Welche Bücher sind unbrauchbar?«, fragte ich Margot, die gerade meine Bücher kontrollierte.

»Algebra«, sagte Margot.

Leider Gottes war aber das Algebrabuch doch nicht kaputt. Ich wünschte, es wäre direkt in die Vase gefallen! Noch nie habe ich ein Buch so gehasst wie dieses. Vorne drin stehen mindestens 20 Namen von Mädchen, die es vor mir hatten. Es ist ranzig, vergilbt, vollgekritzelt, durchgestrichen und verbessert. Wenn ich mal sehr hemmungslos bin, werde ich das Mistding in Stücke reißen!

Deine Anne M. Frank

Montag, 22. Mai 1944

Liebe Kitty!

Am 20. Mai hat Vater durch eine Wette fünf Flaschen Joghurt an Frau van Daan verloren. Denn die Invasion ist noch nicht gekommen. Ich kann guten Gewissens sagen, dass ganz Amsterdam, die ganzen Niederlande, ja die ganze Westküste Europas bis hinunter nach Spanien Tag und Nacht von der Invasion redet, darüber debattiert, Wetten abschließt und sie herbeisehnt. Die Spannung steigt und steigt. Bei weitem nicht alle, die wir die »guten« Niederländer nennen, haben noch Vertrauen in die Engländer, längst nicht alle sehen den englischen Bluff als Meisterstück. O nein, die Menschen wollen nun endlich Taten sehen, große und bedeutende Taten!

Keiner denkt weiter, als eine Nase lang ist, keiner bedenkt, dass die Engländer erst mal für sich selbst und ihr Land kämpfen. Jeder meint nur, dass sie die Niederlande so schnell wie möglich retten müssen. Was verpflichtet die Engländer denn? Womit haben sich die Holländer die aufopferungsvolle Hilfe verdient, die sie so fest erwarten? Die Niederländer sollen sich nur nicht täuschen! Trotz ihres Bluffs haben die Engländer sich sicher nicht mehr blamiert als all die anderen Länder und Ländchen, die jetzt besetzt sind. Die Engländer werden sicher nicht um Verzeihung bitten. Sie haben weggesehen, während Deutschland sich bewaffnete, aber all die anderen Länder, diejenigen, die an Deutschland grenzen, haben auch weggesehen. Vogel-Strauß-Politik bringt nichts. Das musste England und die ganze Welt erleben, und alle, nicht zuletzt England, haben schwer dafür zu büßen.

Kein Land wird seine Männer vergebens opfern, auch England nicht. Die Invasion, die Befreiung und die Freiheit werden kommen. Aber England wird den Zeitpunkt bestimmen, nicht die besetzten Gebiete.

Zu unserem großen Leidwesen und zu unserer großen Bestürzung mussten wir hören, dass bei vielen Leuten die Stimmung gegenüber uns Juden gekippt ist. Wir haben gehört, dass es Antisemitismus jetzt auch bei Leuten gibt, die früher niemals so gedacht hätten. Das hat uns sehr, sehr betroffen gemacht. Die Ursache für diesen Judenhass ist erklärbar, manchmal sogar verständlich, aber trotzdem nicht richtig. Die Christen werfen den Juden vor, dass sie sich bei den Nazis verplappern, dass sie ihre Helfer preisgeben, und dass viele Christen durch die Unvorsichtigkeit der Juden das schlimme Los und die schreckliche Strafe von so vielen anderen teilen müssen. Das stimmt. Aber sie müssen (wie bei allen Dingen) auch die andere Seite der Medaille sehen. Würden die Christen an unserer Stelle anders handeln? Könnte ein Mensch, egal ob Jude oder Christ, angesichts der deutschen Methoden schweigen? Jeder weiß, dass das fast unmöglich ist. Warum verlangt man dann also das Unmögliche von den Juden?

In Untergrundkreisen raunt man, dass deutsche Juden, die zuvor in die Niederlande emigriert waren und nun in Polen sind, nicht mehr in die Niederlande zurückkommen dürfen. Sie hatten zwar hier Asylrecht, müssen aber, wenn Hitler weg ist, wieder nach Deutschland zurück.

Wenn man so etwas hört, fragt man sich dann nicht automatisch, wozu dieser lange und qualvolle Krieg geführt wird? Immer hören wir, dass wir alle gemeinsam für Freiheit, Wahrheit und Recht kämpfen! Fängt jetzt, noch während der Kampf tobt, schon wieder die Zwietracht an? Ist ein Jude doch wieder weniger wert, als die anderen? Oh, es ist traurig, so traurig, dass wieder, zum soundsovielten Mal, der alte Spruch zu gelten scheint: Was ein Christ tut, muss er selbst verantworten; für das, was ein Jude tut, müssen alle Juden geradestehen.

Ich kann es ehrlich gesagt nicht fassen, dass die Niederländer, Angehörige eines so guten, ehrlichen und aufrichtigen Volkes, so über uns denken, über das vielleicht am meisten verfolgte, unterdrückte und geschundene Volk der Welt.

Ich hoffe nur, dass dieser Judenhass nicht dauerhaft ist, dass die Niederländer doch noch beweisen werden, wer sie sind, dass sie nicht jetzt, und niemals, in ihrem Rechtsgefühl wanken. Denn das ist unanständig! Und wenn das Schreckliche tatsächlich Gewissheit werden sollte, dann wird das bedauernswerte Restchen Juden aus den Niederlanden fortgehen. Wir auch. Wir werden mit unserem Bündel weiterziehen, fort von diesem schönen Land, das uns so großherzig Unterschlupf gewährt hat und uns nun fallen lässt.

Ich liebe die Niederlande. Ich hoffte einmal, dass es mir, der Vaterlandslosen, zum Vaterland werden könne. Ich hoffe es noch!

Deine Anne M. Frank

Donnerstag, 25. Mai 1944

Liebe Kitty!

Bep hat sich verlobt! An sich ist das nicht so verwunderlich, obwohl keiner von uns davon sonderlich begeistert ist. Bertus mag ein patenter, netter und sportlicher Junge sein, aber Bep liebt ihn nicht, und für mich ist das ein guter Grund, ihr von der Hochzeit abzuraten. Alles, was Bep gern möchte, ist, sich hochzuarbeiten, aber Bertus zieht sie hinunter. Er ist ein Arbeiter, ohne Ambition und ohne den Willen, etwas zu erreichen, und ich glaube nicht, dass Bep sich damit zufrieden geben würde. Es ist verständlich, dass Bep mit dieser Zwiespältigkeit endlich Schluss machen wollte. Deshalb hat sie ihm vor vier Wochen einen Abschiedsbrief geschrieben, daraufhin fühlte sie sich aber noch schlechter, und hat ihm darum nochmal geschrieben. Und jetzt haben sie sich verlobt.

Viele Kriterien spielen dabei eine Rolle. Erstens der kranke Vater, der Bertus schätzt, zweitens, dass sie die Älteste der Vossen-Mädchen ist und ihre Mutter sie aufzieht, weil sie noch keinen Mann hat, und drittens, dass sie mit 24 Jahren jetzt noch in jungem Heiratsalter ist, und darauf legt Bep viel Wert.

Mutter sagt, sie hätte es besser gefunden, wenn Bep nur eine Affäre mit ihm begonnen hätte. Ich kann das nicht einschätzen. Ich habe Mitleid mit Bep und kann verstehen, dass sie sich einsam fühlt. Heiraten können sie sowieso erst nach dem Krieg, denn Bertus hat keine Papiere, und beide haben noch keinen Cent und keine Aussteuer. Was für eine trostlose Aussicht für Bep, der wir alle so viel Gutes wünschen. Dass Bertus sich unter ihrem Einfluss ändert, kann man nur hoffen, oder dass Bep doch noch einen netten Kerl findet, der sie zu schätzen weiß!

Deine Anne M. Frank

Am selben Tag

Jeden Tag ist was anderes los! Unser Gemüsehändler wurde heute verhaftet, er hatte zwei Juden im Haus. Das trifft uns hart, nicht nur, dass die armen Juden jetzt am Rand des Abgrunds stehen, auch für ihn ist es furchtbar. Die Welt steht hier Kopf. Die anständigsten Menschen werden in Konzentrationslager, Gefängnisse und einsame Zellen verschleppt, und der Abschaum regiert über Jung und Alt, Arm und Reich. Einer fliegt durch den Schwarzhandel auf, der nächste dadurch, dass er Juden versteckt hat. Niemand, der nicht bei der NSB ist *[Nationalsozialistische Bewegung der Niederlande; red.]*, weiß, was morgen kommen wird. Die Verhaftung des Mannes ist auch für uns ein schwerer Verlust. Bep kann und darf die Mengen Kartoffeln nicht herbei schleppen. Die einzige Möglichkeit ist, weniger zu essen. Wie das klappt, werde ich dir noch schreiben, aber angenehm wird es sicher nicht werden. Mutter hat schon angekündigt, dass wir morgens kein Frühstück bekommen, mittags Brei und Brot, abends Bratkartoffeln und eventuell ein- oder zweimal in der Woche Gemüse oder Salat, das ist alles. Das bedeutet Hungern. Aber nichts ist so schlimm, wie entdeckt zu werden.

Deine Anne M. Frank

Freitag, 26. Mai 1944

Liebste Kitty!

Endlich, endlich bin ich so weit, dass ich still an meinem Tischchen vor dem spaltbreit geöffneten Fenster sitzen und dir alles berichten kann.

Seit Monaten fühlte ich mich nicht so elend wie jetzt, sogar nach dem Einbruch war ich innerlich und äußerlich nicht so fertig. Einerseits: der Gemüsemann, die Judenverfolgung, die im ganzen Haus lang und breit besprochen wird, die Invasion, die auf sich warten lässt, das schlechte Essen, die Angespanntheit, die miserable Stimmung, die Enttäuschung wegen Peter. Auf der anderen Seite: Beps Verlobung, Pfingsteinladungen, Blumen, Kuglers Geburtstag, Torten und Erzählungen von Kabaretts, Filmen und Konzerten. Dieser Unterschied, dieser enorme Unterschied ist immer gegenwärtig. An einem Tag lachen wir über das Komische an unserem Untergetaucht-Sein, aber den nächsten Tag, und das sind viel mehr Tage, sind wir verängstigt, und man kann die Spannung und die Verzweiflung auf unseren Gesichtern sehen.

Miep und Kugler bekommen die Last, die wir ihnen bereiten, am stärksten zu spüren, Miep durch ihre Arbeit und Kugler durch die erdrückende Verantwortung für uns acht, eine Verantwortung, die ihm manchmal zu gewaltig wird. Vor heimlicher Nervosität und Aufregung kann er dann fast nicht mehr sprechen. Kleiman und Bep sorgen auch gut für uns, sehr gut sogar, aber sie können manchmal abschalten, auch wenn es nur für ein paar Stunden oder einen oder zwei Tage ist. Sie haben ihre eigenen Probleme, Kleiman wegen seiner Gesundheit, Bep wegen ihrer Verlobung, die gar nicht so rosig aussieht. Aber außer diesen Sorgen haben sie auch ihre Abwechslung, Ausgehen, Besuche, das Leben von normalen Menschen. Bei ihnen geht die Spannung manchmal weg, wenn auch nur kurz. Bei uns verschwindet sie niemals, zwei Jahre lang nicht. Und wie lange wird uns das noch niederdrücken?

Das Kanalrohr ist wieder verstopft. Wasser läuft nicht ab, und wenn, dann nur tropfenweise. Wir dürfen nicht zum Klo oder müssen eine Bürste mitnehmen. Das Schmutzwasser bewahren wir in einem großen Steingut-Topf auf. Im Moment können wir uns noch behelfen, aber was, wenn der Klempner es nicht alleine schafft? Die von der Stadt werden nicht vor Dienstag kommen.

Miep hat uns ein Rosinenbrot mit der Aufschrift »Fröhliche Pfingsten« geschickt. Das klingt fast wie Hohn, unsere Stimmung und unsere Angst sind wirklich nicht »fröhlich«.

Wir sind besorgter geworden nach der Angelegenheit mit dem Gemüsehändler. Von allen Seiten hört man wieder »pssst«, alles muss leiser ablaufen. Die Polizei hat dort die Tür aufgebrochen, auch davor sind wir also nicht sicher. Wenn auch wir einmal ... Nein, das darf ich nicht aussprechen, aber die Frage lässt sich heute nicht mehr verdrängen, im Gegenteil. All die schon durchgemachte Angst baut sich wieder mit ihrem ganzen Schrecken vor mir auf.

Heute Abend um acht Uhr musste ich alleine nach unten, zum Klo. Niemand war unten, alle saßen vor dem Radio. Ich versuchte mutig zu sein, aber es war schwer. Ich fühle mich hier oben immer noch sicherer als allein in dem großen, verlassenen Haus. Alleine, nur mit diesen Poltergeräuschen von oben und dem Hupen der Autos auf der Straße. Wenn ich mich nicht beeile und auch nur einen Moment über die Situation nachdenke, fange ich an zu bibbern.

Nach dem Gespräch mit Vater ist Miep jetzt viel netter und herzlicher zu uns. Das habe ich dir ja noch gar nicht erzählt. Eines Nachmittags kam Miep mit feuerrotem Kopf zu Vater und fragte ihn unverblümt, ob wir meinten, sie sei auch vom Antisemitismus infiziert. Vater erschrak immens und redete ihr den Verdacht aus. Aber etwas davon ist hängen geblieben. Sie kaufen mehr für uns ein, nehmen mehr Anteil an unseren Schwierigkeiten, obwohl wir ihnen damit sicher nicht zur Last fallen sollten. Es sind doch so herzensgute Menschen!

Immer wieder frage ich mich, ob es für uns alle nicht besser gewesen wäre, nicht unterzutauchen, wenn wir nun tot wären und dieses Elend nicht durchmachen müssten und es vor allem den anderen ersparten. Aber auch das schreckt uns ab. Wir lieben das Leben noch, wir haben die Stimme der Natur noch nicht vergessen, wir hoffen noch, hoffen auf alles.

Lass nur schnell etwas passieren, notfalls auch Gefechte. Das kann uns auch nicht stärker zermürben als diese innere Unruhe! Das Ende soll kommen, auch wenn es hart ist, dann wissen wir wenigstens, ob wir uns am Ende behaupten können, oder untergehen.

Deine Anne M. Frank

Liebe Kitty!

Mittwoch, 31. Mai 1944

Samstag, Sonntag, Montag und Dienstag war es so heiß, dass ich nicht mal den Füller in der Hand halten konnte, darum habe ich dir auch nicht geschrieben. Am Freitag war die Kanalisation kaputt, am Samstag ist sie repariert worden. Nachmittags besuchte uns Frau Kleiman und hat eine ganze Menge von Jopie *[Annes Freundin Jacqueline van Maarsen; red.]* berichtet, unter anderem, dass sie mit Jacque in einem Hockey-Club ist. Am Sonntag kam Bep, kontrollierte, ob nicht eingebrochen worden war, und blieb zum Frühstück. Am Montag, dem zweiten Pfingstfeiertag, war Herr van Santen als Versteckbewacher eingeteilt, und am Dienstag durften die Fenster endlich wieder geöffnet werden. So ein schönes, warmes, man kann schon sagen heißes Pfingsten hat es kaum einmal gegeben. Die Hitze ist hier im Hinterhaus unerträglich. Um dir einen Eindruck von den Plagen zu geben, werde ich kurz die brütend heißen Tage schildern:

Samstag: »Herrlich, was für ein Wetter!«, sagten wir morgens alle.

»Wenn es nur etwas weniger warm wäre«, meinten wir mittags, als die Fenster geschlossen werden mussten.

Sonntag: »Nicht auszuhalten, diese Hitze! Die Butter zerfließt, es gibt kein kühles Fleckchen im Haus, das Brot wird trocken, die Milch wird ranzig, kein Fenster darf man aufmachen. Wir armen Ausgestoßenen sitzen hier und ersticken, während andere Leute die Pfingstferien genießen.« (So Frau van Daan.)

Montag: »Meine Füße tun weh, ich habe keine luftigen Kleider, bei dieser Hitze kann ich nicht abwaschen.« Gejammer von frühmorgens bis spätabends, es war kaum auszuhalten.

Ich vertrage immer noch keine Hitze und bin froh, dass heute der Wind richtig weht und die Sonne trotzdem scheint.

Deine Anne M. Frank

Freitag, 2. Juni 1944

Beste Kitty!

»Wer zum Dachboden geht, sollte einen großen Regenschirm mitnehmen, am besten ein Herrenmodell!« Dies zum Schutz vor Regen, der von oben tropft. Ein Sprichwort heißt: »Erhaben und trocken, heilig und sicher.« Aber das gilt bestimmt nicht für Kriegszeiten (Schießereien) und Untergetauchte (Katzenklo!). Denn Mouschi hat es sich angewöhnt, ihr Geschäft auf ein paar Zeitungen oder zwischen die Bodenritzen zu platzieren, sodass nicht nur die Angst vor Geplätscher, sondern eine noch größere Panik vor entsetzlichem Gestank angebracht ist. Und wenn man weiß, dass auch das neue Moortje aus dem Lager die gleiche

Unsitte hat, dann kann sich sicher jeder, der jemals eine nicht stubenreine Katze hatte, vorstellen, was für Gerüche durch unser Haus wabern.

Des weiteren muss ich noch ein nagelneues Anti-Schieß-Rezept darlegen. Bei lautem Schießen renne man zur nächstgelegenen Holztreppe, rase diese hinunter und wieder hinauf und stelle sicher, dass man sich beim zweiten Mal mindestens einmal überschlägt. Mit den so entstandenen Hautabschürfungen und dem Gepolter, den das Rennen und Stürzen macht, hat man genug Ablenkung, um das Schießen ganz und gar zu vergessen. Die Schreiberin dieser Zeilen hat diese Methode mit großem Erfolg angewandt!

Deine Anne M. Frank

Montag, 5. Juni 1944

Liebe Kitty!

Neuer Verdruss im Hinterhaus. Scharmützel zwischen Dussel und Franks wegen Butterverteilung. Kapitulation Dussels. Heiße Freundschaft zwischen Frau van Daan und Letztgenanntem, Flirten, Küsschen und schmachtendes Zwinkern. Dussel bekommt langsam Verlangen nach Frauen.

Van Daans weigern sich, einen Kräuterkuchen für Kuglers Geburtstag zu backen, weil wir selbst auch keinen essen. Wie kleinkariert! Oben schlechte Laune. Frau van Daan mit Grippe. Dussel konnte Bierhefepillen ergattern, wir gehen leer aus.

Besetzung Roms durch die fünfte Armee. *[Die 5. US-Armee; red.]* Die Stadt ist nicht verwüstet oder bombardiert worden. Eine enorme »Propaganda« für Hitler. Wenig Gemüse und Kartoffeln, eine Schachtel Brot verdorben.

Die neue Lagerkatze hält keinen Pfeffer aus, benutzt das Katzenklo als Schlafplatz und statt dessen die Verpackungs-Holzwolle als Klo. Unmöglich zu behalten.

Das Wetter ist mies. Die Luftschläge auf Pas de Calais und die französische Küste gehen weiter.

Dollars lassen sich nicht einwechseln, Gold noch weniger, der Boden der Geheimkasse scheint schon durch. Wovon werden wir uns nächsten Monat ernähren?

Deine Anne

Dienstag, 6. Juni 1944

Liebste Kitty!

»This is D-day«, verkündete um zwölf Uhr das englische Radio, und es stimmt! »This is the day«, die Invasion beginnt!

Um acht Uhr morgens informierten die Engländer: Schwere Bombardements auf Calais, Boulogne, Le Havre und Cherbourg sowie Pas de Calais (wie üblich). Und Vorkehrungen für die besetzten Gebiete: Alle Menschen, die in einer Zone bis 35 km von der Küste entfernt wohnen, müssen sich auf Bombardements einstellen. Wenn möglich, werden die Engländer eine Stunde vorher mit Flugblättern warnen.

Die Deutschen berichten, dass englische Fallschirmtruppen an der französischen Küste gelandet sind. Dagegen sagt die BBC: »Englische Landungsschiffe im Kampf mit deutschen Marinesoldaten«.

Einschätzung des Hinterhauses beim Frühstück um neun Uhr: »Das ist eine Probelandung, genau wie vor zwei Jahren bei Dieppe.« Um zehn Uhr Nachrichten in Deutsch, Niederländisch, Französisch und anderen Sprachen: »The invasion has begun!« Also doch die »echte« Invasion.

Um elf Uhr: Eine englische Sendung, in deutscher Sprache: Rede von Oberbefehlshaber General Dwight Eisenhower.

Um zwölf Uhr: Englische Sendung, diesmal auf Englisch: »This is D-day.« General Eisenhower spricht zum französischen Volk: »Stiff fighting will come now, but after this the victory. The year 1944 is the year of complete victory, good luck!« *[Harte Kämpfe werden noch kommen, aber danach der Sieg. Das Jahr 1944 ist das Jahr des endgültigen Sieges, viel Glück; red.]*

Englische Sendung – in Englisch – um ein Uhr: 11.000 Flugzeuge stehen bereit und zirkulieren ohne Pause, um Truppen abzusetzen und hinter den Linien Bomben abzuwerfen. 4.000 Landungsfahrzeuge und kleinere Schiffe legen kontinuierlich zwischen Cherbourg und Le Havre an. Englische und amerikanische Truppen stehen schon in heftigen Gefechten. Reden von Gerbrandy, vom belgischen Premierminister, von König Haakon von Norwegen, de Gaulle für Frankreich, dem König von England und, nicht zuletzt, von Churchill.

Das Hinterhaus ist in Aufregung. Sollte nun wirklich die lang ersehnte Befreiung kommen, die Befreiung, über die so viel geredet wurde, die aber zu schön, zu traumhaft scheint, um je Wirklichkeit werden zu können? Wird dieses Jahr, dieses 1944, uns den Sieg bringen? Noch wissen wir es nicht, aber die Hoffnung beschwingt uns, gibt uns neuen Mut, kräftigt uns. Denn mutig müssen wir die vielen Ängste, Nöte und Lasten überstehen. Nun ist es entscheidend, ruhig und beharrlich zu bleiben, lieber die Nägel ins eigene Fleisch zu drücken, als laut aufzuschreien. Schreien vor Elend müssen Frankreich, Russland, Italien und auch Deutschland, aber wir haben nicht das Recht dazu!

Kitty, das Schönste an der Invasion ist, dass ich das Gefühl habe, dass Freunde nahen. Die schrecklichen Deutschen haben uns so lange geknechtet und uns das Messer an die Kehle gehalten, dass Freunde und Rettung uns alles bedeuten. Nun sind nicht mehr die Juden das Ziel, sondern die Niederlande und das ganze besetzte Europa. Vielleicht, meint Margot, kann ich im September oder Oktober doch wieder zur Schule gehen.

Deine Anne M. Frank

P. S. Ich werde dich mit den neuesten Informationen auf dem Laufenden halten! Nachts und frühmorgens wurden Stroh- und Schaufensterpuppen hinter den deutschen Stellungen abgeworfen. Diese Puppen explodierten, als sie den Boden berührten. Auch viele Fallschirmjäger gingen runter. Sie waren schwarz getarnt, um nicht aufzufallen. Morgens um sechs Uhr landeten die ersten Schiffe an, nachdem die Küste in der Nacht mit 5 Millionen Kilogramm Bomben gepflastert worden war. 20.000 Flugzeuge waren heute eingesetzt. Bei der Landung waren die Küsten-Abwehrgeschütze der Deutschen schon zerstört, ein kleiner Brückenkopf konnte schon eingerichtet werden. Alles klappt, obwohl das Wetter schlecht ist. Armee und Volk sind »One will and one hope«.

Freitag, 9. Juni 1944

Liebe Kitty!

Mit der Invasion geht es prima-prima! Die Alliierten haben Bayeux eingenommen, einen kleinen Ort an der französischen Küste, jetzt kämpfen sie um Caën. Es ist klar, dass sie vorhaben, die Halbinsel abzutrennen, auf der Cherbourg liegt. Jeden Abend berichten Kriegsreporter von den Anstrengungen, dem Mut und der Begeisterung der Armee. Es geschehen die unglaublichsten Dinge. Auch Verwundete, die schon zurück in England sind, sprechen am Mikrofon. Trotz des miserablen Wetters sind die Flugzeuge unermüdlich unterwegs. Die BBC berichtete, dass Churchill die Invasion zusammen mit seinen Truppen starten wollte, nur auf Anraten Eisenhowers und anderen Generälen wurde der Plan verändert. Stell dir nur vor, so ein Mut von einem älteren Herrn! Er ist doch bestimmt schon 70 Jahre alt.

Hier hat sich die Anspannung etwas gelegt. Aber wir hoffen, dass der Krieg zum Jahresende endlich vorüber ist. Es wird auch Zeit. Frau van Daans Gejammer ist kaum auszuhalten. Nachdem sie uns jetzt nicht mehr mit der Invasion auf die Nerven gehen kann, klagt sie den ganzen Tag über das schlechte Wetter. Ich hätte Lust, sie in einem Eimer mit kaltem Wasser auf dem Dachboden zu deponieren!

Alle im Hinterhaus, nur nicht van Daan und Peter, haben die Trilogie ›Ungarische Rhapsodie‹ gelesen. Dieses Buch dreht sich um die Lebensgeschichte des Komponisten, Klavierkönners und Wunderkindes Franz Liszt. Das Buch ist wirklich interessant, aber meines Erachtens wird ein bisschen zu häufig von Frauen erzählt. Liszt war dazumal nicht nur der größte und bekannteste Pianist, sondern bis zum Alter von Siebzig auch der größte Schürzenjäger. Er hatte ein Verhältnis mit Marie d'Agoult, Fürstin Caroline Sayn-Wittgenstein, der Tänzerin Lola Montez, der Pianistin Sophie Monter, mit der Tscherkessenfürstin Olga Janina, der Baronesse Olga Meyendorff, der Schauspielerin Lilla ich-weiß-nicht-wie-sie-heißt usw. usw. So geht es ohne Ende dahin. Die Abschnitte des Buches, in denen es um

Musik und Kunst geht, sind viel interessanter. In dem Buch spielen eine Rolle: Schumann und Clara Wieck, Hector Berlioz, Johannes Brahms, Beethoven, Joachim *[Joseph Joachim; red.]*, Richard Wagner, Hans von Bülow, Anton Rubinstein, Frederic Chopin, Victor Hugo, Honoré de Balzac, Hiller, Hummel, Czerny, Rossini, Cherubini, Paganini, Mendelssohn und viele andere.

Liszt war an sich ein toller Kerl, großzügig gegen andere, bescheiden für sich, trotzdem übermäßig eitel, er half jedem, kannte nichts Wichtigeres als die Kunst, war wild auf Kognak und Frauen, konnte keine Tränen ertragen, ein echter Gentleman, konnte niemandem einen Gefallen verweigern, fand Geld unwichtig, hielt viel von der Freiheit der Religion und der Welt an sich.

Deine Anne M. Frank

Dienstag, 13. Juni 1944

Liebe Kitty!

Wieder ein Geburtstag vorbei, jetzt bin ich also 15. Ziemlich viele Geschenke: Die fünf Bände von Springers Kunstgeschichte, ein Set Unterwäsche, zwei Gürtel, ein Taschentuch, zwei Joghurts, ein Glas Marmelade, zwei Honigkuchen (kleine), ein Botanikbuch von Vater und Mutter, ein goldplattiertes Armband von Margot, ein Buch von den van Daans, Biomalz und Gartenwicken Dussel, Süßigkeiten Miep, Süßigkeiten und Hefte Bep, und als Höhepunkt das Buch »Maria Theresia« und drei Scheiben Vollfettkäse von Kugler. Von Peter einen schönen Strauß Pfingstrosen. Der arme Junge hat sich so viel Arbeit gemacht, um etwas zu finden, aber nichts hat hingehauen.

Mit der Invasion klappt es immer noch ausgezeichnet, trotz des miserablen Wetters, der endlosen Stürme, der Regengüsse und der aufgewühlten See.

Churchill, Smuts, Eisenhower und Arnold waren gestern in den französischen Ortschaften, die von den Engländern eingenommen und befreit worden sind. Churchill war auf einem Torpedoboot, das die Küste unter Feuer nahm. Der Mann kennt, wie so viele Männer, anscheinend keine Angst. Bewundernswert!

Die Stimmung in den Niederlanden ist von unserer Hinterburg aus nicht zu beurteilen. Ohne Zweifel sind die Menschen froh, dass das passive(!) England sich nun endlich mal an die Arbeit macht.

So zu argumentieren, und dazu auch noch zu sagen, dass sie hier keine englische Besatzung haben wollen, ist dumm. Alles in allem stellen sich das manche so vor: England hat zu kämpfen, zu Felde zu ziehen und seine Söhne für die Niederlande und andere besetzte Gebiete zu opfern. Die Engländer dürfen aber gefälligst nicht in den Niederlanden bleiben, sollen allen besetzten Staaten ihren untertänigsten Dank anbieten, müssen dann Niederländisch-Indien dem ursprünglichen

Eigentümer zurückgeben und sollen letztendlich geschwächt und arm, sich nach England zurück begeben. Ein armer Einfaltspinsel, der sich das so ausmalt, und doch muss man viele Niederländer zu diesen Einfaltspinseln zählen. Was, möchte ich fragen, wäre aus den Niederlanden und den benachbarten Ländern geworden, wenn England den so oft angebotenen Frieden mit Deutschland eingegangen wäre? Die Niederlande wären germanisiert worden, und damit hat sich's!

All die Niederländer, die immer noch die Engländer geringschätzen, die auf Englands Alte-Herren-Regierung schimpfen, die die Engländer als feige bezeichnen und gleichzeitig die Deutschen hassen, müssten mal durchgeschüttelt werden, wie man ein Kissen aufschüttelt. Vielleicht legen sich die verwirrten Gehirne dann in etwas vernünftigere Falten!

Viele Wünsche, viele Gedanken, viele Anschuldigungen und Vorwürfe geistern durch meinen Kopf. Ich bin wirklich nicht so hochnäsig, wie manche Leute denken. Ich kenne meine vielen Fehler und Unzulänglichkeiten besser als jeder andere, bloß mit dem Unterschied, dass mir klar ist, dass ich mich bessern sollte, mich bessern werde und mich schon sehr gebessert habe.

Oft frage ich mich, woher es nur kommt, dass mich alle immer noch so schrecklich vorlaut und anmaßend finden? Bin ich so vorlaut? Bin ich es tatsächlich, oder trifft das vielleicht auch auf die anderen zu? Ich merke, das klingt verrückt, aber ich werde den letzten Satz nicht durchstreichen, weil er wirklich nicht so abwegig ist. Frau van Daan und Dussel, meine hauptsächlichen Ankläger, sind beide bekannt als wenig intelligent und, lass es mich ruhig aussprechen, dumm! Dumme Menschen ertragen es meist nicht, wenn andere etwas besser können als sie selbst. Das beste Beispiel dafür sind tatsächlich die beiden Minderbemittelten, Frau van Daan und Dussel.

Frau van Daan findet mich ungebildet, weil ich bei weitem nicht so an diesem Mangel leide wie sie, sie findet mich anmaßend, weil sie noch anmaßender ist, sie findet meine Kleider zu kurz, weil die ihren noch kürzer sind, und darum findet sie mich auch vorlaut – weil sie sich selbst vorlaut bei Themen einmischt, von denen sie absolut keine Ahnung hat. Für Dussel gilt das gleiche.

Aber einer meiner Lieblingssprüche ist: »An jedem Vorurteil ist auch etwas Wahres«, und so gebe ich auch unumwunden zu, dass ich unverfroren bin. Jedoch, das Mühseligste an meiner Natur ist, dass ich von niemandem so viele Standpauken bekomme und so häufig getadelt werde, wie von mir selber. Wenn Mutter dann auch noch ihren Senf an Ratschlägen dazugibt, wird der Haufen Predigten so übermächtig, dass ich vor lauter Verzweiflung, das jemals abzuschütteln, frech und widerspenstig werde, und dann kommt wieder der altbekannte Anne-Spruch: »Keiner versteht mich!«

Dieser Gedanke steckt in mir, und so unwahrscheinlich es auch klingen mag, auch darin verbirgt sich ein Quentchen Wahrheit. Meine Selbstbeschuldigungen arten manchmal derart aus, dass ich eine besänftigende Stimme herbeisehne, die alles wieder in ruhige Bahnen lenkt und sich auch ein wenig um mein Seelenleben kümmert. Aber da suche ich leider lange vergebens, denn gefunden ist derjenige noch nicht.

Mir ist klar, dass du dabei an Peter denkst, stimmt's Kitty? Ja, Peter hat mich gern, nicht als Liebender, sondern als Freund. Seine Hingabe wächst Tag für Tag. Das Seltsame aber ist, das doch etwas zwischen uns beiden steht, und das verstehe ich selbst nicht.

Manchmal denke ich, mein überbordendes Verlangen nach ihm war doch übertrieben. Aber das stimmt nicht. War ich mal zwei Tage nicht bei ihm oben, sehnte ich mich sofort genauso heftig nach ihm wie zuvor. Peter ist lieb und anständig, trotzdem, ich kann es nicht leugnen, bin ich von manchem enttäuscht. Vor allem sein Ignorieren der Religion, sein Reden über Essen und noch andere so zwiespältige Dinge gefallen mir nicht. Trotzdem bin ich fest davon überzeugt, dass wir, wie wir es aufrichtig ausgemacht haben, nie Streit bekommen werden. Peter ist versöhnlich, verträglich und sehr nachgiebig. Von mir lässt er sich viel mehr sagen als von seiner Mutter. Er versucht mit viel Eifer, die Tintenflecke aus seinen Büchern rauszubekommen und Ordnung in seinen Sachen zu halten. Aber warum bleibt sein Inneres so versteckt, und ich darf es nie erkunden? Tatsächlich ist er viel verschlossener als ich. Aber ich weiß nun wirklich aus eigener Erfahrung, dass sogar die verschlossenen Naturen, wenn die Zeit reif ist, sich genauso stark, oder noch stärker nach einem Vertrauten sehnen.

Peter und ich haben beide unsere Grübel-Jahre im Hinterhaus verbracht. Wir besprechen oft die Zukunft, Vergangenheit und Gegenwart, aber, wie gesagt, mir fehlt das Echte und doch bin ich mir sicher, dass es da ist!

Ist der Grund vielleicht, dass ich meine Nase so lange nicht in die frische Luft halten konnte, dass ich so hungrig auf alles bin, was natürlich ist? Ich kann mich genau erinnern, dass früher ein strahlend blauer Himmel, zwitschernde Vögel, Mondschein und blühende Blumen bei weitem meine Aufmerksamkeit nicht so gefesselt haben, wie jetzt. Hier hat sich das verändert. Zum Beispiel habe ich an Pfingsten, als es so warm war, abends mit Gewalt versucht, die Augen offen zu halten, und konnte dann, gegen halb zwölf am offenen Fenster den Mond mal ausführlich und allein betrachten. Leider war dieses Opfer vergebens, denn der Mond war so hell, und ich durfte kein offenes Fenster riskieren. Ein andermal, vor ein paar Monaten, war ich zufällig abends oben, als das Fenster offen stand. Ich ging nicht eher hinunter, bis das Lüften vorbei war. Der dunkle, regennasse Abend, der Sturm, die jagenden Wolken hielten mich gefangen. Zum ersten Mal seit anderthalb Jahren konnte ich die Nacht wieder einmal in Augenschein nehmen. Nach diesem Abend war meine Sehnsucht, das zu wiederholen, größer als meine Furcht vor Dieben und dem dunklen Rattenhaus, oder vor Überfällen. Ganz kurz ging ich alleine hinunter und schaute aus den Fenstern von Privatbüro und Küche.

Die Natur finden viele Menschen schön, viele schlafen gelegentlich unter freiem Himmel, viele ersehnen in Gefängnissen oder Krankenhäusern den Tag, an dem sie wieder frei die Natur genießen können, doch wenige sind mit ihrer Sehnsucht so abgeschnitten und isoliert von dem, was für Arme und Reiche keinen Unterschied macht.

Ich bilde es mir nicht ein, dass mich die Betrachtung des Himmels, der Wolken, des Mondes und der Sterne ruhig und geduldig macht. Dieses Mittel ist besser als Baldrian und Brom *[früher häufig als Beruhigungsmittel verwendet; red.]*. Die Natur macht mich demütig und wappnet mich, alle Schläge mutig zu ertragen.

Es musste so kommen, dass ich die Natur nur ab und zu durch dick verstaubte und mit schmutzigen Vorhängen verdeckte Fenster sehen darf. Und da hindurch zu schauen, ist wirklich kein Vergnügen mehr. Die Natur ist das Einzige, das wirklich nicht ersetzt werden kann!

Eine der vielen Fragen, die mich quälen, ist, warum früher und auch jetzt noch bei vielen Völkern häufig die Frauen einen deutlich geringeren Platz einnehmen als die Männer. Dass das ungerecht ist, kann jeder bestätigen, aber das reicht mir nicht. Ich würde so gern der Ursache dieses großen Unrechts auf die Spur kommen.

Vermutlich hatte der Mann von jeher durch seine größere Körperkraft die Herrschaft über die Frau. Der Mann, der Geld verdient, der Mann, der die Kinder zeugt, der Mann, der alles tun darf ... All die Frauen waren so dumm, das bis vor einiger Zeit still mitzumachen, denn je mehr Jahrhunderte diese Regel gilt, umso fester ist sie zementiert. Zum Glück sind den Frauen durch Schule, Arbeit und Bildung die Augen aufgegangen. In vielen Ländern sind Frauen jetzt gleichberechtigt. Viele Menschen, Frauen vor allem, aber auch Männer, erkennen nun, wie falsch diese Aufteilung der Welt über so lange Zeit war. Die modernen Frauen fordern das Recht auf völlige Unabhängigkeit ein.

Das allein kann es aber auch nicht sein: Die Wertschätzung der Frau muss kommen! Überall wird der Mann hoch angesehen, warum erlebt die Frau das nicht zuallererst? Soldaten und Kriegshelden werden verehrt und gefeiert, Entdecker erreichen unsterblichen Ruhm, Märtyrer werden angebetet. Aber wer betrachtet die Frau als Kämpferin? Etwas aus dem Buch »Streiter für das Leben« hat mich sehr berührt, ungefähr so: Frauen machen normalerweise allein mit dem Kinderkriegen mehr Schmerzen durch, mehr Leiden und mehr Elend, als jeder beliebige Kriegsheld. Und was bekommt sie dafür, wenn sie all die Schmerzen ausgehalten hat? Sie wird abgeschoben, wenn sie durch die Geburt nicht mehr schön ist, ihre

Kinder wird sie bald verlieren, ihre Schönheit ist vergangen. Frauen sind viel kühnere, mutigere Soldaten, die mehr kämpfen und für den Fortbestand der Menschheit mehr Leid ertragen, als all die vielen Freiheitshelden mit ihrer großen Klappe!

Damit will ich überhaupt nicht sagen, dass Frauen das Kinderkriegen ablehnen sollten, im Gegenteil. So ist nun mal die Natur eingerichtet, und so wird es schon passen. Ich verurteile nur die Männer und die ganze Ordnung der Welt, die sich noch nie eingestehen wollten, welch immensen, schweren, aber beizeiten auch schönen Anteil die Frauen an der Gesellschaft haben.

Ich stimme mit Paul de Kruif, dem Autor des betreffenden Buches, völlig überein, wenn er sagt, dass die Männer verstehen müssen, dass in den Teilen der Welt, die als kultiviert gelten, eine Geburt durchaus nichts Natürliches und Normales mehr ist. Die Männer können leicht reden, sie haben die Zentnerlast der Frauen nie tragen müssen und werden es auch nie tun müssen.

Die Meinung, dass es Normalität für Frauen sei, Kinder zu gebären, wird sich, glaube ich, im Lauf des nächsten Jahrhunderts verändern. Sie wird einer Würdigung und Anerkennung für diejenige Platz machen, die ohne Klagen und große Worte diese Lasten auf sich nimmt!

Deine Anne M. Frank

Freitag, 16. Juni 1944

Liebe Kitty!

Neue Probleme! Frau van Daan ist deprimiert, spricht von: Kugel in den Kopf, Zuchthaus, Aufhängen und Selbstmord. Sie ist eifersüchtig, dass Peter mir mehr Vertrauen schenkt als ihr, sie ist gekränkt, weil Dussel nicht genug auf ihre Flirtversuche eingeht, sie fürchtet, dass ihr Mann ihr ganzes Pelzmantel-Geld verqualmt, sie streitet, schimpft, heult, jammert, lacht, um dann mit dem Streit vor vorne anzufangen.

Was soll man mit so einer nörgelnden und durchgedrehten Person anstellen? Keiner nimmt sie ernst. Charakter hat sie nicht, jammert jedem was vor und läuft durch die Gegend: Von hinten Lyzeum, von vorne Museum. Und das Schlimmste obendrein, dass Peter respektlos wird, Herr van Daan genervt und Mutter zynisch. Was für ein Zustand! Man sollte sich nur eine Regel stets vor Augen halten: Lache über alles und rege dich nicht über die anderen auf! Es scheint selbstbezogen, ist aber tatsächlich das einzige Heilmittel gegen Selbstmitleid.

Kugler muss für vier Wochen zum Arbeitsdienst. Er probiert, durch ein ärztliches Attest und einen Brief der Firma davonzukommen. Kleiman wird sich bald am Magen operieren lassen. Gestern Abend um elf Uhr sind alle privaten Telefonanschlüsse gekappt worden.

Deine Anne M. Frank

Freitag, 23. Juni 1944

Liebe Kitty!

Hier gibt es nichts Besonderes. Die Engländer haben einen großen Angriff auf Cherbourg gestartet. Pim und van Daan meinen, dass wir am 10. Oktober sicher frei sein werden. Die Russen beteiligen sich an der Aktion und haben gestern eine Offensive bei Witebsk angefangen, auf den Tag genau drei Jahre nach dem deutschen Angriff.

Beps Laune ist noch immer unter dem Gefrierpunkt. Die Kartoffeln sind fast alle. Künftig wollen wir sie pro Person abzählen, dann kann jeder selbst entscheiden, was er damit anstellt. Miep nimmt eine Woche Urlaub. Kleimans Ärzte konnten auf den Röntgenaufnahmen nichts finden. Nun schwankt er zwischen Operieren und Abwarten.

Deine Anne M. Frank

Dienstag, 27. Juni 1944

Liebste Kitty!

Die Stimmung ist gedreht, es geht sehr prima. Cherbourg, Witebsk und Slobin sind heute gefallen. Sicher gab es Beute und Gefangene. Bei Cherbourg sind fünf deutsche Generäle gefallen, zwei hat man gefangen genommen. Jetzt können die Engländer alles an Land bringen, was sie wollen, denn sie haben einen Hafen. Die Halbinsel von Cotentin ist schon drei Wochen nach der Invasion englisch besetzt, eine enorme Leistung! In den drei Wochen nach D-Day gab es noch keinen Tag ohne Regen und Sturm, nicht hier und nicht in Frankreich, aber dieser Umstand hält Engländer und Amerikaner nicht davon ab, ihre Macht zu demonstrieren, und wie sie sie demonstrieren!

Wohl ist die WUWA[16] in voller Aktion, aber was bedeutet diese Katzenschelle *[Katzenhalsband mit kleiner Glocke; red.]* anderes als ein wenig Schaden in England und volle Zeitungen bei den Moffen *[abwertend für ›Deutsche‹; red.]*. Übrigens, wenn sie in »Mofrika« merken, dass die bolschewistische Gefahr jetzt wirklich auf dem Vormarsch ist, werden sie noch mehr Fracksausen bekommen.

Alle deutschen Frauen und Kinder, die nicht für die Wehrmacht eingespannt sind, sollen aus dem Küstenstreifen nach Groningen, Friesland und Gelderland evakuiert werden. Mussert[17] hat erklärt, dass er die Uniform anzieht, wenn die

---

[16] Die deutsche ›Wunderwaffe V2‹, eine Rakete mit Sprengkopf, mit der vor allem London und Antwerpen beschossen wurden; *red.*

[17] Anton Mussert, Vorsitzender der holländischen Nationalsozialisten; *red.*

Invasion bis hierher kommt. Ob der Dicke jetzt etwa kämpfen will? Das hätte er schon früher tun können, in Russland. Finnland hat damals das Friedensangebot abgelehnt, und jetzt sind entsprechende Verhandlungen erneut gescheitert. Das werden sie noch sehr bereuen, diese Dummköpfe!

Was denkst du, wie weit wir am 27. Juli sind?

Deine Anne M. Frank

Freitag, 30. Juni 1944

Liebe Kitty!

Schlechtes Wetter, oder *bad weather from one at a stretch to thirty June [unablässig schlechtes Wetter bis zum 30. Juni; red.]* Ist das nicht gut formuliert? Ja, ich kann schon ein wenig Englisch. Um das zu bekräftigen, lese ich (mit Wörterbuch) ›An ideal Husband‹. *[Theaterstück von Oscar Wilde; red.]*

Krieg ausgezeichnet: Bobruisk, Mogilew und Orscha sind gefallen, viele Gefangene.

Hier alles *all right*. Die Stimmung geht nach oben. Unsere Top-Optimisten triumphieren, die van Daans zaubern Zucker hervor, Bep hat ihre Frisur aufgepeppt, und Miep hat eine Woche frei. Das sind die neuesten Nachrichten.

Ich bekomme eine gruslige Zahnnerv-Behandlung, noch dazu an einem Schneidezahn. Es hat schon fürchterlich weh getan und war sogar so schlimm, dass Dussel dachte, ich würde vom Stuhl kippen. Es fehlte nicht viel. Prompt hat Frau van Daan auch Zahnweh bekommen!

Deine Anne M. Frank

P. S.: Wir haben aus Basel gehört, dass Bernd *[Annes Cousin Bernhard Elias, genannt Buddy; red.]* die Rolle des Wirts in ›Minna von Barnhelm‹ gespielt hat. Künstlerische Ader, sagt Mutter.

Donnerstag, 6. Juli 1944

Liebe Kitty!

Mir schnürt es das Herz zusammen, wenn Peter davon redet, dass er später vielleicht Verbrecher oder Spekulant wird. Obwohl es natürlich ein Witz sein soll, habe ich doch den Eindruck, dass er selbst Bammel vor seiner Charakterschwäche hat. Immer wieder höre ich sowohl Margot als auch Peter sagen:»Jaja, wenn ich so konsequent und furchtlos wäre wie du, wenn ich so meinen Willen durchsetzen könnte, wenn ich so eine unermüdliche Energie hätte, ja, dann ... «

Ist es wirklich eine vorteilhafte Eigenschaft, dass ich mich nicht beirren lasse? Ist es gut, dass ich fast nur den Weg meines eigenen Gewissens gehe?

Ich kann mir ehrlich gesagt gar nicht vorstellen, wie jemand sagen kann »Ich bin schwach«, und es dann auch bleibt. Wenn man so etwas schon erkannt hat, warum dann nicht etwas dagegen tun, warum den Charakter nicht stärken? Seine Antwort war: »Weil Nichtstun viel bequemer ist.« Diese Antwort machte mich ziemlich sauer. Bequem? Soll ein faules und charakterloses Leben etwa bedeuten, dass es auch ein angenehmes Leben ist? Das kann doch nicht wahr sein! Es darf nicht sein, dass Bequemlichkeit und Geld einen so schnell einwickeln können. Lange habe ich darüber nachgedacht, was ich darauf für eine Antwort geben kann, wie ich Peter dazu bringen kann, sich selbst zu vertrauen und, vor allem, an sich selbst zu arbeiten. Ob meine Überlegungen richtig sind, weiß ich nicht. Ich hatte mir ja oft ausgemalt, wie toll es wäre, wenn jemand sich mir anvertraut, aber jetzt, wo es soweit ist, merke ich erst, wie schwer es ist, sich in die Lage des anderen zu versetzen und dann den richtigen Rat zu geben. Vor allem deshalb, weil ich mit den Begriffen »Bequemlichkeit« und »Geld« so gar nichts anfangen kann.

Peter fängt an, sich ein bisschen auf mir auszuruhen, und das darf er unter keinen Umständen tun. Im Leben auf eigenen Beinen zu stehen ist schon schwierig, aber noch schwieriger ist es, charakterlich und seelisch auf sich allein gestellt, und doch stark zu sein. Ich bin ein bisschen verwirrt, versuche schon seit Tagen ein wirksames Gegenmittel gegen das schreckliche Wort »bequem« zu finden. Wie kann ich Peter verständlich machen, dass ihn das, was so bequem und verlockend erscheint, herunterziehen wird, in eine Tiefe, wo es keine Freunde, keine Hilfe, nichts Schönes mehr gibt, eine Tiefe, aus der es fast unmöglich ist, wieder aufzutauchen.

Alle leben wir, wissen aber nicht, wofür und warum. Alle leben wir auf der Suche nach dem Glück, alle leben wir verschieden, und doch gleich. Wir drei sind in guten Verhältnissen aufgewachsen, wir können uns weiterbilden, wir haben die Chancen, etwas zu erreichen, wir haben Anlass, auf Glück zu hoffen, aber – wir müssen das auch selbst verdienen. Und das kann man mit Bequemlichkeit nie erreichen. Glück zu ernten bedeutet, dafür zu arbeiten und Gutes zu tun, und nicht, zu spekulieren und faul zu sein. Faulheit mag anziehend sein, Arbeit gibt Befriedigung.

Menschen, die Arbeit ablehnen, verstehe ich nicht. Aber bei Peter ist das auch nicht wirklich so. Er hat kein klares Ziel vor Augen, findet sich selbst zu unwissend und unbedeutend, um etwas zu leisten. Armer Junge, er hat noch nie erlebt, wie es ist, andere glücklich zu machen, und das kann ich ihm auch nicht beibringen. Ihm fehlt ein Glaube, er spricht spottend über Jesus Christus, flucht mit dem Namen Gottes. Obwohl ich auch nicht strenggläubig bin, tut es mir doch jedes Mal weh, wenn ich merke, wie verloren, wie geringschätzig, wie arm er ist.

Menschen mit einer Religion können froh sein, denn es ist nicht jedem vergönnt, an höhere Dinge zu glauben. Man muss auch keine Angst vor Strafen nach dem Tod haben. Das Fegefeuer, die Hölle und der Himmel sind Vorstellungen, die viele nicht akzeptieren können. Trotzdem hält sie irgendein Glaube, egal welcher, auf dem richtigen Weg. Es geht dabei nicht um die Angst vor Gott, sondern um das Hochhalten der eigenen Wertschätzung und des eigenen Gewissens.

Wie weise wären die Menschen, wenn sie sich jeden Abend die Geschehnisse des Tages vor Augen riefen und prüften, was an ihrem eigenen Verhalten gut und was schlecht gewesen ist. Ganz von selbst wird man dann jeden Tag von neuem versuchen, sich zu bessern, und natürlich erreicht man dann im Laufe der Zeit auch einiges. Diese Methode kann jeder anwenden, sie kostet nichts und ist sehr hilfreich. Denn wer es nicht weiß, muss es lernen und erfahren: »Ein ruhiges Gewissen macht stark!«

Deine Anne M. Frank

Samstag, 8. Juli 1944

Liebe Kitty!

Ein Vertreter der Firma *[die Firma Opekta, die zuvor Anna Franks Vater geleitet hatte; red.]* war in Beverwijk und konnte einfach so, bei einer Versteigerung, Erdbeeren ergattern. Sie kamen sehr staubig, voller Sand, hier an, aber haufenweise. Ganze 24 Kistchen für das Büro und uns. Abends haben wir sofort die ersten sechs Gläser eingekocht und acht Gläser Marmelade gemacht. Miep wollte am nächsten Morgen für das Büro Marmelade kochen. Um halb eins die Aktion: Außentür zu, Kistchen holen. Peter, Vater und van Daan poltern über die Treppe, Anne bringt warmes Wasser vom Durchlauferhitzer, Margot holt die Eimer herbei, alle Mann an Deck! Mit einem flauen Gefühl im Magen betrat ich die bevölkerte Büroküche, Miep, Bep, Kleiman, Jan, Vater, Peter ... Untergetauchte und ihre Versorgungskolonne, alle durcheinander, und das am helllichten Tag! Die Vorhänge und Fenster geöffnet, lautes Palavern, schlagende Türen. Ich bekam Angst vor lauter Trubel. Sind wir wirklich noch versteckt?, ging es mir durch den Kopf. So ein Gefühl ist das also, wenn man wieder am Leben teilnehmen darf. Den Topf geleert, schnell nach oben. In der Küche standen die anderen am Tisch und pflückten Stiele und Blätter ab, wenigstens sollte das so sein, aber es landete mehr in den Mündern als in dem Eimer. Bald brauchten wir noch einen Eimer, Peter ging nochmal hinunter zur Küche. Da klingelte es zweimal! Der Eimer blieb unten, Peter rannte herauf, schloss die Drehtür. Wir vibrierten vor Ungewissheit. Die Wasserhähne mussten geschlossen bleiben, auch wenn die halb gesäuberten Erdbeeren auf ihr Bad warteten. Aber die Versteckvorschrift »Ist jemand im Haus, sofort alle Hähne dicht wegen des Lärms, den die Wasserzufuhr macht«, wurde beibehalten.

Um ein Uhr kommt Jan und sagt, es war der Postbote. Peter rennt wieder die Treppe hinunter. Rrring, die Klingel! Kehrt Marsch! Ich horche, ob ich jemand kommen höre, erst an der Drehschranktür, dann oben an der Treppe. Schließlich lugen Peter und ich wie zwei Einbrecher über das Geländer und lauschen auf den Lärm von unten. Keine fremde Stimme.

Peter geht leise die Treppe hinunter, bleibt auf halbem Weg stehen und ruft: »Bep!« Keine Antwort. Noch einmal: »Bep!« Der Lärm in der Küche übertönt Peters Stimme. Dann rennt er die Treppe hinunter in die Küche. Ich schaue gespannt hinterher.

»Sieh zu, dass du nach oben kommst, Peter! Der Wirtschaftsprüfer ist hier! Weg mit dir!« Das war Kleimans Stimme. Seufzend kommt Peter herauf, die Drehschranktür schließt sich.

Um halb zwei kommt Kugler endlich. »Owei, ich sehe nichts anderes mehr, als Erdbeeren. Mein Frühstück Erdbeeren, Jan verspeist Erdbeeren, Kleiman stibitzt Erdbeeren, Miep kocht Erdbeeren, Bep pflückt Erdbeeren, ich rieche Erdbeeren, und wenn ich vor dem roten Zeug fliehen will und nach oben gehe, was wird hier gewaschen? Erdbeeren.«

Dann wird der Rest der Erdbeeren eingeweckt. Abends: Zwei Gläser undicht. Vater macht schnell Marmelade davon. Am nächsten Morgen: zwei Weckgläser haben Luft gezogen, mittags vier. Van Daan hat sie nicht heiß genug sterilisiert. Nun kocht Vater jeden Abend Marmelade. Wir essen Brei mit Erdbeeren, Buttermilch mit Erdbeeren, Erdbeeren mit Erdbeeren, Erdbeeren mit Zucker, Erdbeeren mit Sand. Zwei Tage tummeln sich überall Erdbeeren, Erdbeeren, Erdbeeren. Dann war die Ladung aufgebraucht oder in den Gläsern hinter Schloss und Riegel.

»Hör mal, Anne«, ruft Margot. »Wir haben vom Gemüsemann Erbsen bekommen, 18 Pfund.«

»Das ist nett von ihm«, antworte ich. Wirklich, es war nett, aber die Schufterei ... puh!

»Am Samstagmorgen müsst ihr alle enthülsen«, verkündete Mutter bei Tisch.

Und wirklich, heute Morgen nach dem Frühstück tauchte der große Emailletopf auf dem Tisch auf, randvoll mit Erbsen. Enthülsen ist eine monotone Arbeit, aber dann musst du erst mal versuchen, die »Schoten auszunehmen«. Ich vermute, die Mehrzahl der Menschen weiß gar nicht, wie vitaminreich, lecker und mild die Schoten von Erbsen schmecken, wenn man das innere Häutchen herausgenommen hat. Diese Vorteile machen aber nicht die Tatsache wett, dass die Portion, die man bekommt, fast dreimal so groß ist, als wenn man nur die Erbsen isst.

Dieses »Häutchen abziehen« ist eine außergewöhnlich knifflige und fummelige Arbeit, die vielleicht für pedantische Zahnärzte oder pingelige Büroarbeiter geeignet ist, für einen ungeduldigen Backfisch wie mich ist es entsetzlich. Um halb zehn fangen wir an, um halb elf setze ich mich hin, um elf stehe ich wieder auf, um halb zwölf setze ich mich. Es rauscht in meinen Ohren: Spitze abknicken, Häutchen wegnehmen, Fäden abziehen, Hülse werfen – Spitze abknicken, Häutchen wegnehmen, Fäden abziehen, Hülse werfen usw. usw. Vor meinen Augen dreht sich alles, grün, grün, Würmchen, Fäden, verfaulte Hülse, grün, grün, grün. Aus Langeweile und um doch etwas zu tun, quassle ich den ganzen Vormittag allen möglichen Quatsch, bringe die anderen zum Lachen und komme fast um vor Langeweile. Mit jedem Faden, den ich abziehe, erinnere ich mich wieder, dass ich nie, nie hauptsächlich Hausfrau sein will!

Um zwölf Uhr gibt es endlich Frühstück, aber von halb eins bis viertel nach eins geht es weiter mit ›Häutchen entfernen‹. Als ich aufhöre, bin ich fast seekrank, und die anderen nicht viel weniger. Ich schlafe bis vier Uhr und bin dann immer noch benebelt wegen der elenden Erbsen.

Deine Anne M. Frank

Samstag, 15. Juli 1944

Liebe Kitty!

Aus der Bibliothek hatten wir ein Buch hier mit dem provokanten Titel: »Was halten Sie vom modernen jungen Mädchen?« Diesem Thema möchte ich mich heute mal widmen.

Vom Scheitel bis zur Sohle kritisiert die Autorin »die heutige Jugend«, lehnt aber nicht alles, was jung ist, als untauglich ab. Im Gegenteil, sie meint vielmehr, dass die Jugend, wenn sie nur wollte, eine große, schönere und bessere Welt aufbauen könnte, sich aber leider mit oberflächlichen Dingen beschäftigt, ohne das wirklich Schöne zu beachten.

Bei einigen Textstellen kam es mir stark so vor, als meinte die Schreiberin mich mit ihrem Tadel, und darum will ich mich dir endlich mal ganz offen zeigen und mich gegen diesen Angriff rechtfertigen. Einer meiner stark ausgeprägten Charakterzüge, der jedem in meiner Umgebung auffallen muss, ist meine Selbsterkenntnis. Bei allem, was ich tue, kann ich mich von außen betrachten, als ob ich eine Fremde wäre. Gar nicht parteiisch oder mit einem Bündel voller Entschuldigungen stehe ich dann der Alltags-Anne gegenüber und schaue mir an, was diese gut oder schlecht macht. Dieses »Gefühl für mich selbst« kann ich gar nicht abschütteln, und bei allem, was ich sage, weiß ich, sobald ich es ausgesprochen habe: »Dies hätte ich anders sagen sollen« oder »Das war so ganz in Ordnung«. Ich kritisiere mich selbst in so unglaublich vielen Dingen und erkenne immer mehr, wie wahr Vaters Worte sind: »Jedes Kind muss sich selbst erziehen.«

Eltern können nur Ratschläge oder Anregungen geben, aber jeder hat es selbst in der Hand, wie sich sein Charakter ausformt. Bei mir kommt noch hinzu, dass ich ganz viel Lebensmut habe, ich fühle mich immer so tatendurstig und im Stande, viel auszuhalten, fühle mich frei und jung! Als ich das zum ersten Mal feststellte, war ich beglückt, denn ich glaube nicht, dass ich mich schnell von den Rückschlägen, die jeder aushalten muss, entmutigen lasse.

Aber das habe ich ja schon oft geschildert, jetzt möchte ich zu dem Kapitel »Vater und Mutter verstehen mich nicht« kommen. Vater und Mutter haben mich immer sehr verwöhnt, waren fürsorglich zu mir, haben mich gegen die Älteren verteidigt und getan, was Eltern nur tun können. Und trotzdem fühlte ich mich lange so entsetzlich einsam, ausgegrenzt, außer Acht gelassen, unverstanden. Vater versuchte alles, was nur möglich war, um meine Widerspenstigkeit zu besänftigen, aber nichts half. Ich habe mich selbst geheilt, indem ich mich mit dem Schlechten in meinem Verhalten konfrontiert habe.

Wie kommt es also, dass Vater mir in meinem Kampf nie hilfreich sein konnte, dass es total misslang, als er mir die helfende Hand reichen wollte? Vater hat es auf die falsche Art und Weise versucht, er hat immer so mit mir geredet, als wäre ich ein Kind, das gerade schwierige Kinderzeiten durchmacht. Das klingt merkwürdig, denn niemand anders als Vater hat mir immer viel Vertrauen geschenkt, niemand anders als Vater hat mich darin bestätigt, dass ich vernünftig bin. Aber etwas hat er vergessen: Er hat nicht daran gedacht, dass mir mein Streben, auf eigene Füße zu kommen, wichtiger war als alles andere. Ich wollte nichts von »typisch in dem Alter«, »andere Mädchen«, »legt sich wieder« hören, ich wollte nicht wie ein Mädchen-wie-alle-anderen behandelt werden, sondern als Anne-wie-sie-ist, und Pim verstand das nicht. Übrigens, jemandem mein Vertrauen schenken, der mir nicht auch viel von sich selbst erzählt, kann ich nicht, und weil ich von Pim nichts weiß, kann ich nicht dem Weg der Vertraulichkeit zwischen uns beiden folgen. Pim verlässt nicht den Standpunkt des erfahrenen Vaters, der wohl früher auch mal solche vorübergehenden Verwirrungen hatte, der mich aber nicht wie ein jugendlicher Freund verstehen kann, so eifrig er sich auch darum bemüht. Das ist der Grund, warum ich meine Anschauungen und meine gut durchdachten Theorien niemals jemand anderem mitteilen konnte, als meinem Tagebuch und, ganz selten mal, Margot. Vor Vater verbarg ich alles, was mich beschäftigte, habe ihn niemals an meinen Vorstellungen teilhaben lassen, habe mit Willen und Absicht eine Distanz zwischen uns aufgebaut. Ich konnte nicht anders, ich bin ganz meinem Gefühl gefolgt, egoistisch zwar, aber ich habe gehandelt, wie es gut für meinen Seelenfrieden war. Denn meine Ruhe und mein Selbstvertrauen, das ich so wackelig aufgebaut habe, würde wieder zusammenfallen, wenn ich jetzt Kritik an meinem halb fertigen Werk aushalten müsste. Und das erlaube ich nicht einmal Pim, so hart das auch klingen mag, denn ich habe Pim nicht nur mein Innenleben verborgen, sondern ich stoße ihn häufig auch durch meine gereizte Art noch mehr zurück.

Das ist ein Punkt, der mich sehr beschäftigt: Wie kommt es, dass Pim mich manchmal so aufregt? Dass ich fast nicht mit ihm lernen kann, dass seine vielen Zärtlichkeiten mir unecht vorkommen, dass ich Ruhe haben will und es mir am liebsten wäre, er würde mich manchmal ein bisschen ignorieren, bis ich ihm wieder sicherer gegenüberstehe? Denn noch immer nagt an mir der Vorwurf meines gemeinen Briefs, den ich ihm in meiner Aufregung zugemutet habe. O wie schwer es doch ist, wirklich nach allen Seiten hin gefestigt und mutig zu sein! Trotzdem ist es nicht das, was mich am schlimmsten enttäuscht hat. Nein, noch viel mehr als über Vater denke ich über Peter nach. Mir ist absolut klar, dass ich ihn erobert habe statt umgekehrt. Ich habe mir ein Wunschbild von ihm gebastelt, sah ihn als den stillen, sensiblen, lieben Jungen, der Liebe und Zuneigung dringend braucht! Ich musste mich mal bei einem lebendigen Menschen aussprechen. Ich musste einen Freund haben, der mich wieder auf die Beine bringt. Ich habe die schwierige Aufgabe gemeistert und ihn langsam aber sicher für mich gewonnen.

Als ich ihn schließlich für freundschaftliche Gefühle mir gegenüber aufgetaut hatte, kamen wir automatisch zu Intimitäten, die mir jetzt bei genauem Überlegen unerhört erscheinen. Wir sprachen über die geheimsten Dinge, aber über die Dinge, die in meinem Herzen sind, haben wir bis jetzt geschwiegen. Ich werde immer noch nicht richtig schlau aus Peter. Ist es Oberflächlichkeit oder Verlegenheit, die ihn sogar mir gegenüber bremst? Aber abgesehen davon, es war ein Fehler, alle anderen Möglichkeiten von Freundschaft auszublenden und zu versuchen, ihn durch Intimitäten zu gewinnen. Er hungert nach Liebe und sehnt sich jeden Tag mehr nach mir, das spüre ich genau. Ihm geben unsere Treffen Befriedigung, bei mir führen sie nur dazu, es immer wieder aufs Neue zu versuchen, die Themen zu berühren, die ich so gerne bereden würde. Ich habe Peter, mehr als ihm klar ist, mit Gewalt zu mir hin gezogen, jetzt klammert er sich an mich, und ich sehe vorerst kein geeignetes Mittel, ihn wieder von mir zu lösen damit er sich auf eigene Füße stellen kann. Als ich nämlich ziemlich schnell merkte, dass er kein Freund sein kann, wie ich ihn mir ersehne, habe ich wenigstens versucht, ihn aus seiner Begrenztheit herauszuholen und ihn in seiner Jugend standfest zu machen.

»Denn im tiefsten Grund ist die Jugend einsamer als das Alter.«

Diesen Spruch habe ich aus einem Buch behalten und meine, dass er stimmt. Ist es denn wahr, dass die Erwachsenen es hier schwerer haben als die Jugend? Nein, bestimmt nicht. Ältere Menschen haben eine Meinung über alles, und schwanken nicht mehr, was sie tun sollen oder nicht. Wir, die Jüngeren, haben doppelt Mühe, unsere Meinungen in einer Zeit zu behaupten, in der aller Idealismus zerstört und kaputtgemacht wird, in der sich die Menschen von ihrer hässlichsten Seite zeigen, in der an Wahrheit, Recht und Gott gezweifelt wird.

Jemand, der dann noch behauptet, dass die Älteren es hier im Hinterhaus viel schwerer haben, macht sich nicht klar, in wie viel stärkerem Maß die Probleme auf uns einstürmen. Probleme, für die wir vielleicht noch viel zu jung sind, die sich uns aber so lange aufdrängen, bis wir endlich eine Lösung gefunden zu haben meinen, eine Lösung, die meistens den Tatsachen nicht standhält und wieder zunichte gemacht wird. Das ist das Schwierige in dieser Zeit: Ideale, Träume, schöne Erwartungen kommen nicht auf, oder sie werden von der grauenhaftesten Wirklichkeit getroffen und vollständig zerstört. Es ist ein Wunder, dass ich nicht alle Erwartungen aufgegeben habe, denn sie scheinen absurd und unausführbar. Trotzdem halte ich an ihnen fest, trotz allem, weil ich noch immer an das innere Gute im Menschen glaube.

Es ist mir nun mal unmöglich, alles auf der Basis von Tod, Elend und Verwirrung aufzubauen. Ich sehe, wie die Welt langsam immer mehr in eine Wüste verwandelt wird, ich höre den anrollenden Donner immer lauter, der auch uns töten wird, ich fühle das Leid von Millionen Menschen mit. Und doch, wenn ich zum Himmel schaue, denke ich, dass sich alles wieder zum Guten wenden wird, dass auch diese Härte aufhören wird, dass wieder Ruhe und Frieden in die Weltordnung kommen werden. Inzwischen muss ich meine Vorstellungen hochhalten, in den Zeiten, die kommen, sind sie vielleicht doch noch auszuführen!

Deine Anne M. Frank

Freitag, 21. Juli 1944

Liebe Kitty!

Nun kann ich wieder hoffen, nun endlich geht es vorwärts. Ja, wirklich, es sieht gut aus! Tolle Nachrichten! Es wurde ein Attentat auf Hitler verübt, und diesmal nicht durch jüdische Kommunisten oder englische Kapitalisten, sondern durch einen supergermanischen deutschen General, der ein Graf und außerdem noch jung ist. Die »göttliche Fügung« hat den Führer gerettet, und er ist leider, leider mit ein paar Blessuren und Brandwunden davongekommen. Ein paar Offiziere und Generäle die bei ihm standen, wurden getötet oder verwundet. Den Haupttäter haben sie standrechtlich erschossen.

Das ist wohl der beste Beweis, dass eine Menge Offiziere und Generäle den Krieg satt haben und Hitler gern in die tiefste Hölle versenken würden, um dann ein Militärregime aufzubauen, das helfen soll, Frieden mit den Alliierten zu schließen, dann wieder aufzurüsten und nach zwanzig Jahren erneut einen Krieg anzufangen. Vielleicht hat das Schicksal vorsätzlich noch ein bisschen damit gezögert, ihn aus dem Weg zu räumen. Denn für die Alliierten ist es viel praktischer und vorteilhafter, wenn die ach so rechtschaffenen Germanen sich gegenseitig totschlagen. Umso weniger Mühe bleibt den Russen und Engländern, und umso schneller können sie sich um ihre eigenen zerstörten Städte kümmern.

Aber so weit ist es noch nicht, und ich will keineswegs den glorreichen Tatsachen vorgreifen. Trotzdem siehst du wohl, dass das, was ich erzähle, die Wahrheit ist, die reine Wahrheit. Ausnahmsweise fasle ich mal nicht über höhere Ideale.

Ansonsten war Hitler noch so freundlich, seinem treuen und ihn anhimmelnden Volk mitzuteilen, dass alle Militärs ab sofort der Gestapo gehorchen müssen und dass jeder Soldat, dem bekannt ist, dass sein Kommandeur an diesem »feigen und gemeinen Attentat« teilgenommen hat, ihn abknallen darf.

Das wird eine schönes Spektakel werden. Der kleine Michel ist vom langen Laufen fußkrank, sein Boss, der Offizier, staucht ihn zusammen. Der kleine Michel greift nach seinem Gewehr und ruft: »Du wolltest den Führer ermorden, nimm deinen Lohn!« Ein Knall, und der überhebliche Chef, der es wagte, Michel Standpauken zu halten, ist ins ewige Leben (oder ist es der ewige Tod?) befördert worden. Zuletzt wird es so sein, dass die Herren Offiziere sich vor Angst in die Hosen machen, wenn sie einem Soldaten begegnen oder irgendwo das Kommando übernehmen sollen, weil die Soldaten mehr zu sagen haben, und größere Befugnis haben, als sie selbst.

Verstehst du's halbwegs, oder bin ich wieder vom Hundertsten ins Tausendste geschlittert? Ich kann's nicht ändern. Ich bin viel zu froh, um logisch zu sein, wenn ich die Aussicht habe, im Oktober wieder auf der Schulbank zu sitzen! Oh, là, là, hatte ich nicht eben noch gesagt, dass ich nicht vorschnell sein will? Vergib mir, ich habe nicht umsonst den Ruf, dass ich ein Bündelchen Widerspruch bin!

Deine Anne M. Frank

Dienstag, 1. August 1944

Liebe Kitty!

»Ein Bündelchen Widerspruch!« Das war der letzte Satz meines vorigen Briefes und der erste meines heutigen. »Ein Bündelchen Widerspruch«, kannst du mir darlegen, was das ist? Was heißt Widerspruch? Wie so viele Ausdrücke hat es zwei Bedeutungen, Widerspruch von außen und Widerspruch von innen. Das Erste ist das normale »sich nicht abfinden mit der Meinung anderer Leute, es selber besser zu wissen, das letzte Wort haben zu müssen«, kurzum, all die unangenehmen Eigenschaften, für die ich bekannt bin. Das Zweite, und dafür bin ich nicht bekannt, steckt als Geheimnis in mir.

Ich habe dir schon öfter erklärt, dass meine Seele irgendwie zweigeteilt ist. Die eine Seite beherbergt meine aufgedrehte Frohnatur, die Spöttereien über alles, Lebensfreude und vor allem meine Art, alles locker zu nehmen. Ich meine damit, mich an einem Flirt nicht zu stören, einem Kuss, einer Umarmung, einem unanständigen Witz. Diese Seite ist meistens startklar und verdrängt die andere, die viel schönere, reinere und tiefere. Gell, die schöne Seite von Anne kennt niemand, und darum können mich auch so wenige Menschen leiden. Ja klar, ich bin ein lustiger Clown für einen Nachmittag, dann reicht es allen wieder für einen Monat. Eigentlich genau dasselbe, was ein Liebesfilm für seriöse Menschen bedeutet, einfach eine Ablenkung, eine vorübergehende Zerstreuung, etwas, das man schnell vergessen hat, nicht schlecht, aber auch nicht wirklich gut.

Es macht mir was aus, dir das zu erzählen, aber warum sollte ich nicht, wenn ich doch weiß, dass es die Wahrheit ist? Meine belanglose, oberflächliche Seite wird die tiefere immer überholen und wird darum immer gewinnen. Du kannst dir gar nicht vorstellen, wie oft ich schon versucht habe, diese Anne, die nur zur Hälfte die ganze Anne ist, wegzuscheuchen, umzukrempeln und zuzudecken. Es geht nicht, und ich weiß auch, warum. Ich habe Angst davor, dass alle, die mich so kennen, wie ich üblicherweise bin, entdecken, dass ich eine zweite Seite habe, eine schönere und bessere. Ich habe Angst, dass sie mich auslachen, mich albern und sentimental finden, mich nicht für voll nehmen. Ich bin daran gewöhnt, nicht ernst genommen zu werden, nur die »leichte« Anne ist es gewöhnt und kann damit leben. Die »schwerere« ist zu labil dafür. Sollte ich wirklich einmal mit Gewalt für eine Viertelstunde die gute Anne ins Rampenlicht rücken, zieht sie sich sofort wie ein Blümchen-rühr-mich-nicht-an zurück, sobald sie etwas sagen soll, lässt Anne Nr. 1 reden und ist, bevor ich es merke, verschwunden. In Gesellschaft ist die liebe Anne noch nie, nicht ein einziges Mal, aus sich heraus gegangen, aber beim Alleinsein hat sie fast immer die Oberhand. Mir ist so klar, wie ich gern sein würde, wie ich auch bin ... von innen, aber leider bin ich so nur für mich allein. Und das ist möglicherweise, nein, ganz sicher, der Grund, warum ich für mich selbst eine glückliche Innennatur bin, während andere Menschen mich für eine glückliche Außennatur halten. Innerlich richte ich mich nach der wahrhaftigen Anne, äußerlich bin ich nichts als ein vor Ausgelassenheit herumspringendes Geißlein.

Wie schon gesagt, mein Fühlen ist ganz anders, als mein Reden. Dadurch hat sich bei anderen der Eindruck verfestigt, dass ich ein Mädchen bin, das Jungen nachläuft, flirtet, alles besser weiß und Schnulzenromane liest. Die beschwingte Anne lacht darüber, gibt eine schnippische Antwort, zieht gelangweilt die Schultern hoch, tut, als ob es ihr egal sei. Genau umgekehrt geht es der nachdenklichen Anne. Wenn ich ganz ehrlich bin, muss ich zugeben, dass es mich verletzt, dass ich mir unvorstellbar viel Mühe gebe, mich anders zu verhalten, aber dass ich immer wieder gegen stärkere Mächte verliere.

Es schluchzt in mir: Siehst du, das hast du davon: Schlechte Meinungen, spöttische und irritierte Gesichter, Menschen, die dich nicht mögen, und das alles, weil du den Rat deiner guten Hälfte ignorierst. Ach, ich würde gern darauf hören, aber es geht nicht. Bin ich einmal still oder ernst, denken alle, das ist eine neue Komödie, und dann muss ich mich in einen Witz retten. Von meiner eigenen Familie ganz zu schweigen; die glauben bestimmt, dass ich nicht ganz richtig bin, wollen mir Kopfwehtabletten und Beruhigungspillen verordnen, mich an Hals und Stirn befühlen, ob ich denn Fieber hätte, mich nach meinem Stuhlgang fragen und meine miese Laune anprangern. Ich halte das nicht aus, wenn ich derart überwacht werde, dann werde ich erst frech, dann traurig, und schließlich krample ich mein Herz wieder herum, kehre das Schlechte nach außen, drehe das Gute nach innen und suche pausenlos nach einem Mittel, um so zu werden, wie ich gern wäre und wie ich sein könnte, wenn ... wenn ich alleine auf der Welt wäre.

Deine Anne M. Frank

— *Hier endet, drei Tage vor der Verhaftung, Annes Tagebuch* —

Das Ende

ES WAR EIN SOMMERMORGEN, am 4. August 1944, und das Leben im Hinterhaus schien auch an diesem Tag seinen gewohnten Lauf zu nehmen – als vormittags gegen halb elf ein Auto vor dem Haus Prinsengracht 263 stoppte.

Aus dem Wagen stiegen der österreichische SS-Oberscharführer Karl Josef Silberbauer und eine Handvoll bewaffnete Helfer von der ›Grünen Polizei‹[18]. Sie schienen die Lage des Verstecks zu kennen, denn zielsicher schlugen sie die richtige Richtung ein, durchbrachen den Wandschrank, der die nach oben führende Treppe verbarg, gelangten in die Wohnräume der Untergetauchten und nahmen alle acht Juden fest. Ebenso die beiden Helfer Victor Kugler und Johannes Kleiman. Hermine ›Miep‹ Gies und Elisabeth ›Bep‹ Voskuijl ließen sie dagegen zurück.

Kugler und Kleiman kamen ins Untersuchungsgefängnis an der Weteringschans in Amsterdam. Kleiman entließ man am 18. September 1944 aus gesundheitlichen Gründen. 1959 starb er in Amsterdam. Kugler gelang am 28. März 1945 die Flucht. 1955 wanderte er nach Kanada aus und starb 1981 in Toronto.

Bep Voskuijl starb 1983 in Amsterdam. Miep Gies überlebte die schlimme Zeit am längsten. Sie starb 2010 im Alter von 100 Jahren in Amsterdam.

Die Nazis gingen gnadenlos mit den verhafteten Juden um. Über das niederländische »Judendurchgangslager« Westerbork deportierte man sie mit dem letzten Transport, der von dort in die Vernichtungslager des Ostens fuhr, am 3. September 1944 nach Auschwitz.

Das Schicksal der Familie van Pels (im Buch: van Daan): Hermann van Pels wurde noch am Tag der Ankunft in Auschwitz, am 6. September 1944, vergast. Auguste van Pels verschleppte man von einem Konzentrationslager zum nächsten. Von Auschwitz nach Bergen-Belsen, dann nach Buchenwald und am 9. April 1945 schließlich nach Theresienstadt. Wo und wann sie genau starb, ist unbekannt. Den Sohn Peter van Pels trieb man im Januar 1945 zusammen mit tausenden anderen Gefangenen in einem »Evakuierungsmarsch« (die Rote Armee war kurz vor dem Einrücken) von Auschwitz nach Mauthausen in Österreich. Dort starb er am 5. Mai 1945 – ganze drei Tage vor der Befreiung.

Fritz Pfeffer (im Buch: Albert Dussel) starb am 20. Dezember 1944 im Konzentrationslager Neuengamme, nachdem er von Auschwitz über Buchenwald und Sachsenhausen dorthin verschleppt worden war.

---

[18] ›Grüne Polizei‹ (auch ›Ordnungspolizei‹): Die von den Nazis kommandierte Polizei Deutschlands und der besetzten Gebiete; *red.*

Die Familie Frank: Mutter Edith Frank starb am 6. Januar 1945 im Frauenlager Auschwitz-Birkenau an Hunger und Erschöpfung. Margot und Anne wurden Ende Oktober mit einem »Evakuierungstransport« ins KZ Bergen-Belsen in der Lüneburger Heide gebracht. Dort herrschten entsetzliche hygienische Zustände, und im Winter 1944/45 brach eine Typhusepidemie aus. Viele tausend Häftlinge fanden den Tod. Völlig erschöpft, ausgehungert und krank starb Anne hier. Schon einige Tage zuvor hatte ihre Schwester Margot die letzte Kraft zum Weiterleben verloren. Das vermutete Todesdatum der beiden Mädchen liegt zwischen Ende Februar und Anfang März 1945. Ihr Ende fanden sie vermutlich in einem der Massengräber von Bergen-Belsen. – Nur rund einen Monat später, am 12. April 1945, erreichten englische Truppen das Lager und befreiten die letzten Überlebenden.

Als einziger der acht Untergetauchten überlebte Otto Frank. Nachdem russische Truppen Auschwitz befreit hatten, erreichte er mit dem Schiff via Odessa den Hafen von Marseille. Im Juni 1945 traf er in Amsterdam ein, ging zu seiner alten Firma in der Prinsengracht 263, in deren Hinterhaus das Versteck gewesen war. Hier traf er auf Miep Gies, die ihm Annes Tagebuch und die anderen Schriften übergab. Sie hatte, als die Nazis nach der Verhaftung der Juden das Haus wieder verlassen hatten, die überall am Boden verstreuten Blätter mit Annes Aufzeichnungen aufgesammelt und sorgfältig verwahrt.

1953 zog Otto Frank nach Basel, wo sein Bruder und seine Schwester lebten. Er heiratete noch einmal: Elfriede Geiringer hatte wie er Auschwitz überlebt, ihr Ehemann und Sohn waren im Konzentrationslager Mauthausen getötet worden. Bis zu seinem Lebensende kümmerte sich Otto Frank um die Publikation des Tagebuchs seiner Tochter Anne – ein einzigartiges Dokument aus der dunkelsten Zeit Europas. Otto Frank starb am 19. August 1980 in einem kleinen Ort in der Nähe von Basel.

Es ist so gut wie sicher, dass das Versteck der Untergetauchten verraten worden war. In dringendem Verdacht stand ein Lagerarbeiter der Firma Opekta. Das Lager befand sich unterhalb der Wohnräume, in denen sich die Familien Frank und van Pels sowie Fritz Pfeffer verborgen hatten. Es gab deutliche Indizien gegen den Mann, für eine Anklage reichten sie aber nicht aus. Auch andere Tatverdächtige konnten nicht dingfest gemacht werden. Der Tod der Bewohner des ›Hinterhauses‹ wurde nie gesühnt.

© *Edition Metis, 2016/2022*

Dieses Buch gibt es auch als eBook, z. B. im amazon Kindle Bookstore